大學院開設六十周年記念
國學院大學貴重書影印叢書 第四巻

日本書紀 古語拾遺
神祇典籍集

朝倉書店

扉題字　佐野光一　文学部教授

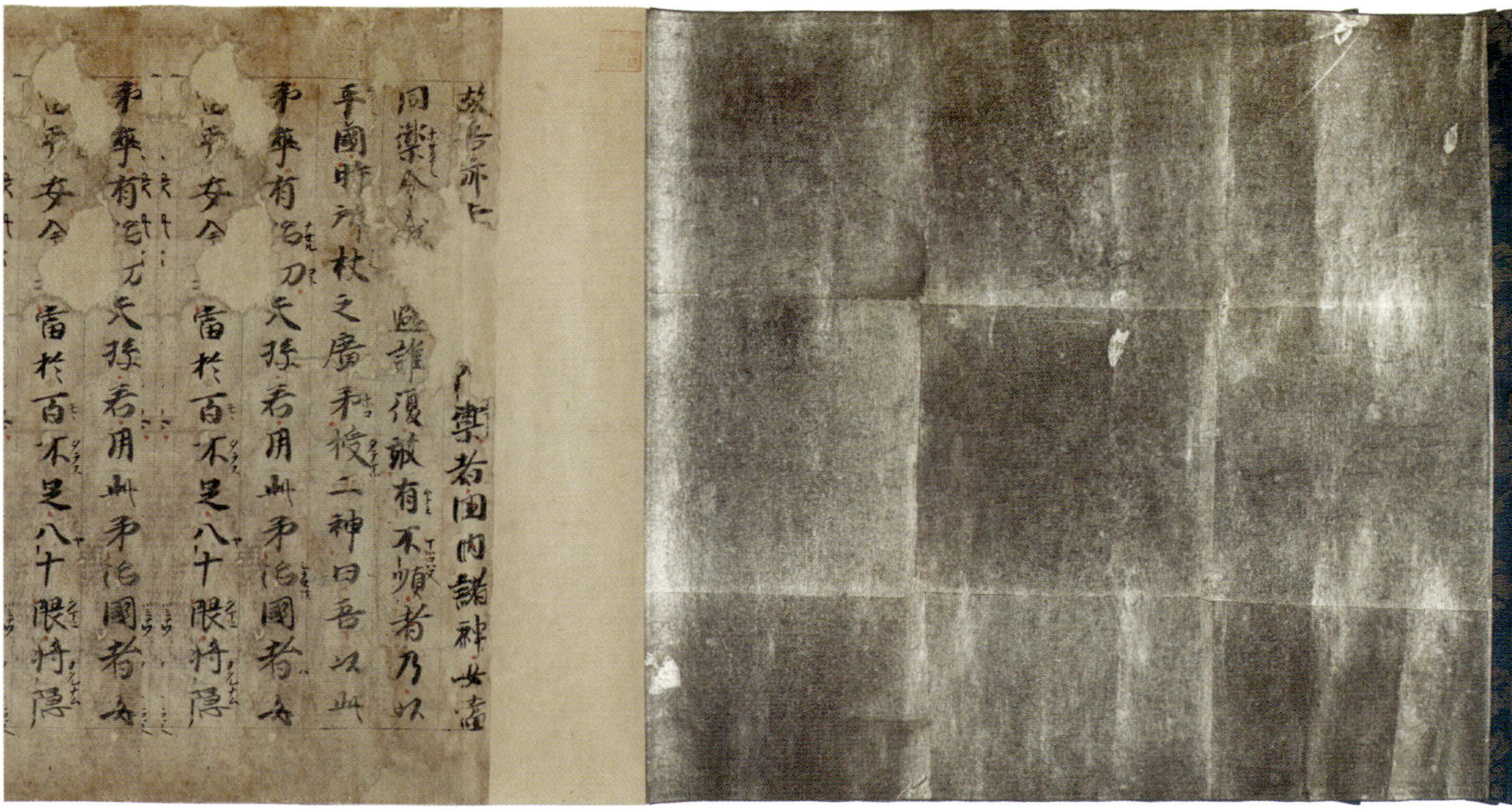

口絵 1　嘉禎本 日本書紀 巻二　見返し・冒頭部

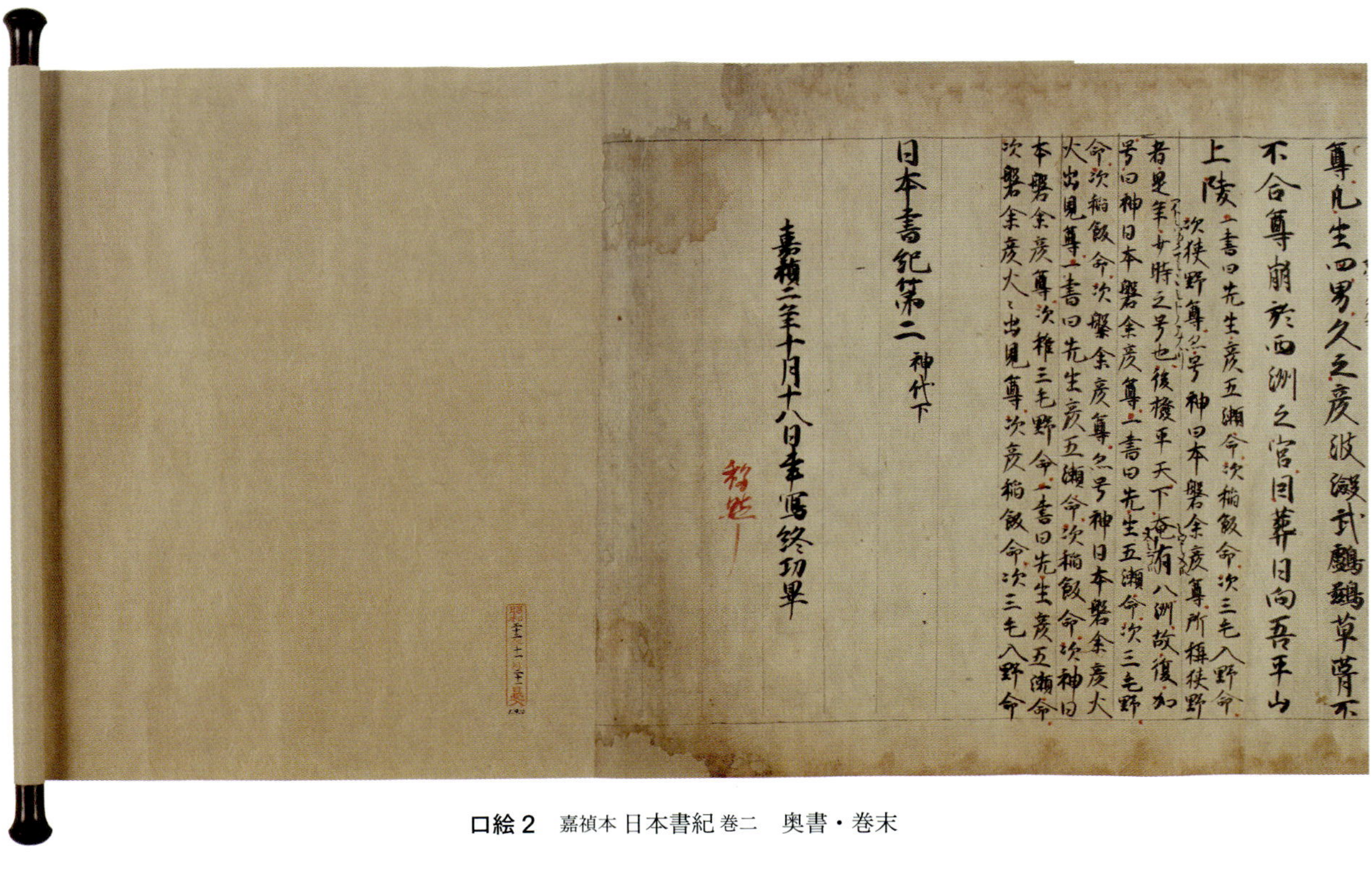

口絵 2　嘉禎本 日本書紀 巻二　奥書・巻末

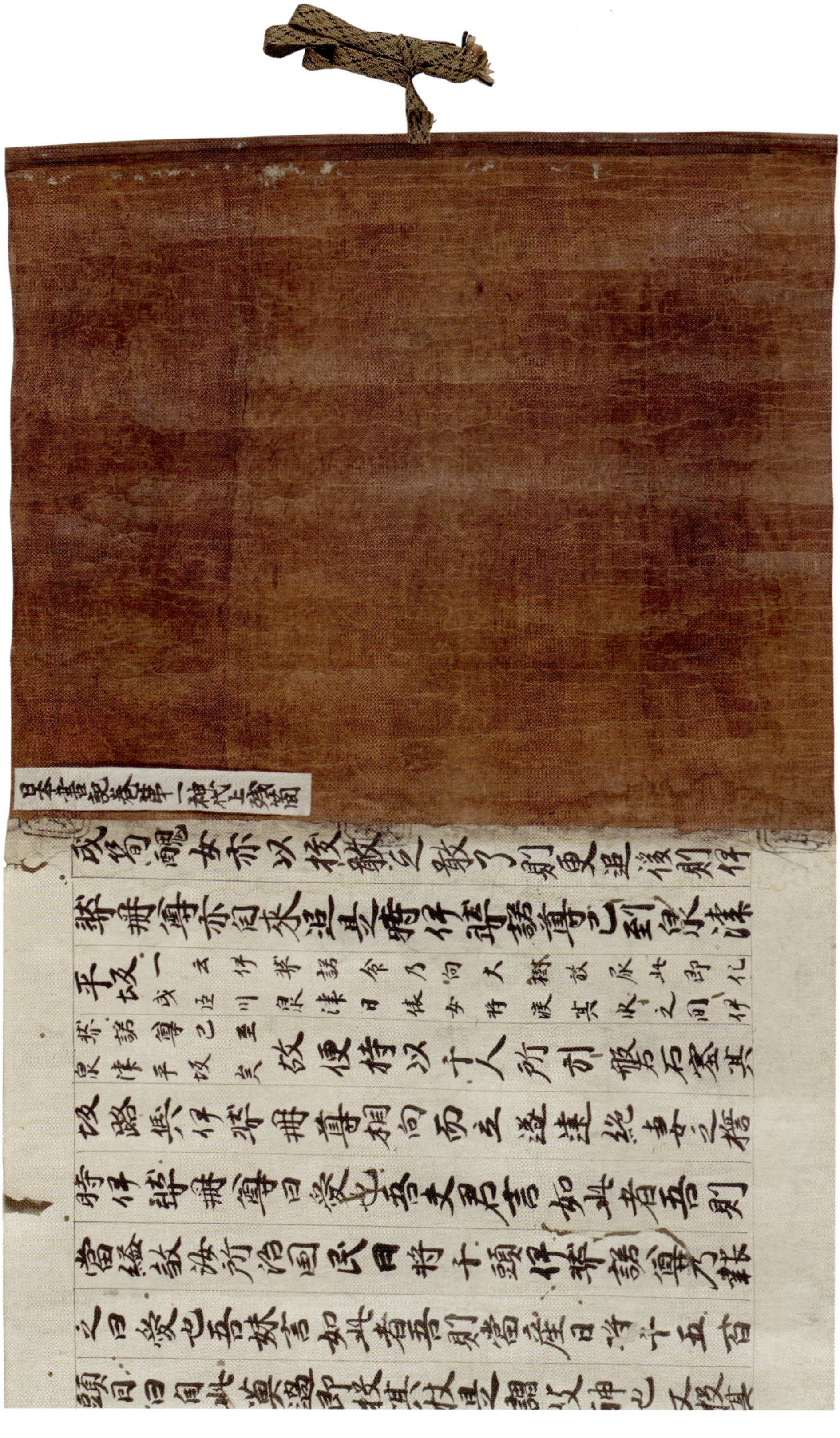

口絵3　三嶋本 日本書紀 巻一　見返し・冒頭部

口絵4

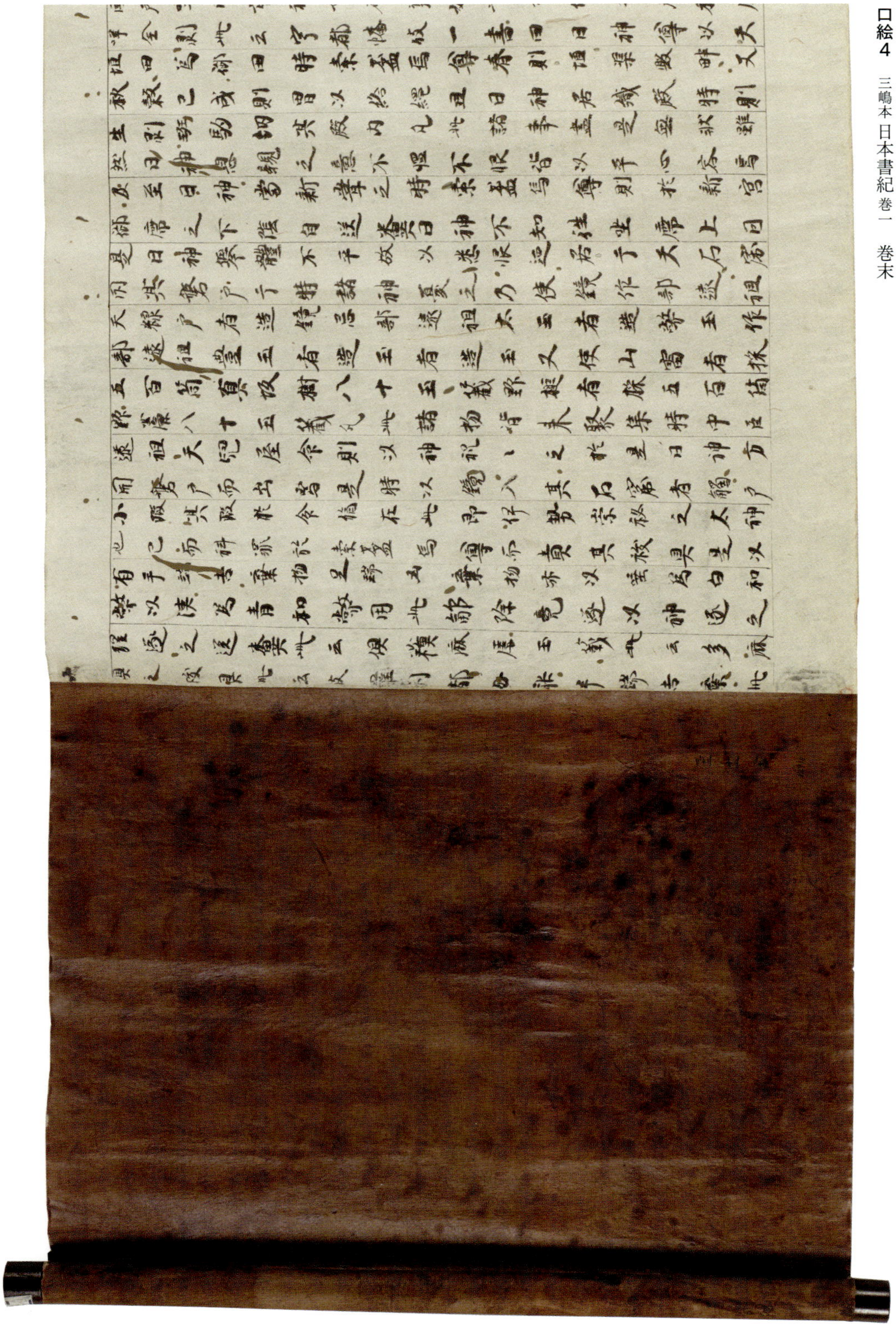

三嶋本 日本書紀 巻一　巻末

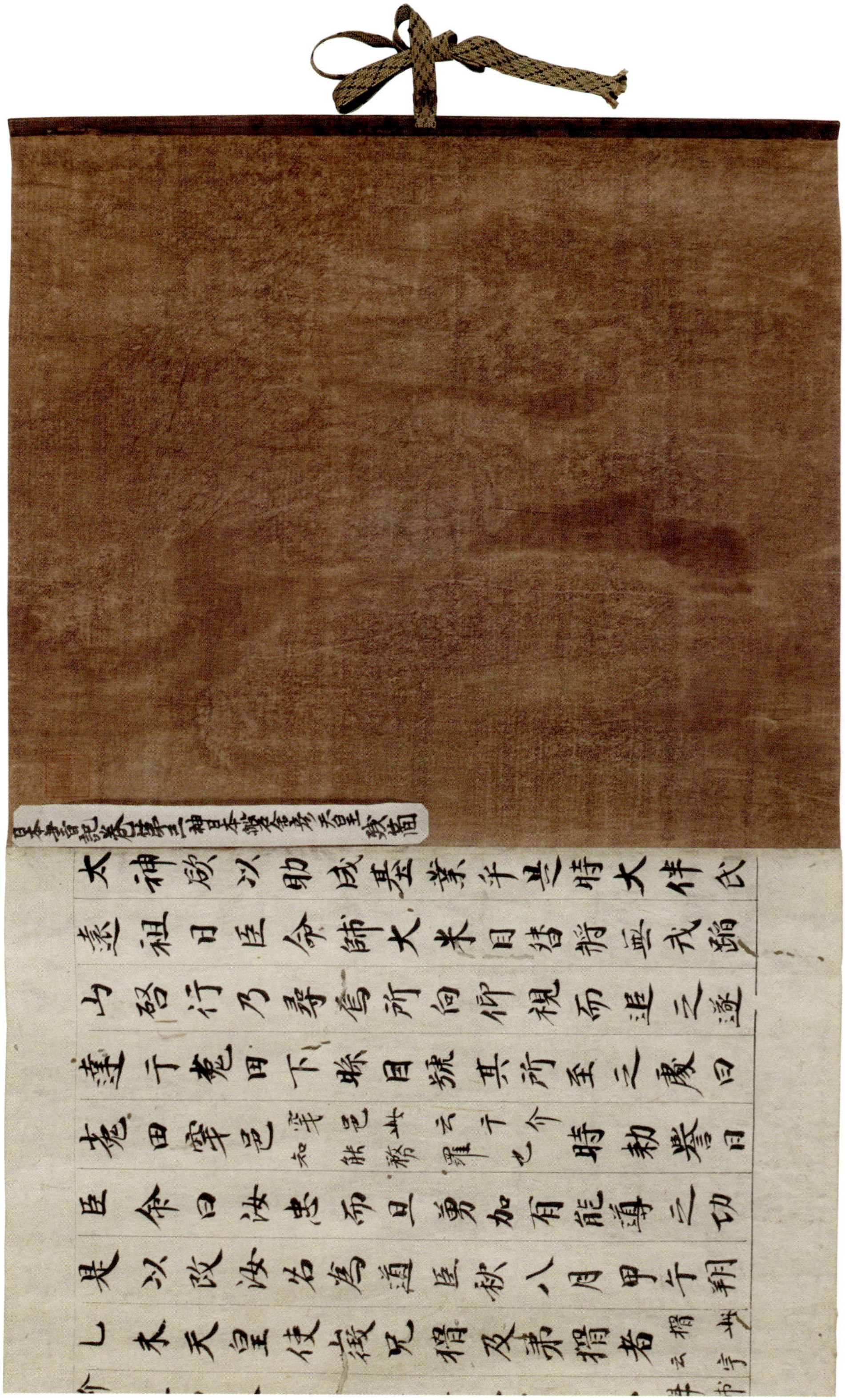

口絵5　三嶋本 日本書紀 巻三　見返し・冒頭部

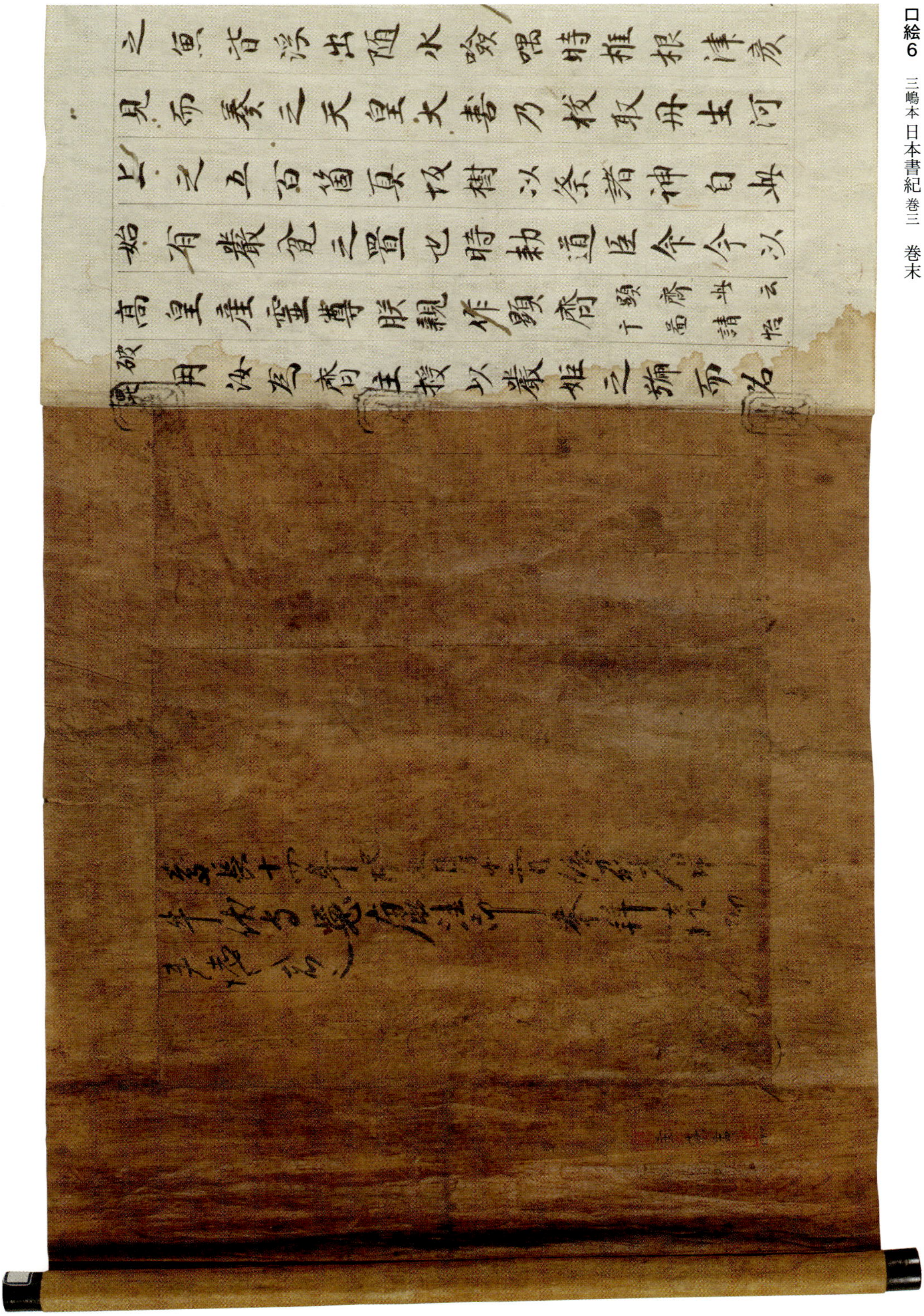

口絵6　三嶋本 日本書紀 巻三　巻末

口絵7　嘉禎本 日本書紀 巻二

口絵8　三嶋本 日本書紀 巻一

口絵9　三嶋本 日本書紀 巻三

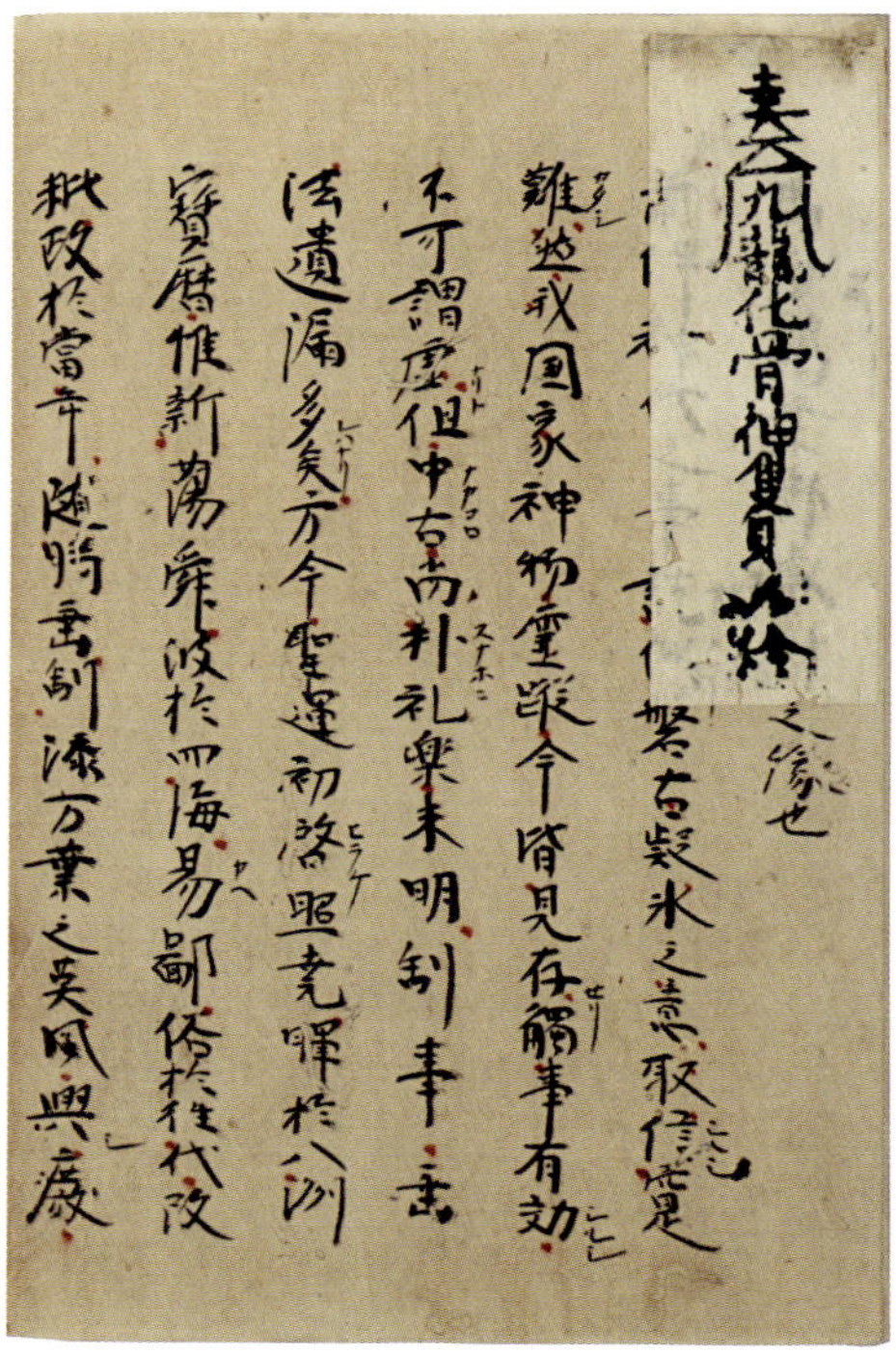

雖然我国家神物霊蹤今皆見存觸事有効
不可謂虚但中古尚朴礼楽未明制事垂
法遺漏多矣方今聖運初啓照竟暉於八洲
寳暦惟新蕩蕩旁被於四海易鄙俗於往代改
弊政於當年隨時垂制流万葉之英風興廢

口絵10　梵舜本 古語拾遺　二一丁裏付箋

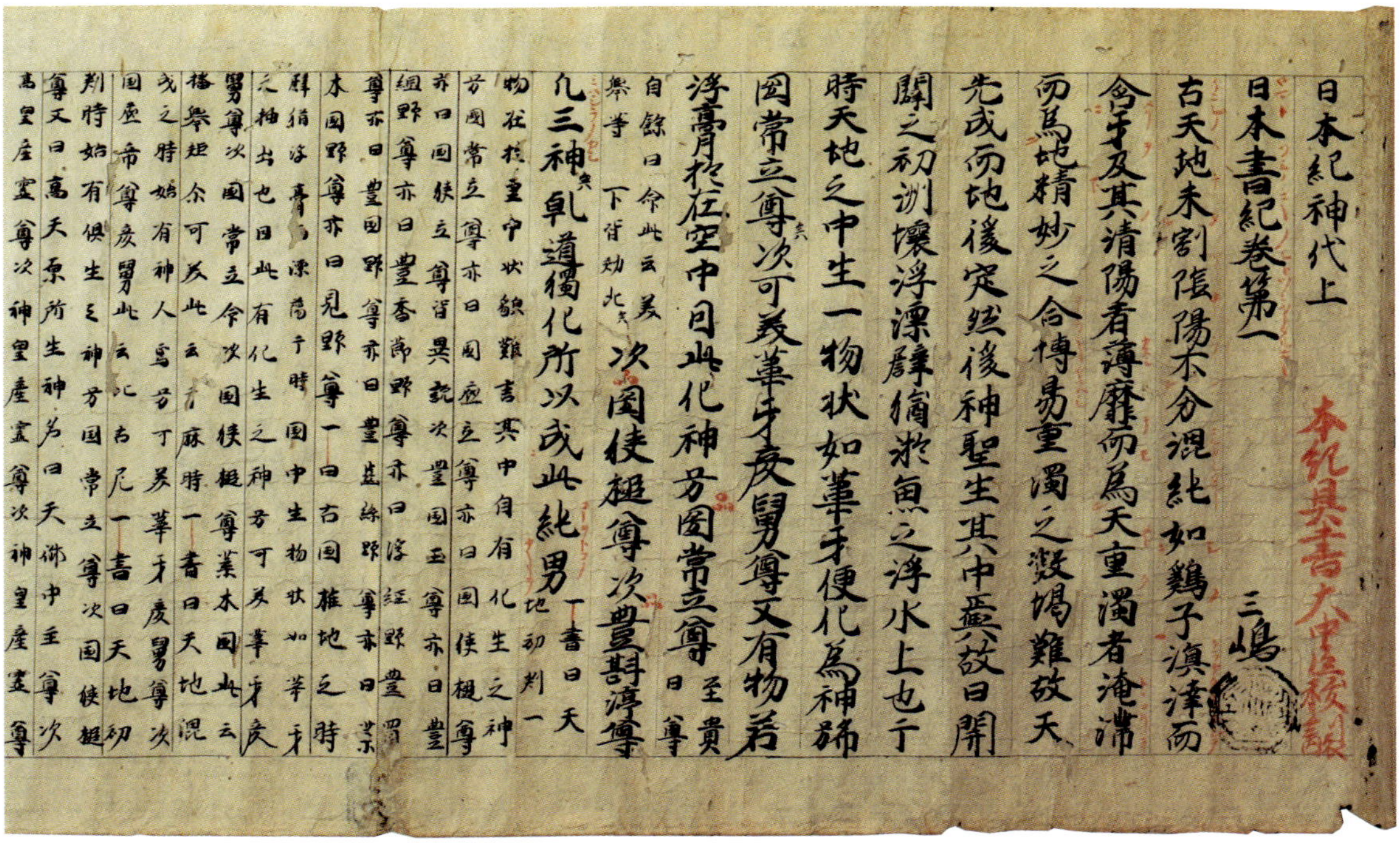
日本紀神代上
日本書紀巻第一　三嶋
古天地未剖陰陽不分渾沌如鷄子溟涬而
含牙及其清陽者薄靡而為天重濁者淹滯
而為地精妙之合摶易重濁之凝竭難故天
先成而地後定然後神聖生其中焉故曰開
闢之初洲壤浮漂譬猶游魚之浮水上也于
時天地之中生一物状如葦牙便化為神號
國常立尊次可美葦牙彦舅尊又有物若
浮膏在空中因此化神號國常立尊
次國狹槌尊次豐斟渟尊
凡三神矣乾道獨化所以成此純男

口絵 11　三嶋本 日本書紀 巻一（三嶋大社蔵）　冒頭部

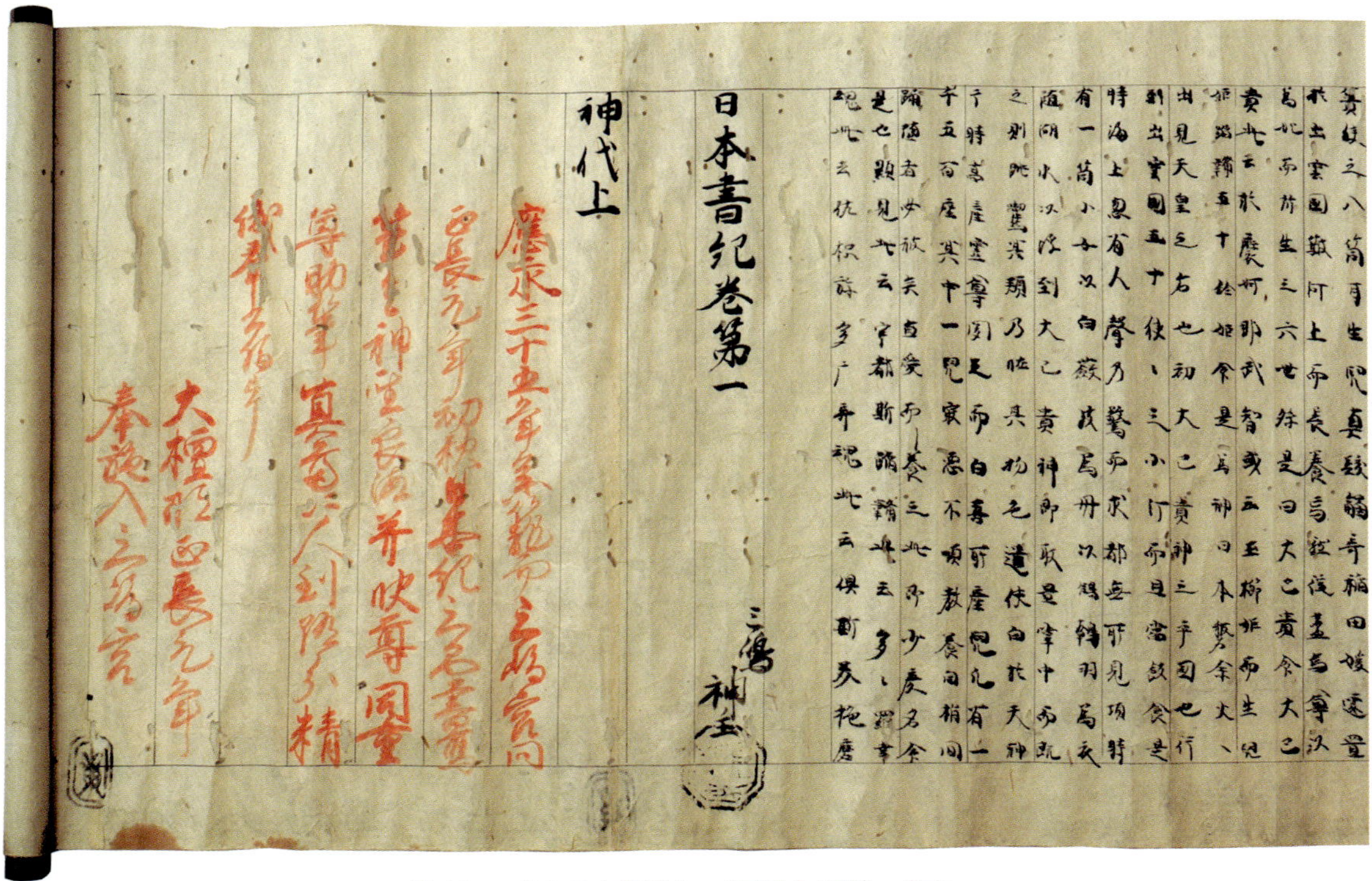
日本書紀巻第一
神代上
三嶋神主

口絵 12　三嶋本 日本書紀 巻一（三嶋大社蔵）　巻末

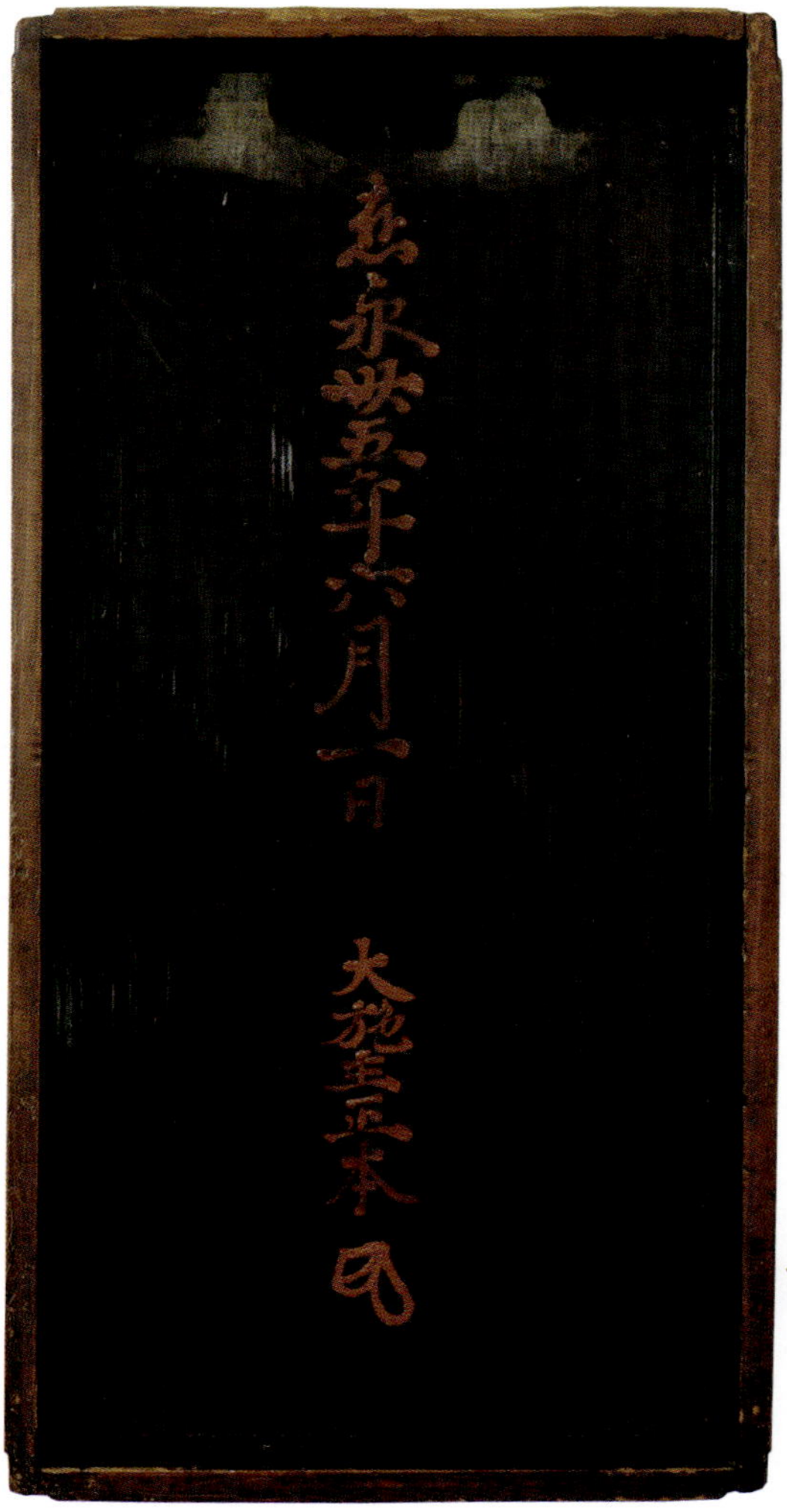

口絵 14　三嶋本 日本書紀（三嶋大社蔵）　箱蓋裏

口絵 13　三嶋本 日本書紀（三嶋大社蔵）　箱蓋

目次

凡例

一、本書には國學院大學図書館所蔵資料のうち、『嘉禎本 日本書紀 巻二』『三嶋本 日本書紀 巻一』『三嶋本 日本書紀 巻三』『梵舜本 古語拾遺』『兼永本 延喜式 巻八』『兼右本 延喜式 巻八』『藤波家本 壽詞文』『日本紀鈔』『梵舜本 中臣祓記解・中臣祓義解』の八点を収めた。

二、口絵には以下の図版を掲載した。
『嘉禎本 日本書紀 巻二』全体図、見返し・巻頭、奥書・巻末
『三嶋本 日本書紀 巻一』全体図、見返し・巻頭、巻末
『三嶋本 日本書紀 巻三』全体図、見返し・巻頭、奥書・巻末
『三嶋本 日本書紀』（三嶋大社所蔵本）冒頭部、巻末、箱蓋、箱蓋裏

三、影印の縮尺は以下のとおりである。
『嘉禎本 日本書紀』約七五パーセント
『三嶋本 日本書紀 巻一』約七四パーセント
『三嶋本 日本書紀 巻三』約七六パーセント
『梵舜本 古語拾遺』約八〇パーセント
『兼永本 延喜式 巻八』約七九パーセント
『兼右本 延喜式 巻八』約八〇パーセント
『藤波家本 壽詞文』約七一パーセント
『日本紀鈔』約八二パーセント
『梵舜本 中臣祓記解・中臣祓義解』約七八パーセント

四、巻子本である『嘉禎本 日本書紀 巻三』『三嶋本 日本書紀 巻一』『三嶋本 日本書紀 巻三』には行番号を通し番号で振った。

五、冊子本である『梵舜本 古語拾遺』『兼永本 延喜式 巻八』『兼右本 延喜 巻八』『藤波家本 壽詞文』『日本紀鈔』『梵舜本 中臣祓記解・中臣祓義解』には行番号を頁ごとに振った。

六、各資料は割り付けの都合上、一部行を重複して収録しているが、資料に衍文があるわけではない。

七、各資料の書誌情報・解題を付した。種々の理由で判読困難な箇所のある資料については、合わせて難読箇所一覧を付した。

八、書誌情報の書名に関しては、原則として本文首葉第一行巻頭に記されたものを採用した。また装訂の四つ目袋綴は、より正確を期すため、線装本という書誌用語を用いた。

九、解題での人名の読みは諸説あるが、一般的なものを傍注した。

一〇、各資料の解題・難読箇所執筆者の略歴紹介を巻末に付した。

一一、掲載資料の中にはすでに國學院大學図書館のデジタルライブラリーで画像を公開しているものもあるが、本書からの翻刻出版等には國學院大學図書館の許可が必要である。

嘉禎本　日本書紀　巻二

故吾亦…禦者國内諸神必當
同禦今我…避誰復敢有不順者乃以
平國時所杖之廣矛授二神曰吾以此
矛卒有治功天孫若用此矛治國者必
當平安今當於百不足八十隈將隱
去矣隈此云矩磨遲言訖遂隱於是二神誅諸不
順鬼神等一云二神遂誅邪神及草木石類
皆已平了其所不服者唯星神香
香背男耳故加遣倭文神建葉槌命者則服果
故二神…倭文神此云斯圖梨俄未
以復命于時…靈尊以眞床追

故二神[illegible]云斯而梨俄未
以復命于時高皇産靈尊以真床追
衾覆於皇孫天津彦彦火瓊瓊杵尊使
降之皇孫乃離天磐座天磐座此云阿麻能以簸矩羅且
排分天八重雲稜威之道別道別而天
降於日向襲之高千穗峯矣既而皇孫
遊行之狀也者則自槵日二上天浮橋立
於浮渚在平處立於浮渚在平處此云羽企爾磨梨陀毘邏而陀陀志而
膂宍之空國自頓丘覓國行去頓丘此云

膂宍之空國自頓丘覓國行去頓丘此云毗陀烏覓國此云矩爾磨儀行去此云騰褒屢到於吾田長屋笠狹之
碕矣其地有一人自號事勝國勝長
狹皇孫問曰國在耶以不對曰此焉有
國請任意遊之故皇孫就而留住時彼
國有美人名曰鹿葦津姫亦名神吾田津姫亦名木花之開耶姫
皇孫問此美人曰汝誰之子耶對
曰妾是天神娶大山祇神所生兒也皇孫

曰妾是天神娶大山祇神所生兒也皇孫
因而幸之即一夜而有娠皇孫未信之
曰雖復天神何能一夜之間令人有娠乎
汝所懐者必非我子歟故鹿葦津姫忿
恨乃作無戸室入居其内而誓之曰妾所娠
若非天孫之胤必當𦦨滅如實天孫之胤
火不能害即放火焼室始起烟末生出之兒
號火闌降命是隼人等始祖也火闌降此云褒能須
素里次避熱而居生出之兒號彦火火

火闌降命是隼人等始祖也火闌降此云褒能須素里也次避熱而居生出之兒號彦火火出見尊次生出之兒號火明命是尾張連等始祖也凡三子矣久之天津彦彦火瓊瓊杵尊崩因葬筑紫日向可愛此云埃之山陵

一書曰天照大神勅天稚彦曰豐葦原中國是吾兒可王之地也然慮有殘賊强暴横惡之神者故汝先往平之乃賜天鹿兒弓及天眞麻兒矢遣之天稚彦受勅來降則多娶國神女子經八年無以報命故天照大神乃召思兼神問其不來之狀時思兼神思而告曰宜且遣雉問之於是從彼神謀乃使雉往候之其雉飛下居于天稚彦門前湯津

状時思兼神思而告曰宜且遣雉問之於是從彼神謀
乃使雉往候之其雉飛下居于天稚彦門前湯津
杜樹之杪而鳴之曰天稚彦何故八年之間未有復
命時有國神號天探女見其雉曰鳴聲惡鳥在此
樹上可射之天稚彦乃取天神所賜天鹿兒弓天
眞鹿兒矢便射之則矢達雉胸遂至天神所處時
天神見其矢曰此昔我賜天稚彦之矢也今何故來
乃取矢而呪之曰若以惡心射者則天稚彦當遭害
若以平心射者則當無恙因還投之即其矢落下中
于天稚彦之高胸因以立死此世人所謂返矢可畏
之緣也時天稚彦之妻子從天降來將柩上去而於
天作喪屋殯哭之先是天稚彦與味耜高彦根神
友善故味耜高彦根神登天弔喪大臨焉時此神
形貌自與天稚彦恰然相似故天稚彦妻子等見
而喜之曰吾君猶在則攀持衣帶不可排離時味
耜高彦根神忿曰朋友喪亡故吾即來弔如何誤死

而喜之曰吾君猶在則攀持衣帯不可排離時味
耜高彦根神忿曰朋友喪亡故吾即來弔如何誤死
人於我耶乃抜十握劔斫倒喪屋其屋墮而成山此
則美濃國喪山是也世人惡以死者誤己此其縁也時味
耜高彦根神光儀華艶映于二丘二谷之間故喪會者
歌之曰或云味耜高彦根神之妹下照媛欲令衆人知
映丘谷者是味耜高彦根神故歌之曰阿妹奈屢夜
乙登多奈婆多廼汚奈餓勢屢多磨廼弥素磨屢廼阿
奈陀磨波夜弥多尓輔柁和多邏須阿泥素企多伽避顧祢
又歌之曰阿磨佐箇屢避奈菟謎廼以和多邏素西渡
以嗣箇箇柂輔智箇柂輔智尓阿弥播利和柂嗣妹慮
豫嗣尓豫嗣豫利據祢以嗣箇播箇柂輔智此両首歌辞
今號夷曲既而天照大神以思兼神妹萬幡豐秋津媛
命配正哉吾勝勝速日天忍穂耳尊爲妃令降於葦原
中國是時勝速日天忍穂耳尊立于天浮橋而臨睨之曰
彼地未平矣不須也頗傾也凶目杵之國歟乃更還登具陳

中國是時勝速日天忍穗耳尊立于天浮橋而臨睨之曰
彼地未平矣不須也頗傾也凶目杵之國歟乃更還登具陳
不降之狀故天照大神復遣武甕槌神及經津主神先行
駈除時二神到出雲便問大己貴神曰汝將此國奉天神
耶以不對曰吾子事代主射鳥遨遊在三津之碕今當問
以報之乃遣使人訪焉對曰天神所求何不奉歟故大己
貴神以其子之辭報乎二神〻〻乃昇天復命而告之曰葦
原中國皆已平竟時天照大神勅曰若然者方當降吾兒矣
且將降間皇孫已生號曰天津彥〻火瓊〻杵尊時有奏曰
欲以此皇孫代降故天照大神乃賜天津彥〻火瓊〻杵
尊八坂瓊曲玉及八咫鏡草薙劒三種寶物又以中臣上
祖天兒屋命忌部上祖太玉命猨女上祖天鈿女命鏡作上
祖石凝姥命玉作上祖玉屋命凡五部神使配侍焉因勅
皇孫曰葦原千五百秋之瑞穗國是吾子孫可王之地宜
尒皇孫就而治焉行矣寶祚之隆當与天壤無窮者矣
已而且降之間先驅者還白有一神居天八達之衢其鼻

已而且降之間先驅者還白有一神居天八達之衢其鼻
長七咫背長七尺餘當言七尋且口尻明耀眼如八咫鏡而
赩然似赤酸醤也即遣從神往問時有八十万神皆不得
目勝相問故時勅天鈿女曰汝是目勝於人者宜往問之天
鈿女乃露其胸乳抑裳帶於臍下而咲噱向立是時衢神
問曰天鈿女汝為之何故邪對曰天照大神之子所幸道路有如
此居之者誰也敢問之衢神對曰聞天照大神之子今當降
行故奉迎相待吾名是猨田彦大神時天鈿女復問曰汝
將先我行乎抑我先汝行乎對曰吾先啓行天鈿女復問
曰汝何處到邪皇孫何處到邪對曰天神之子則當到
筑紫日向高千穗槵觸之峯吾則應到伊勢之狹長田
五十鈴川上因曰發顯我者汝也故汝可以送我而致之
矣天鈿女還詣報狀皇孫於是脱離天磐座排分天八
重雲稜威道別道別而天降之也果如先期皇孫則筑紫
日向高千穗槵觸之峯其猨田彦神者則到伊勢之狹長
田五十鈴川上即天鈿女命隨猨田彦神所乞遂以侍送

日向高千穗槵觸之峯其猨田彦神者則到伊勢之狹長
田五十鈴川上即天鈿女命隨猨田彦神所乞遂以侍送
焉時皇孫勅天鈿女命汝宜以所顯神名爲姓氏焉因
賜猨女君之號故猨女君等男女皆呼爲君此其緣
也高胸此云多歌武娜娑歌歌頗傾也此云歌矛志
一書曰天神遣經津主神武甕槌神使平定葦原中
國時二神曰天有惡神名曰天津甕星亦名天香香
背男請先誅此神然後下撥葦原中國是時齋主
神號齋之大人此神今在乎東國檝取之地既而二
神降到出雲五十田狹之小汀而問大己貴神曰汝
將以此國奉天神耶以不對曰疑汝二神非是吾處
來者故不須許也於是經津主神則還昇報告時
高皇産靈尊乃還遣二神勅大己貴神曰今者聞
汝所言深有其理故更條而勅之夫汝所治顯露
之事宜是吾孫治之汝則可以治神事又汝應住
天日隅宮者今當供造即以千尋栲繩結爲百八十

之事宜是吾孫治之汝則可以治神事又汝應住
天日隅宮者今當供造即以千尋栲繩結爲百八十
紐其造宮之制者柱則高大板則廣厚又將田供佃
又爲汝往來遊海之具高橋浮橋及天鳥船亦將供
造又於天安河亦造打橋又供造百八十縫之白楯
又當主汝祭祀者天穗日命是也於是大己貴神報
曰天神勅教慇懃如此敢不從命乎吾所治顯露事
者皇孫當治吾將退治幽事乃薦岐神於二神曰是
當代我而奉從也吾將自此避去即躬被瑞之八坂瓊
而長隱者矣故經津主神以岐神爲鄕導周流削平有
逆命者即加斬戮歸順者仍加褒美是時歸順之首渠
者大物主神及事代主神乃合八十萬神於天高市帥
之昇天陳其誠款之至時高皇産靈尊勅大物主神
汝若以國神爲妻吾猶謂汝有疏心故今以吾女三
穗津姫配汝爲妻宜領八十萬神永爲皇孫奉護乃使
還降之即以紀國忌部遠祖手置帆負神定爲作笠者
彦狹知神爲作盾者天目一箇神爲作金者天日鷲神

還降之所以紀國忌部遠祖手置帆負神定爲作笠者
彥狹知神爲作盾者天目一箇神爲作金者天日鷲神
爲作木綿者櫛明玉神爲作玉者乃使太玉命以弱肩
被太手繦而御手代以祭此神者始起於此矣且天兒
屋命主神事之宗源者也故俾以太占之卜事而奉仕
焉高皇産靈尊因勅曰吾則起樹天津神籬及天津磐
境當爲吾孫奉齋矣汝天兒屋命太玉命宜持天津
神籬降於葦原中國亦爲吾孫奉齋焉乃使二神陪
從天忍穗耳尊以降之是時天照大神手持寶鏡授天
忍穗耳尊而祝之曰吾兒視此寶鏡當猶視吾可與同
牀共殿以爲齋鏡復勅天兒屋命太玉命惟爾二神亦
同侍殿内善爲防護又勅曰以吾高天原所御齋庭之
穗亦當御於吾兒則以高皇産靈尊之女号萬幡姫配
天忍穗耳尊爲妃降之故時居於虚天而生兒號天津
彥火瓊瓊杵尊因欲以此皇孫代親而降故以天兒屋命
太玉命及諸部神等悉皆相授且服御之物一依前授
然後天忍穗耳尊復還於天故天津彥火瓊瓊杵尊

彦火瓊々杵尊因欲以此皇孫代親而降故以天兒屋命
太玉命及諸部神等悉皆相授且服御之物一依前授
然後天忍穗耳尊復還於天故天津彦火瓊々杵尊
降到於日向槵日高千穗之峯而膂宍胷副國自頓丘
覓國行去立於浮渚在平地乃召國主事勝國勝長狭
而訪之對曰是有國也取舍隨勅時皇孫因立宮殿是焉
遊息後遊幸海濱見一美人皇孫問曰汝是誰之子耶對
曰妾是大山祇神之子名神吾田鹿葦津姫亦名木花開
耶姫因白亦吾姉磐長姫在皇孫曰吾欲以汝為妻如之
何對曰妾父大山祇神在請以垂問皇孫因謂大山祇神曰
吾見汝之女子欲以為妻於是大山祇神乃使二女持百
机飲食奉進時皇孫謂姉為醜不御而罷妹有國色引而
幸之則一夜有身故磐長姫大慙而詛之曰假使天孫不
斥妾而御者生兒永壽有如磐石之常存今既不然
唯弟獨見御故其生兒必如木花之移落一云磐長姫
恥恨而唾泣之曰顯見蒼生者如木花之俄遷轉當衰

取根而嘷泣之曰顯見蒼生者如木花之俄遷轉當衰
去矣此世人短折之緣是後神吾田鹿葦津姫見皇孫曰
妾孕天孫之子不可私以生也皇孫曰雖復天神之子如何
一夜使人娠乎抑非吾之兒歟木花開耶姫甚以慙恨
乃作無戸室而誓之曰吾所娠是若他神之子者必不
幸矣是實天孫之子者必當全則入其室中以火焚室
于時燄初起時共生兒號火酢芹命次火盛時生兒
號火明命次生兒號彦火火出見尊亦號火折尊齊
主此云伊播毘顯露此云阿羅播貳齋庭此云踰貳波
一書曰初火燄明時生兒火明命次火炎盛時生兒火進命
亦曰火酢芹命次避火炎時生兒火折命彦火火出見
尊凡此三子火不能害及母亦無所少損時以竹刀截
其兒臍其所棄竹刀終成竹林故號彼地曰竹屋時神
吾田鹿葦津姫以卜定田号曰狹名田以其田稻釀天甜酒
嘗之又以渟浪田稻爲飯嘗之 一書曰高皇産靈尊以
眞床覆衾裹天津彦國光彦火瓊瓊杵尊則引開天
磐戸排分天八重雲以奉降之

嘗之又以渟浪田稲爲飯嘗之一書曰高皇産靈尊以
眞牀覆衾裹天津彦國光彦火瓊々杵尊則引開天
磐戸排分天八重雲以奉降之于時大伴連遠祖天忍
日命帥來目部遠祖天槵津大來目背負天磐靫臂著
稜威高鞆手捉天梔弓天羽々矢及副持八目鳴鏑又帶
頭槌劔而立天孫之前遊行降來到於日向襲之高千
穗槵日二上峯天浮橋而立於浮渚在之平地膂宍空
國自頓丘覓國行去到於吾田長屋笠狭之御碕時彼
處有一神名曰事勝國勝長狭故天孫問其神曰國在耶
對曰在也因曰隨勅奉矣故天孫留住於彼處其事勝國勝
神者是伊弉諾尊之子也亦名鹽土老翁一書曰天孫
幸大山祇神之女子吾田鹿葦津姫則一夜有身遂生
四子故吾田鹿葦津姫抱子而來進曰天神之子寧可
私養乎故告狀知聞是時天孫見其子等嘲之曰妍哉
吾皇子者聞喜而生之歟故吾田鹿葦津姫乃慍之曰
何爲嘲妾乎天孫曰心疑之矣故嘲之何則雖復天神之

吾皇子者聞喜而生之歟故吾田鹿葦津姫乃慍之曰
何為嘲妾乎天孫曰心疑之矣故嘲之何則雖復天神之
子豈能一夜之間使人有身者哉固非我子矣是以吾
田鹿葦津姫益恨作無戸室入居其内誓之曰妾所娠
若非天神之胤者必亡是若天神之胤者所害則放火
焚室其火初明時躡誥出兒自言吾是天神之子名
火明命吾父何處坐耶次火盛時躡誥出兒亦言吾是
天神之子名火進命吾父及兄何處在耶次火炎衰時躡
誥出兒亦言吾是天神之子名火折尊吾父及兄等
何處在耶然後母吾田鹿葦津姫自火燼中出來就而稱
之曰妾所生兒及妾身自當火難無所少損天孫見之乎
對曰我知本是吾兒但一夜而有身慮有疑者欲使衆人
皆知是吾兒并亦天神能令一夜有娠亦欲明汝有靈異
之威子等復有超倫之氣故有前日之嘲辭也梔此云波茸音
之移反頭槌此云箇歩豆智老翁此云烏膩一書曰天忍穂根尊
娶高皇産靈尊女子栲幡千々姫万幡姫命亦云高皇産靈

娶高皇産霊尊女子栲幡千々姫万幡姫命亦云高皇産霊
尊児火之戸幡姫児千々姫命而生児天火明命次生天津彦
根火瓊々杵尊其天火明命児天香山是尾張連等遠祖也
及至奉降皇孫火瓊々杵尊於葦原中国也高皇産霊尊
勅八十諸神曰葦原中国者磐根木株草葉猶能言語夜
者若熛火而喧響之昼者如五月蝿而沸騰之云云時高皇産
霊尊勅曰昔遣天稚彦於葦原中国至今所以久不来者蓋
是国神有強禦之者乃遣無名雄雉往候之此雉降来因見
粟田豆田則留而不返此世所謂雉頓使之縁也故復遣無名雌
雉此鳥下来為天稚彦所射中其矢而上報云云是時高皇
産霊尊乃用真床覆衾裹皇孫天津彦根火瓊々杵根尊
而排披天八重雲以奉降之故称此神曰天国饒石彦火瓊々
杵尊于時降到之処者呼曰日向襲之高千穂添山峯矣及
其遊行之時也云々到于吾田笠狭之御碕遂登長屋之竹嶋
乃巡覧其地者彼有人焉名曰事勝国勝長狭天孫因問
之曰此誰国歟対曰是長狭所住之国也然今乃奉上天孫

乃巡覧其地者彼有人焉名曰事勝国勝長狭天孫因問
之曰此誰国歟對曰是長狭所住之国也然今乃奉上天孫
矣天孫又問曰其於秀起浪穂之上起八尋殿而手玉玲瓏
織絍之少女者是誰之子女耶答曰大山祇神之女等大号
磐長姫少号木花開耶姫亦号豊吾田津姫云〻皇孫因
幸豊吾田津姫則一夜而有身皇孫疑之云〻遂生火酢芹
命次生火折尊亦号彦火〻出見尊母誓已驗方知實是皇
孫之胤然豊吾田津姫恨皇孫不与共言皇孫憂之乃為歌之
曰憶企都茂播陛尓播譽度耐母佐祢耐據茂阿臺播怒介茂
譽播磨都智耐理譽標大此云矍能倍喧響此云於等那
此五月蠅此云左魔陪添山此云曽褒里能耶麻秀起此云
左岐陁豆屢一書曰高皇産霊尊之女天万栲幡千幡姫一云
高皇産霊尊兒萬幡姫兒玉依姫命此神為忍骨命妃生兒
天之杵火〻置瀬尊一云勝速日命兒天大耳尊此神娶丹舄
姫生兒火瓊〻杵尊一云神皇産霊尊之女栲幡千幡姫生
兒火瓊〻杵尊一云天杵瀬命娶吾田津姫生兒火明命次火

兒火瓊々杵尊一云天杵瀬命娶吾田津姫生兒火明命次
夜織命次彦火々出見尊一書曰正哉吾勝々速日天忍穂
耳尊娶高皇産霊之女天万栲幡千幡姫為妃而生兒号
天照國照彦火明命是尾張連等遠祖也次天饒石國饒石
天津彦火瓊々杵尊此神娶大山祇神女子木花開耶姫命
為妃而生兒号火酢芹
命次彦火々出見尊　兄火闌降命自有海幸
弟彦火々出見尊自有山幸始兄弟二人
相謂曰試欲易幸遂相易之各不得其利兄
悔之乃還弟弓箭而乞己釣鈎弟時既失兄
鈎無由訪覓故別作新鈎与兄兄不肯受而
責其故鈎弟患之即以其横刀鍛作新鈎盛

鉤無由訪覓故別作新鉤与兄〻不肯受而
責其故鉤弟患之即以其横刀鍛作新鉤盛
一箕而与之兄忿之曰非我故鉤雖多不取益
復急責故彦火〻出見尊憂苦甚深行吟
海畔時逢塩土老翁〻〻問曰何故在此愁乎
對以事之本末老翁曰勿復憂吾當為汝計
之乃作無目籠内彦火〻出見尊於籠中沈
之于海即自然有可怜小汀可怜此云于麻師汀此云波麻於是
棄籠遊行忽至海神之宮其宮也雉堞整頓

之于海即自然有可怜小汀 師 汀此云波麻 於是
棄籠遊行忽至海神之宮其也雉堞整頓
臺宇玲瓏門前有一井〻上有一湯津杜樹
枝葉扶疏時彦火〻出見尊就其樹下徙倚
彷徨良久有一美人排闥而出遂以玉鋺来
當汲水因挙目視之乃驚而還入白其父母
曰有一希客者在門前樹下海神於是鋪設
八重席薦以延内之坐定因問其来意時彦
火〻出見尊對以情之委曲海神乃集大小之

火々出見尊對以情之委曲海神乃集大小之
魚逼問之僉曰不識赤女赤女鯛魚名也比有口疾而不
不來固召之探其口者果得失鉤已而彥火々
出見尊因娶海神女豐玉姬仍留住海宮已
經三年彼處雖復安樂猶有憶鄉之情故
時復太息豐玉姬聞之謂其父曰天孫悽然
數歎蓋懷土之憂乎海神乃延彥火々出見
尊從容語曰天孫若欲還鄉者吾當奉送

尊從容語曰天孫若欲還郷者吾當送之
便授所得釣鈎因誨之曰以此鈎與汝兄時則
陰呼此鈎曰貧鈎然後與之復授潮滿瓊及
潮涸瓊而誨之曰漬潮滿瓊者則潮忽滿以
此没溺汝兄若汝兄悔而祈者還漬潮涸瓊則潮
自涸以此救之如此逼惱則汝兄自伏及將歸
去豐玉姬謂天孫曰妾已娠矣當産不久妾
必以風濤急峻之日出到海濱請爲我作産
室相待矣彦火火出見尊已還宮一遵海神

屋相待矣彦火火出見尊已還宮一遵海神
之教時兄火闌降命既被厄困乃自伏罪曰
從今以後吾將為汝俳優之民請施恩活於
是隨其所乞遂赦之其火闌降命即吾田
君小橋等之本祖也後豐玉姫果如前期將
其女弟玉依姫直冒風波來到海邊逮臨
産時請曰妾産時幸勿以看之天孫猶不能
忍竊往覘之豐玉姫方産化為龍而甚慙

忍竊往覘之豊玉姫方産化爲龍而甚慚
之曰如有不辱我者則使海陸相通永無隔
絶今既辱之何以結親昵之情乎乃以草
裹兒棄之海邊閉海途而徑去矣故因以
名兒曰彦波瀲武鸕鷀草葺不合尊後久之
彦火々出見尊崩葬日向高屋山上陵 一書曰兄
火酢芹命能得海幸弟彦火々出見尊能得山幸時兄
弟欲互易其幸故兄持弟之幸弓入山覓獸終不見獸
之乾迹弟持兄之幸鉤入海釣魚殊無所獲遂失其鉤
是時兄還弟弓矢而責己鉤弟患之乃以所帯横刀作鉤
盛一箕与兄々不受曰猶欲吾之幸鉤於是彦火々出見尊

是時兄還弟弓矢而責已鉤弟患之乃以所帯横刀作鉤
盛一箕与兄〻不受曰猶欲吾之幸鉤於是彦火〻出見尊
不知所求但有憂吟乃行至海邊彷徨嗟歎時有一長老忽
然而至自稱塩土老翁乃問之曰君是誰者何故患於此
處乎彦火〻出見尊具言其事老翁即取嚢中玄櫛投
地則化成五百箇竹林因取其竹作大目麁籠内火〻出
見尊於籠中投之于海一云以無目堅間為浮木以細縄
繋着火〻出見尊而沈之所謂堅間是今之竹籠也于時
海底自有可怜小汀乃尋汀而進忽到海神豊玉彦之宮
其宮也城闕崇華楼臺壮麗門外有井〻傍有杜樹乃
就樹下立之良久有一美人容貌絶世侍者群自内而出
将玉壷汲水仰見火〻出見尊便以驚而白其父神曰門
前井邊樹下有一貴客骨法非常若従天降者當有天垢
従地来者當有地垢實是妙美之虚空彦者歟一云豊
玉姫之侍者以玉鋺汲水終不能満俯視井中則倒映

玉姫之侍者以玉瓶汲水終不能滿俯視井中則倒映
咲之顔因以仰觀有一麗神倚於杜樹故還入白其王
於是豊玉彦遣人問曰客是誰者何以至此火火出見
尊對曰吾是天神之孫也乃遂言來意時海神迎拜延
入慇懃奉慰因以女豊玉姫妻之故留住海宮已經三
載是後火火出見尊數有歎息豊玉姫問曰天孫豈欲
還故鄉歟對曰然豊玉姫即白父神曰在此貴客意望
欲還上國海神於是總集海魚覓問其鉤有一魚對曰
赤女久有口疾或云赤鯛疑是之呑乎故即召赤女見
其口者鉤猶在口便得之乃以授彦火火出見尊因教
曰以鉤與汝兄時則可詛言貧窮之本飢饉之始困苦
之根而後與之又汝兄渉海時吾必起迅風洪濤令沒
溺辛苦矣於是乘火火出見尊於於大鰐以送致本鄉
先是且別時豊玉姫從容語曰妾已有身矣當以風濤
壯日出到海邊請爲我造産屋以待之是後豊玉姫果
如其言來至謂火火出見尊曰妾今夜當産請勿臨之

壯日出到海邊請爲我造産屋以待之是後豊玉姫果
如其言來至謂火〻出見尊曰妾今夜當産請勿臨之
火〻出見尊不聽猶以櫛燃火視之時豊玉姫化爲八
尋大熊鰐匍匐逶虵遂以見辱爲恨則徑歸海郷留其
女弟玉依姫持養兒焉所以兒名稱彦波瀲武鸕鷀草
葺不合尊者以彼海濱産屋全用鸕鷀羽爲草葺之而
甍未合時兒即生焉故因以名焉上国此云羽播豆矩
尒一書曰門前有一好井〻上有百枝杜樹故彦火〻
出見尊跳昇其樹而立之于時海神之女豊玉姫手持
玉鋺來將汲水正見人影在於井中乃仰視之驚而墜
鋺〻既破碎不顧而還入謂父母曰妾見一人在於井
邊樹上顏色甚美容貌且閑殆非常之人者也時父神
聞而奇之乃設八重席迎入坐定因問來意對以情之
委曲時海神便起憐心盡召鰭廣鰭狹而問之皆曰不
知但赤女有口疾不來亦云口女有口疾即急召至探
其口者所失之鉤立得於是海神制曰儞口女從今以

知但赤女有口疾不來亦云口女有口疾即急召至
其口者所失之鈎立得於是海神制曰儞口女從今以
往不得呑餌又不得預天孫之饌即以口女魚所以不
進御者此其緣也又及彥火〻出見尊將歸之時海神
白言今者天神之孫辱臨吾處中心欣慶何日忘之乃
以思則潮溢之瓊思則潮涸之瓊副其鈎而奉進之曰
皇孫雖隔八重之隈冀時復相憶而勿棄置也因教之
曰以此鈎与汝兄時則稱貧鈎滅鈎落薄鈎言訖以後
手投棄与之勿以向授若兄起忿怒有賊害之心者則
出潮溢瓊以漂溺之若已至危苦求愍者則出潮涸瓊
以救之如此逼惱自當臣伏時彥火〻出見尊受彼瓊
鈎歸來本宮一依海神之教先以其鈎与兄〻怒不受
故弟出潮溢瓊則潮大溢而兄自沒溺因請之曰吾當
事汝爲奴僕願垂救活弟出潮涸瓊則潮自涸而兄還
平復已而兄改前言曰吾是汝兄如何爲人兄而事弟
耶弟時出潮溢瓊兄見之走登高山則潮亦沒山兄緣

乃復已而兄從前言曰吾是汝兄如何爲人兄而事弟
耶弟時出潮溢瓊兄見之走登高山則潮亦没山兄緣
高樹則潮亦没樹兄既窮途無所逃去乃伏罪曰吾已
過矣從今以往吾子孫八十連屬恒當爲汝俳人一云
狗人請哀之弟還出涸瓊則潮自息於是兄知弟有神
德遂以伏事其弟是以火酢芹命苗裔諸隼人等至今
不離天皇宮墻之傍代吠狗而奉事者矣世人不債失
針此其緣也　一書曰兄火酢芹命能得海幸故号曰海
幸彦弟彦火々出見尊能得山幸故号山幸彦兄則每
有風雨輙失其利弟則雖逢風雨其幸不忒時兄謂弟
曰吾試欲与汝換幸弟許諾因易之則兄取弟弓矢入
山獵獸弟取兄鉤入海釣魚俱不得利空手來歸兄即
還弟弓矢而責己鉤々時弟已失鉤於海中無因訪獲
故別作新鉤數千与之兄怒不受急責故鉤云々是時弟
往海濱低佪愁吟時有川鴈嬰羂困厄即起憐心解而
放去須臾有鹽土老翁來乃作無目堅間小舩載火々出
見尊推放於海中則自然沈去忽有可怜御路故尋路而

往海濱俳佪嗟吟時有川鴈嬰羂困厄即起憐心解而
放去須臾有塩土老翁來乃作無目堅間小舩載火火出
見尊推放於海中則自然沉去忽有可怜御路故尋路而
往自至海神之宮是時海神自迎延入乃鋪設海驢皮
八重使坐其上兼設饌百机以盡主人之礼因従容問
曰天神之孫何以辱臨乎一云頃吾兒來語曰天孫憂
居海濱未審虚實蓋有之乎彦火火出見尊具申事之本
末因留息焉海神則以其子豊玉姫妻之遂纏綿篤愛
已經三年及至將歸海神乃召鯛女探其口者即得鈎
焉於是進此鈎于彦火火出見尊因奉教之曰以此与
兄時乃可稱曰大鈎踉䠙鈎貧鈎癡騃鈎言訖則可以
後手投賜已召集鰐魚問之曰天神之孫今當還去儞
等幾日之内將以奉致時諸鰐魚各隨長短定其日數
中有一尋鰐自言一日之内則當致焉故即遣一尋鰐
魚以奉送焉復進潮滿瓊潮涸瓊二種寶物仍教用瓊
之法又教曰兄作高田者汝可作洿田兄作洿田者汝

魚以奉進焉復進潮滿瓊潮涸瓊二種寶物仍教用瓊
之法又教曰兄作高田者汝可作洿田兄作洿田者汝
可作高田海神盡誠奉助如此矣時彦火〻出見尊已
歸來一遵神教依而行之其後火酢芹命日以襤褸而
憂之曰吾已貧矣仍歸伏於弟〻時出潮滿瓊則兄擧
手溺困還出潮涸瓊則休而平復先是豐玉姫謂天孫
曰妾已有娠也天孫之胤豈可産於海中乎故當産時
必就君處如爲我造産屋於海邊以相待者是所望也
故彦火〻出見尊已以以還鄕即以鸕鷀之羽葺爲産屋
屋蓋未及合豐玉姫自馭大龜將女弟玉依姫光海來到時
孕月已滿産期方急由此不待葺合徑入居焉已而從容
謂天孫曰妾方産請勿臨之天孫心怪其言竊覘之則化
爲八尋大鰐而知天孫視其私屛深懷慙恨既兒生之後
天孫就而問曰兒名何稱者當可乎對曰宜号彦波瀲武
鸕鷀草葺不合尊言訖乃涉海徑去于時彦火〻出見
尊乃歌之曰飫企都鄧利軻茂豆句志磨尒和我謂祢

鸕鷀草葺不合尊言訖乃涉海徑去于時彦火ゝ出見
尊乃歌之曰飫企都鄧利軻茂豆句志磨尓和我謂祢
志伊茂播和素邏珥譽能據鄧馭鄧母亦云彦火ゝ
出見尊取婦人爲乳母湯母及飯嚼湯坐凡諸部備行
以奉養焉于時權用他婦以乳養皇子焉此世取乳母養
兒之緣也是後豐玉姫聞其兒端正心甚憐重欲復歸養
於義不可故遣女弟玉依姫以來養者也于時豐玉姫命
依玉依姫而奉報歌曰阿軻娜磨廼比訶利播阿利登比鄧
播伊珮耐企弭我譽贈比志多輔妬勾阿利計利凡此贈
荅二首號曰擧歌海驢此云美知踉蹡鈎此云須須能美
膩癡騃鈎此云于樓該膩一書曰兄火酢芹命得山幸利弟
火折尊得海幸利云云弟愁吟在海濱時遇鹽筒老翁
者老翁問曰何故愁若此乎火折尊對曰云云老翁曰
勿復憂吾將計之計曰海神所乘駿馬者八尋鰐也是竪
其鰭背而在橘之小戸吾將与彼者共策乃將火折尊
共往而見之是時鰐魚策之曰吾者八日以後方致天孫

其鰭背而在橘之小戸吾將與彼者共策乃將火折尊
共往而見之是時鰐魚策之曰吾者八日以後方致天孫
於海宮唯我王駿馬一尋鰐魚是當一日之内必奉致焉
故今我歸而使彼出來宜乘彼入海々々之時海中自有可
怜小汀隨其汀而進者必至我王之宮々門井上當有湯
津杜樹宜就其樹上而居之言訖即入海去矣故天孫隨
鰐所言留居相待已八日矣久之方有一尋鰐魚來因乘而
入海每遵前鰐之教時有豊玉姫侍者持玉鋺當汲井
水見人影在水底酌取之不得因以仰見天孫即入告其王
曰吾謂我王獨能絶麗今有一客彌復遠勝海神聞之曰
試以察之乃設三床請入於是天孫於邊床則拭其兩足於
中床則據其兩手於内床則寛坐於眞床覆衾之上海神
見之乃知是天神之孫益加崇敬云云海神召赤女口女問
之時口女自口出鉤以奉焉赤女即赤鯛也口女即鯔魚也時
海神授鉤彦火々出見尊因教之曰還兄鉤時天孫則當言

海神授鉤彦火〻出見尊因教之曰還兄鉤時天孫則當言
汝生子八十連屬之裔貧鉤狭〻貧鉤言訖三下唾与之又
兄入海釣時天孫宜在海濱以作風招〻〻即嘯也如此則吾
起瀛風邊風以奔波溺惱火折尊歸來具遵神教至乃兄
鉤之日弟居濱而嘯之時迅風忽起兄則溺苦無由可生便
遥請弟曰汝久居海原必有善術願以救之若活我者吾生
兒八十連屬不離汝之垣邊當為俳優之民也於是弟嘯
已停而風亦還息故兄知弟德欲自伏辜而弟有慍色
不与共言於是兄着犢鼻以赭塗掌塗面告其弟曰吾汚
身如此永為汝俳優者乃擧足踏行學其溺苦之状初潮
漬足時則為足占至膝時則擧足至股時則走迴至腰時
則捫腰至腋時則置手於胸至頸時則擧手飄掌自尒及
今曾無廢絶先是豊玉姫出來當産時請皇孫曰云云皇
孫不從豊玉姫大恨之曰不用吾言令我屈辱故自今以往妾
奴婢至君處者勿復放還君奴婢至妾處者亦勿復還遂
以真床覆衾及草裹其兒置之波瀲即入海去矣此海陸

奴婢至君處者勿復放還若奴婢至妾處者亦勿復還遂以真牀覆衾及草裹其兒置之波瀲即入海去矣此海陸不相通之縁也一云置兒於波瀲者非也豐玉姫命自抱而去久之曰天孫之胤不宜置此海中乃使玉依姫持之送出焉初豐玉姫別去時恨言既切故火折尊知其不可復會乃有贈歌已見上八十連屬此云野素豆企飄掌此云陛毗盧箇須彦波瀲武鸕鷀草不合尊以其姨玉依姫為妃生彦五瀬命次稲飯命次三毛入野命次神日本磐余彦尊凡生四男久之彦波瀲武鸕鷀草葺不不合尊崩於西洲之宮因葬日向吾平山上陵一書曰先生彦五瀬命次稲飯命次三毛入野命

尊凡生四男久之彦波瀲武鸕鷀草葺不
不合尊崩於西洲之宮因葬日向吾平山
上陵
一書曰先生彦五瀬命次稲飯命次三毛入野命
次狭野尊亦号神日本磐余彦尊所稱狭野
者是年少時之号也後撥平天下奄有八洲故復加
号曰神日本磐余彦尊一書曰先生五瀬命次三毛野
命次稲飯命次磐余彦尊亦号神日本磐余彦火
火出見尊一書曰先生彦五瀬命次稲飯命次神日
本磐余彦尊次稚三毛野命一書曰先生彦五瀬命
次磐余彦火々出見尊次彦稲飯命次三毛入野命

日本書紀第二 神代下

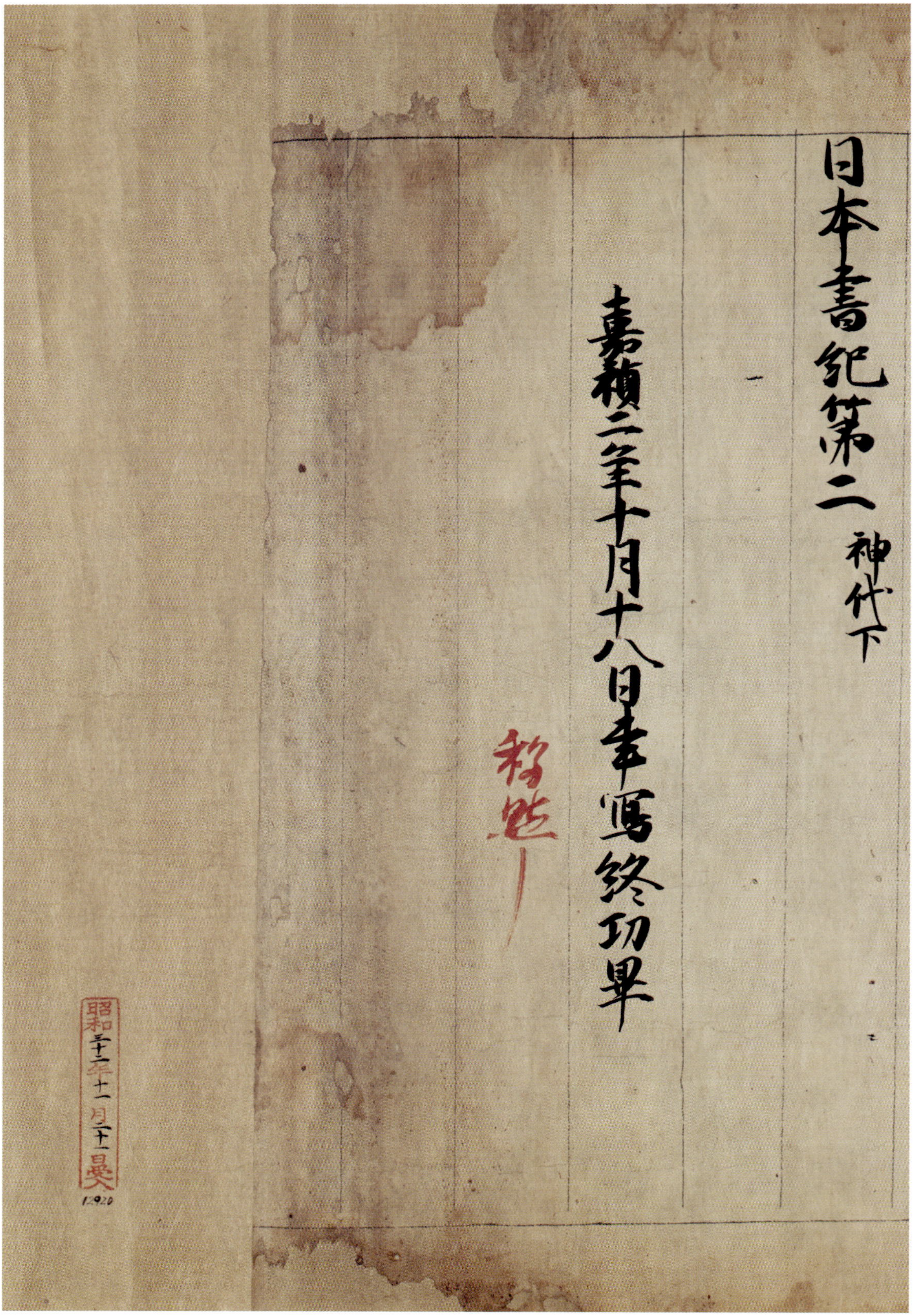

日本書紀第二 神代下

嘉禎二年十月十八日書寫終功畢

移點了

三嶋本　日本書紀　巻一

成當醜女亦以桜皷之皷了則更追後則伊
奘冊尊亦自來追是時伊奘諾尊已到泉津
平坂 一云伊奘諾尊乃向大樹放尿此即化成巨川泉津日狭女将渡其水之間伊
奘諾尊已至泉津平坂矣 故便持以千人所引磐石塞其
坂路與伊奘冊尊相向而立遂建絶妻之誓
時伊奘冊尊曰愛也吾夫君言如此者吾則
當縊殺汝所治国民日将千頭伊奘諾尊乃報
之曰愛也吾妹言如此者吾則當産日将千五百
頭因曰自此莫過即投其杖是謂岐神也 又投其

頭同曰自此莫過即投其杖是謂岐神也又投其
帶是謂長道磐神又投其衣是謂煩神又投
其褌是謂開囓神又投其履是謂道敷神其
其於泉津平坂或所謂泉津平坂者不復別
有處所但臨死時氣絶之際是之謂乎所塞
磐石是謂泉門塞之太神也
亦名道返太神也矣亦垂食
伊奘諾尊既還
乃追悔之曰吾前到於不須也凶目汚穢之處
故當滌去吾身之濁穢則往至筑紫日向小戸
橘檍原而祓除焉遂將盪滌身之所汚乃興言
曰上瀬是太疾下瀬是太弱便濯之於中瀬

曰上瀬是太疾下瀬是太弱便濯之於中之瀬
也因以生神号曰八十枉津日神次将矯其
枉而生神号曰神直日神次大直日神又流
濯於海底因以生神号曰底津少童命次底
筒男命又潜濯於湖中因以生神号曰中筒
少童命次中筒男命又浮濯於潮上因以生
神号曰表津少童命次表筒男命凡有九神
其底筒男命中筒男命表筒男命是則住吉
大神矣底津少童命中津少童命表津少童
命是阿曇連等所奉祭神矣然後洗左眼因

尒是阿曇連等所奉祭神矣然後洗左眼因
以生神号曰天照太神復洗右眼因以生神
号曰月讀尊復洗鼻因以生神号曰素戔烏
尊凡三神矣已而伊弉諾尊勅任三子之曰
天照大神者可以治高天原也月讀尊者可
以治滄海原表溙湖之八百重也素戔烏尊
者可以治天下也是時素戔烏尊年已長矣
復生八握鬚髯雖然不治天下常以啼泣恚
恨故伊弉諾尊問之曰汝何故恒啼如此耶對
曰吾欲從母於根國只爲泣耳伊弉諾尊悪
之曰可以任情行矣乃逐之一書曰伊弉諾尊

之曰可以任情行矣乃遣之一書曰伊弉諾尊拔釼斬軻遇突智
爲三段其一段是爲雷神一段是爲大山祇
神一段是爲高龗又曰斬軻遇突智時其血
激越染於天八十河中所在五百箇磐石而
因化成神号曰磐裂神次根裂神兒磐筒男
神次磐筒女神兒經津主神倉稻魂此云
宇介能美柁麻少童此云和多都美頭邊
此云麻苦羅陛脚邊此云阿度陛熯火音而
善反龗此云於箇美音力丁反吾夫君此云
阿我儺勢湌泉之竈此云譽母都俳遇比秉
炬此云多妣不須也凶目汚穢此云伊儺之
居梅枳枳多儺枳醜女此云志許賣背揮此
云志理幣提尓布理泉津平坂此云余母都
比羅佐可尿此云愈磨理音乃弔反絶妻之
誓此云都麻能宇介比岐神此云布那斗能
加美檍此云阿和岐一書曰伊弉諾尊斬軻

加美積此云阿和及一書曰伊弉諾尊斬軻
遇突智令為五段此各化成五山祇一則首
化為大山祇二則身中化為中山祇三則手
化為麓山祇四則腰化為正勝山祇五則足
化為䨄山祇是時斬血激灑染於石礫樹草
此草木沙石自含火之縁也麓山此云簸耶
麻正勝此云麻左柯尭一云麻左柯豆䨄此
云之伎音烏含反一書曰伊弉諾尊欲見其
妹乃到殯斂之處是時伊弉冉尊猶如生平
出迎共語已而謂伊弉諾尊曰吾夫君尊請
勿視吾矣言訖忽然不見于時闇也伊弉諾
尊乃擧一行之火而視之時伊弉冊尊脹滿
大高上有八邑雷公伊弉諾尊驚而走還是
時雷等皆起来時道邊追有大桃樹故伊弉
諾尊隠其樹下因採其實以擲雷者雷等皆
退走矣此用桃避鬼之縁也時伊弉諾尊乃
投其杖曰自此以還雷不敢来是謂岐神此

投其杖曰自此以還雷不敢来是謂岐神此
本號曰来名戸之祖神焉所謂八雷者在首
曰火雷在胸曰大雷在腹曰土雷在背曰稚
雷在尻曰黒雷在手曰山雷在足上曰野雷
在陰上曰裂雷一書曰伊弉諾尊追至伊弉冉
尊所在處便語之曰悲汝故来答曰族也勿
看吾矣伊弉諾尊不從猶看之故伊弉冉尊
恥恨之曰汝已見我情我復見汝情時伊弉
諾尊亦慙焉因將出返于時不直默歸而盟
之曰族離又曰不負於族乃所唾之神號曰
速玉之男次掃之神號泉津事解之男凡二
神矣及其與妹相鬪於泉平坂也伊弉諾
尊曰始爲族悲及思哀者是吾之怯矣時泉
守道者白云有言矣曰吾與汝已生國矣奈
何更求生乎吾則當留此國不共去是時菊
理媛神亦有白事伊弉諾尊聞而善之乃散
去但親見泉國此既不祥故欲濯除其穢惡乃

亦但親泉國此既不祥故滿濯除其穢惡乃
往見粟門及速吸名門然此二門潮既太急
故還向於橘之小門而拂濯也于時入水吹
生磐土命出水吹生大直日神又入水吹生
底土命出吹生大綾津日神又入吹生赤土
命出吹生大地海原之諸神矣不負於族
此云宇我邏麻概茸一書曰伊奘諾尊勅任
三子曰天照太神者可以御高天之原也月
夜見尊者可以配日以知天事也素戔嗚尊
者可以御滄海之原也既而天照大神在於
天上曰聞葦原中國有保食神宜尒月夜見
尊就候之月夜見尊受勅而降而到宇保食
神許保食神乃廻首嚮國則自口出飯又嚮
海則鰭廣鰭狹亦自口出又嚮山則毛麁毛
柔亦自口出夫品物悉備貯之百机而饗之
是時月夜見尊忿然作色曰穢哉鄙矣寧可
以口吐之物敢養我乎廼拔劒擊殺然後復命

以口出之物敢養我乎迺拔劒擊殺然後復命
具言其事時天照太神怒甚之曰汝是惡神
不須相見乃与月夜見尊一日一夜隔離而
住是後天照太神復遣天熊人往看之是時
保食神實已死矣唯有其神之頂化爲牛馬
顱上生粟眉上生蠒眼中生稗腹中生稻陰
生麦及大豆小豆天熊人悉取持去而奉之
于時天照太神喜之曰是物者顯見蒼生可
食而活之也乃以粟稗麦豆爲陸田種子以
稻爲水田種子又因定天邑君即以其稻種
始殖于天狹田及長田其秋垂穎八握莫々
然甚快也又口裏含蠒便得抽絲自此始有
養蠶之道焉保食神此云宇氣母智能加微
顯見蒼生此云宇都志枳阿烏比等久佐
於是素戔嗚尊請曰吾今奉教將就根國故
欲暫向高天原與姉相見而後永退矣

於是素戔嗚尊請曰吾今奉教將就根国故
欲暫向高天原與姉相見而後永退勅許之乃
昇詣之於天也是後伊弉諾尊神功既畢靈運
當遷是以構幽宮於淡路之洲寂然長隱者矣
亦曰伊弉諾尊功既至矣德亦大矣於是登天報
命仍留宅於日少宮矣少宮此云倭可美野始素戔嗚
尊昇天之時溟渤以之鼓盪山岳為之鳴呴此
則神性雄健使之然也天照太神素知其神
暴惡至聞來詣之狀乃勃然而驚曰吾弟之

暴惡至聞來詣之狀乃勃然而驚曰吾弟之
來豈以善意乎謂當有奪國之志歟夫父母
既任諸子各有其境如何棄置當就之國而敢
窺窬此處乎乃結髮爲髻縛裳爲袴便以
八坂瓊之五百箇御統（御統此云美須磨呂）纏其髻鬘
及腕又背負千箭之靫（千箭此云知能利）與五百箭
之靫臂著稜威之高鞆（陵威此云伊都能矣）振起弓彇急
握劍柄蹹堅庭而陷股若沫雪以就足散（就足散此云穢簸邏ゝ箇）
奮稜威之雄誥（雄誥此云烏多鶏眉）發稜威之

簸邏〻箇　奮稜威之雄誥　烏多稽眉　奮稜威之
嘖讓　嘖讓此云舉廬毘　而徑詰問焉素戔嗚尊對曰吾
元無黒心但又已有嚴勅將永就乎根國如不
與姉相見吾何能敢去是以跋渉雲霧遠自
來參不意何姉翻起嚴顔于時天照太神復
問曰若然者將何以明汝之赤心也對曰請與
姉共誓夫誓約之中　誓約之中此云宇氣譬能美難箇斗　必當
生子如吾所生是女者則可以爲有濁心若
是男者則可以爲有清心於是天照大神乃

是男者則可以爲有淸心者於是天照大神乃
索取素戔嗚尊十握劍打折爲三段濯於天
眞名井𪗾然咀嚼（𪗾然咀嚼此云佐我弥尓加武）而吹棄氣
噴之狹霧（吹棄氣噴之狹霧之伊浮岐能左擬理尓浮枳于都屢）
所生神號曰田心姫次湍津姫次市杵嶋姫
凡三姫神矣既而素戔嗚尊乞取天照太
神髻鬘及腕所纏八坂瓊之五百箇御統濯於
天眞名井𪗾然咀嚼而吹棄氣噴之狹霧所
生神號曰正哉吾勝勝速日天忍穗耳尊次

生神号曰正哉吾勝勝速日天忍穂耳尊次
天穂日命〔是出雲臣土師連等祖也〕次天津彦根命〔是凡川内
直山代直等祖也〕次活津彦根命次熊野櫲樟日命
凡五男矣是時天照太神勅曰原其物根則
八坂瓊之五百箇御統者是吾物也故彼五男
神悉是吾兒乃取而子養焉又勅曰其十握釼者
是素戔烏尊物也故此三女神悉是海兒便授
之素戔烏尊此則筑紫胸肩君等所奉神是
一書曰日神本知素戔烏尊有武健凌物之
意及其上至便謂弟所以来者非是善意必當

及其至便謂弟所以來者非是善意必當
奪我天原乃設丈夫武備躬帶十握劒九握
劒八握劒又背上負靫又臂著稜威高鞆手
捉弓箭親迎防禦是時素戔嗚尊告曰吾元
無悪心唯欲与姉相見只爲暫來耳於是日
神共素戔嗚尊相對而立誓曰若汝心明淨
不有凌奪之意者汝所生兒必當男矣言訖
先食所帶十握劒生兒号瀛津嶋姫又食九
握劒生兒号湍津姫又食八握劒生兒号田
心姫凡三女神矣已而素戔嗚尊以其頸所
嬰五百箇御統之瓊濯于天渟名井亦名去
來之真名井而食之乃生兒号正哉吾勝〻
速日天忍骨尊次尊次天津彦根命次活津
彦根命次天穗日命次熊野忍蹈命凡五男
神矣故素戔嗚尊既得勝驗於是日神方
知素戔嗚尊無悪意乃以日神所生三女神
令降於筑紫洲因教之曰汝三神宜降居道

令降於筑紫洲因教之曰汝三神宜降居道
中奉助天孫而爲天孫所祭也一書曰素戔
烏尊將昇天時有一神號羽明玉此神奉迎
而進奉以瑞八坂瓊之曲玉故素戔烏尊持
其瓊玉而到之於天上也是時天照太神疑
弟有惡心起兵詰問素戔烏尊對曰吾所以
來者實欲与姉相見亦欲獻珍寶瑞八坂之
曲玉耳不敢別有意也時天照太神復問曰
汝言虛實將何以爲驗對曰請吾与姉共立
誓約々々之間生女爲黒心生男爲赤心乃
掘天眞名井三處相与對立是時天照太神
謂素戔烏尊曰以吾所帶之劔今當奉汝以
汝所持八坂瓊之曲玉可以授予矣如此約
束共相換取已而天照太神則以八坂瓊之
曲玉浮寄於天眞名井囓斷瓊端吹出氣噴
之中化生神號市杵嶋姬命是居于遠瀛者
也又囓斷瓊中而吹出氣噴之中化生神號

也又嚙斷瓊中而吹棄氣噴之中化生神號
曰心姫命是居于中瀛者也又嚙斷瓊尾而
吹出氣噴之中化生神號湍津姫命是居于
海濱者凡三女神於是素戔嗚尊以所持劒浮
寄於天眞名井之嚙斷劒末而吹出氣噴之
中化生神號天穗日命次正哉吾勝々速日
天忍骨尊次天津彥根命次活津彥根命次
熊野櫲樟日命凡五男神云尒々一書
曰日神與素戔嗚尊隔天安河而相對乃立
誓約曰汝若不有奸賊之心者汝所生子必
男矣如生男者予以爲子而令治天原也是
日神先食其十握劒化生兒瀛津嶋姫命亦
名市杵嶋姫命又食九握劒化生兒湍津姫
命又食八握劒化生兒田霧姫命已而素戔
嗚尊含其左髻所纏五百箇統之瓊而着於
左手掌中便化生男矣則稱之曰正哉吾勝
故曰名之曰勝速日天忍穗耳尊復含右髻

故曰名之曰勝速日天忍穂耳尊復含右髻
之瓊着於右手掌中化生天穂日命復含嬰
頸之瓊着於左臂中化生天津彦根命又自
右臂中化生活津彦根命又自左足中化生
熯之速日命又自右足中化生熊野忍蹈命
亦名熊野忍隅命其素戔烏尊所生之兒皆
已男矣故日神方知素戔烏尊元有赤心便
取其六男以爲日神之子使治天原即以日
神所生三女神者使降居于葦原中津国
之宇佐嶋矣今在海北道中号曰道主貴此
筑紫水沼君等之奉齋神是矣熯干此云備
是後素戔烏尊之爲行也甚無状何則天照
大神以天狭田長田爲御田時素戔烏尊春
則重播種子重播種子此云尓枳麻枳且毀其畔毀此云波奈豆

則重播種子云尓枳麻枳且毀其畔波奈豆
秋則放天斑駒使伏田中復見天照大神
當新嘗時則陰放屎於新宮又見天照大神
方織神衣居齋殿則剥天斑駒穿殿甍而
投納是時天照太神驚動以梭傷身由此發
慍乃入于天岩窟閉磐戸而幽居焉故六合
之内常闇不知晝夜之相代于時八十万神會
合於天安河邊計其可禱之方故思兼神深謀
遠慮遂聚常世之長鳴鷄使互長鳴亦以手

慮遂聚常世之長鳴鳥使互長鳴亦以手
力雄神立磐戸之側而中臣連遠祖天兒屋
根命忌部遠祖太玉命掘天香山之五百箇
真坂樹而上枝懸八坂瓊之五百箇御統玉中
枝懸八咫鏡 一云真経津鏡 下枝懸青和幣 和幣此云尼枳
白和幣相與致其祈禱焉又使女君遠祖天鈿
女命則手持茅纏之矟立於天石窟戸之前
巧作俳優亦以天香山之真坂樹為鬘以蘿
蔓 蘿此云比舸礙 為手繦 手繦此云多須枳 而火處燒覆增

蘿比訶礙爲手繦云多・枳而火處燒覆槽
置覆槽此云宇記顯神明之憑談顯神明之憑談此云歌牟鵝可
利須是時天照太神聞之而曰吾比閉居石窟
謂當豊葦原中國必爲長夜云何天細女命
嚯樂如此者乎乃以御手細開磐戸窺之時
手力雄神則奉承天照太神之手引而奉出於
是中臣神忌部神則界以端出之繩一云左繩端出此云
斯梨倶梅儺波乃請曰勿復還幸然後諸神歸罪過於
素戔嗚尊而科之以千座置戸遂促徴矣至使

素戔嗚尊而科之以千座置戸遂促徵矣至使
拔髮以贖其罪亦曰拔其手足之爪贖之已而
竟逐降焉一書曰是後稚日女尊坐于齋服殿而織神之御服也素戔嗚
尊見之則逆剥天斑駒投入於殿内稚日女
尊乃驚而墮機以所持梭傷體而神退矣
故天照太神謂素戔嗚尊曰汝猶有黒心不
欲与汝相見乃入于天石窟而閉着磐戸焉
於是天下恒闇無復晝夜之殊故會八十万
神於天高市而問之時有高皇産靈尊之息思
兼神者有思慮之智乃思而白曰宜圖造彼
神之象而奉招祈禱也故即以石凝姥爲治
工採天香山之金以作日矛又全剥眞名鹿
之皮以作天羽鞴用此奉造之神是即紀伊
國所坐日前神也石凝姥此云伊之居利度
咩全剥此云宇都播伎一書曰日神尊以天

畔全剝此云宇都播伎一書曰日神尊以天
垣田爲御田時素戔嗚尊春則塡渠毀畔又
秋穀已成則冒以絡繩且日神居織殿時則
生剝斑駒納其殿內凡此諸事盡是無狀雖
然日神恩親之意不慍不恨皆以平心容焉
及至日神當新嘗之時素戔嗚尊則於新宮
御席之下陰自送糞日神不知徑坐席上日
是日神擧體不平故以恚恨廼居于天石窟
閉其磐戶于時諸神憂之乃使鏡作部遠祖
天糠戶者造鏡忌部遠祖太玉者造幣玉作
部遠祖豐玉者造玉又使山雷者採
五百箇眞坂樹八十玉籤野槌者採五百箇
野薦八十玉籤凡此諸物皆來聚集時中臣
遠祖天兒屋命則以神祝〻之於是日神方
開磐戶而出焉是時以鏡入其石窟者觸戶
小瑕其瑕於今猶在此卽伊勢崇秘之大神
也已而科罪於素戔嗚尊而責其祓具是以

也已而科罪於素戔烏尊而責其祓具是以
有手端吉棄物足端凶棄物亦以唾爲白和
幣以洟爲青和幣用此節除竟遂以神逐之
理逐之送糞此云倶穢麻屢玉籤此云多麻
具之祓具此云波羅閉都母能手端吉棄此

三嶋本　日本書紀　巻三

太神欲以助成基業乎是時大伴氏遠祖日臣命帥大来目督將元戎蹈山啓行乃尋烏所向仰視而追之遂達于菟田下縣因號其所至之處曰菟田穿邑（穿邑此云于介知能務羅也）時勅譽日臣命曰汝忠而且勇加有能導之功是以改汝名爲道臣秋八月甲午朔乙未天皇使徵兄猾及弟猾者（猾此云宇介志）是兩人菟田縣之魁帥者也（魁帥此

介卷是兩人菟田縣之魁帥者也魁帥此云
毘鄧誤廼加瀰時兄猾不來弟猾即詣至曰
拜軍門而告之曰臣兄猾之爲逆狀
也聞天孫且到即起兵將襲望見王
師之威懼不敢敵乃潛伏其兵權作
新宮而殿內施機欲因請饗以作難
願知此詐善爲之備天皇即遣道臣
命察其逆狀時道臣命審知有賊害
之心而大怒誥嘖之曰虜介所造屋介

之心而大怒誥嘖之曰虜尒造屋尒
自居之尒此云飫例也因案劔彎弓逼令推
入兄猾獲罪於天事無所辭乃自蹈
機而壓死時陳其屍而斬之流血沒
踝故號其地曰菟田血原也弟猾大
設牛酒以勞饗皇師焉天皇以其酒
完班賜軍卒乃爲御謠之曰御謠此云宇多預瀰
于儾能多伽機珥辭藝和奈破蘆和
餓末菟夜辭藝破佐夜羅孺

于儀能多伽揆珥辞藝和奈破盧和
餓末菟夜辞藝破佐夜羅孺伊殊區
波辞區旎羅佐夜離固奈瀰餓那居
波磨佐多知曽麼能未廼那鶏句嗚
居氣辞被恵祢宇破奈利餓那居波
佐磨伊智佐介幾未廼於用鶏句嗚
居氣儀被恵祢是謂来目歌今樂府
奏此歌者猶有手量大小及音聲巨
細此古之遺式也是後天皇欲者吉

細此古之遺式也是後天皇欲省吉
野之地乃従菟田穿邑親率輕兵巡
幸焉至吉野時有人出自井中光而
有尾天皇問之曰汝何人對曰臣是
國神名屬井光此則吉野首部始祖
也更少進亦有尾而披磐石而出者
天皇問之曰汝何人對曰臣是磐排
別之子排別此云飫時和句也此則吉野國樔
部始祖也及縁水西行亦有作梁取

部始祖也及緣水西行亦有作梁取
魚者梁此云揶奈也天皇問之對曰臣是苞
苴擔之子苞苴擔此云羽信毛宅也此則阿太養
鸕部始祖也九月甲子朔戊辰天皇
陟彼菟田高倉山之嶺瞻望域中時
國見丘上則有八十梟帥梟帥此云多稽屢也
又於女坂置女軍男坂置男軍墨坂
置焃炭其女坂男坂墨坂之號由此
而起復有兄磯城軍布滿於磐余邑

而起復有兄磯城軍布滿於磐余邑
磯此云志 賊虜所據皆是要害之地故道
路絶塞無處可通天皇惡之是夜自
祈而寝夢有天神訓之曰宜取天香
山社中土 香山此云介遇夜磨 以造天平瓮八
十枚 平瓮此云毘邏介也 并造嚴瓮而敬祭天
神地祇 嚴瓮此云怡途背也 亦為嚴呪詛如此
則虜自平伏 嚴呪詛此云怡途能伽辞離也 天皇祈
承夢訓依以將行時弟猾又奏曰倭

弟夢訓依以將行時弟猾又奏曰倭
國磯城邑有磯城八十梟師又高尾
張邑（或本云葛城邑）有赤銅八十梟師此類
皆欲與天皇距戰臣竊爲天皇憂之
宜今當取天香山埴以造天平瓮而
祭天祖國社之神然後擊虜則易除
也天皇既以夢辭爲吉兆及聞弟猾
之言益喜於懷乃椎根津彥著弊衣
服及蓑笠爲老父貌又使弟猾被箕

服及蓑笠爲老父貌又使弟猾被箕
爲老嫗貌而勅之曰宜汝二人到天
香山潛取其巓土而可來旋矣基業
成否當以汝爲占努力愼歟是時虜
兵滿路難以往還時椎根津彦乃祈
之曰我皇當能定此國者行路自通
如不能者賊必防禦言訖徑去時群
虜見二人大咲之曰大醜乎大醜此云鞅奈瀰
你自
老父老嫗則相與闢道使行二人

老父老嫗則相與闢道使行二人
得至其山取土来帰於是天皇甚悦
乃以此埴造作八十平瓮天手抉八
十枚（手抉此云多衢餌離）嚴瓮而于丹生川上
用祭天神地祇則於彼菟田川之朝
原譬如水沫而有所呪著也天皇又
目祈之曰吾今當以八十平瓮無水
造飴飴成則吾必不假鋒刃之威坐
平天下乃造飴〻即自成又祈曰矣

平天下乃造飴〻即自成又祈曰
吾今當以嚴瓮沈于丹生之河如魚
無大小悉醉而沈辟猶被葉之浮沈
者（被此云磨紀也）吾必能定此國如其不尒
終無所成乃沈瓮於河其口向下頃
之魚皆浮出隨水噞喁時椎根津彥
見而奏之天皇大喜乃拔取丹生河
上之五百箇眞坂樹以祭諸神自此
始有嚴瓮之置也時勅道臣令以

始有嚴瓮之置也時勅道臣令今以
高皇産靈尊朕親作顯齋顯齋此云于圖詩怡
破用汝爲齋主授以嚴媛之號而名

梵舜本 古語拾遺

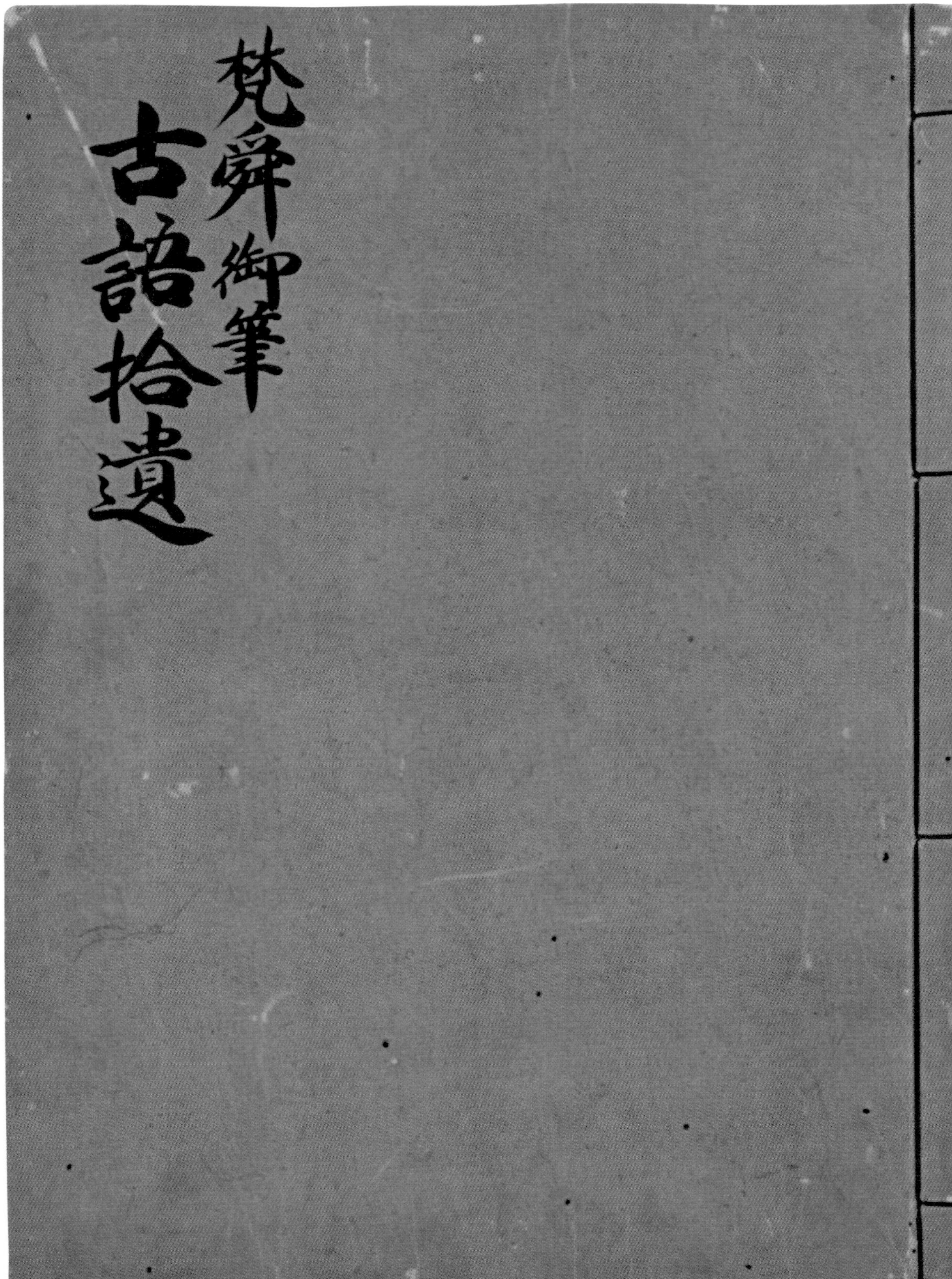
梵舜御筆
古語拾遺

延暦廿二年三月乙丑右京人正六位上忌部
宿祢濱成等改忌部為齋部已遣
止正六位上民部少丞齋部宿祢濱成等
於新羅国大唐消息
濱成所作天書求古事記則書也今件
天書少〻所持者也
兼文記之

或云此書濱成卿所造一名天書云々
未詳可尋江家本所被注付也　天書
者天書帝紀一部十巻日本紀異書也
此書尤可秘蔵之書也就中本朝秘書等
大半皆先点異朝點讀之故也
第一　直

古語拾遺一巻 加序 従五位下齋部宿祢廣成撰
蓋聞上古之世未有文字貴賤老少口口相
傳前言往行存而不忘書契以来不好談古
浮華競興還嗤舊老遂使人歴世而彌新
事逐代而變改顧問故實靡識根源國史家
牒雖載其由略一二委曲猶有所遺愚臣不
言恐絶無傳幸蒙召問欲攄蓄憤故録舊説

敢以上聞云尒
一聞開闢之初伊奘諾伊奘冊二神共為夫
婦生大八洲國及山川草木次生日神月神最
後生素戔嗚神而素戔嗚神常以哭泣為
行故令人民夭折青山變枯因斯父母二神勅
曰汝甚無道宜早遁去於根国矣又天地剖
判之初天中所生之神名曰天御中主神次高

一本 天中所生 神名曰 天御中主 神其子

長男高皇産霊神
古語多賀美武須比是為皇親神留命此神子天児屋命中臣朝臣祖
伴佐伯宿禰等祖也
次津速産霊神是為皇親神留彌命此神子孫中臣朝臣等祖也
次神皇産霊神此神直祖也
其高皇産霊神所生之女子名曰栲幡千千姫命云々

皇産霊神（古語多賀美武須比是皇親神留伎命）次神産霊神（是皇親神留彌命）
其高皇産霊神所生之女名曰栲
幡千千姫命（天祖天津彦尊之母也）其男名曰天忍日命
（大伴宿禰祖也）
又男名曰天太玉命（斎部宿禰祖也）太玉命所率
神名曰天日鷲命（阿波国忌部等祖）手置帆負命（讃岐国忌部祖）
也彦狭知命（紀伊国忌部祖也）櫛明玉命（出雲国作祖也）天目一（日一本）
箇命（筑紫伊勢両国忌部祖也）於是素戔嗚神奉辞日神

天照太神昇天之時櫛明玉命奉迎獻以瑞八坂瓊
之曲玉素戔嗚神受之轉奉日神仍共約誓
即感其玉生天祖吾勝尊是以天照大神育吾
稚子之縁
勝尊特甚鍾愛常懷腋下稱曰腋子今俗謂稚子謂和可
古是其轉語也其後素戔嗚神奉爲日神行甚無状
種々凌侮所謂毀畔古語阿波那知埋溝古語美曾宇美放樋
古語斐波那知重播古語志伎麻伎刺串生剥逆剥屎戸

或本是以下皆流也

戸
如此天罪者素戔烏神（或本是以下皆流也）當日神耕種之節竊往其
田刺串相爭重播種子毀畔埋溝放樋當新嘗
之日以屎塗戸當織室之時逆剝生駒以投室内　于時
此天罪者今中臣祓詞也蠶織之源起於神代也（已上蹟）

入天石窟閉下戸給事
天照大神赫怒入于天石窟閉磐戸而幽居
爾乃六合常闇晝夜不分群神愁迷手足
罔措凡厥庶事燎燭而辨高皇産靈神會
八十万神於天八湍河原議奉謝之方爰思兼
神深思遠慮議曰宜令太玉神率諸部神造

和幣。仍令石凝姥神〈天糠戸命之子、作鏡遠祖也〉取天香山銅
以鋳日像之鏡。令長白羽神〈伊勢国麻続祖。今俗、衣服謂之白羽、此縁也〉種
麻、以為青和幣〈古語、爾伎弖〉。令天日鷲神以津
咋見神、穀木種殖之、以作白和幣〈是木綿也。已上二物一夜蕃茂也〉。
令天羽槌雄神〈倭文遠祖也〉織文布。令天棚機姫神
織神衣、所謂和衣〈古語、爾伎多倍〉。令櫛明玉神作八坂瓊
五百箇御統玉。令手置帆負・彦狭知二神以

日本紀云 令津咋見神種殖穀木綿 作白和幣 復令粟忌部祖天日鷲神造木綿者

天御量〈大小斤雜器等之名〉伐大峡小峡之材而造瑞殿
〈古語美豆能美阿良可〉兼作御笠及矛盾令天目一箇神作
雜刀斧及鐵鐸〈古語佐那伎〉其物既備掘天香山之
五百箇真賢木〈古語佐祢居自能祢居自〉而上枝懸玉中枝
懸鏡下枝懸青和幣〈古語爾伎弖〉白和幣令太玉命
捧持稱讃亦令天兒屋命相副祈禱又令
天鈿女命〈古語天乃於須女其神強悍猛固故以為名今俗強女謂之於須志此縁也〉以其〈真〉辟居

〈古事記ウスメ〉
〈舊事本紀云天鈿賣命以香山之真坂樹為鬘〉

葛為鬘以蘿葛為手繦蘿葛者比可氣以竹葉飫
憩木葉為手草今多久佐手持着鐸之矛而於
石窟戸前覆誓槽古語宇氣布祢約誓之意挙庭燎巧
作俳優相與歌舞於是從思兼神議令石凝
姥神鑄日像之鏡初度所鑄少不合意是紀伊國日前
神也次度所鑄其状美麗是伊勢之太神也儲備既畢具如
所謀尒乃太玉命以廣厚稱詞啓曰吾之所捧

寶鏡明麗恰如汝命乃開戸而窺之
玉命天兒屋命共致其祈禱乎于時天照太神
中心獨謂比吾幽居天下悉闇群神何由如此
之歌樂聊開戸而窺之爰令天手力雄神引啓
注連之縁事
其扉遷座新殿則天兒屋命太玉命以日御綱
今斯利久迷縄是日影之像也　廻懸其殿令大宮賣神侍於御
前　是太玉命久志備所生神如今世內侍善言美詞和君臣間宜令撥懌也　令豊磐間戸

命櫛磐間戸命二神守衛殿門是並太玉命之子也當此
之時上天初晴衆俱相見面皆明白伸手歌舞相
與称曰阿波礼言天晴也阿那於茂志呂古語事之甚切皆称阿那言衆
面明白也阿那多能志言伸手而舞今指楽事謂之多能志此意也阿那佐夜憩
竹葉之聲也飫憩木名也振其葉之調也二神俱請曰勿復
還幸仍帰罪過於素戔嗚神而科之以千校一本
座置戸令抜首髪及手足爪以贖之仍解除

其罪逐降爰素戔嗚神自天而降到於
出雲国簸之川上以天十握劔 其名天羽斬今 在石上神宮古語
大蛇謂之羽 言斬蛇也 斬八岐大蛇其尾中得一霊劔其
名天叢雲 大蛇之上常有雲気故以為名倭武尊 東征之年到相模国遇野火難即以此
劔薙草得免 更名草薙劔也 乃献上於天神也然後素戔嗚神
娶国神女生大貴神 古語於保 那武智神 遂就於根国
矣大己貴神 日本紀讀 一名大物主神一名大国主神一名大国 魂神者大和国城上郡大三輪坐神也 与少

彥名神（高皇產靈尊之子遁常世國也）共戮力一心經營天下爲
蒼生畜產定療病之方又爲攘鳥獸昆虫
之災定禁厭之法百姓至今咸蒙恩頼皆
有效驗也天祖吾勝尊納高皇產靈神之女
栲幡千千姬命生天津彥尊号曰皇孫命（天照大神高皇
產靈神二神之孫故曰皇孫）既而天照大神高皇產靈尊崇
養皇孫欲降爲豐葦原中國主仍遣

神是磐筒女神之子今下総国香取神是也武甕槌神是甕速日神之子今常陸国鹿嶋神是也
駈除平定於是大己貴神及其子事代主神並皆奉
避仍以平国矛授二神曰吾以此矛卒有治功
孫若用此矛治国者必常平安今我将隠去
矣辞訖遂隠於是二神誅伏諸不順鬼神等果
以復命于時天祖天照大神高皇産霊尊乃相
葦原瑞穂国
夫　一本無夫字也
語曰天葦原瑞穂国者吾子孫可王之地皇孫

就而治焉。寶祚之隆、當与天壤無窮矣。即以

八咫鏡及草薙劒二種神宝授賜皇孫永為天

璽所謂神璽劒鏡是也。矛玉自従。即勅曰吾兒視此宝鏡當

猶視吾可与同床共殿以為斎鏡。仍以天児屋命

太玉命天鈿女命使配侍焉。因又勅曰吾則起

樹天津神籬（神籬比茂侶伎　神籬者古語）及天津磐境當為吾孫

奉斎矣。汝天児屋命太玉命二神宜持天津神籬

降於葦原中国亦爲吾孫奉齋惟尓二神共
侍殿内能爲防護宜以吾高天原所御齋庭之穂
是稲穂也亦當御於吾児宜太玉命率諸部神供奉
其職如天上儀仍令諸神亦与陪従復勅大物主神
宜領八十万神永爲皇孫奉護仍使大伴遠
祖天忍日命帥来目部遠祖矣天槵津大来目帯仗前駈既而且
降之間先駈還白有一神居天八達之衢其鼻

長七咫背長七尺口尻明耀眼如八咫鏡即遣
從神往問其名八十万神皆不能相見於是天鈿
女命奉勅而往乃露其胸乳抑下裳帶於臍
下而向立咲嘘是時衢神問曰汝何故爲然耶天
鈿女命反問曰天孫所幸之路居之者誰也衢神對
曰聞天孫應降故奉迎相待吾名是猨田彦大
神時天鈿女命復問曰汝應先行將吾應先行

邪對曰吾先啓行天鈿女復問曰汝應到何處乎天
孫應到何處邪對曰天孫當到筑紫日向高千穗
槵觸之峯吾應到伊勢之狹長田五十鈴川上因
曰發顯吾者汝也可送吾而致之矣天鈿女命還天
報天孫降臨果皆如期天鈿女命隨乞侍送焉
猨女本縁事
女命者是猨女君遠祖以所顯名為氏姓
今彼男女皆號為猨女君此緣也　是以群神率来
陪從天孫世相承襲各供其職天祖彥火尊娉海

神之女豊玉姫命生彦瀲尊誕育之日海濱立室
掃部之根源
于時掃守連遠祖天忍人命供奉陪侍作箒掃
蟹仍掌鋪設遂以為職号曰蟹守
今俗謂之借守
者彼詞之轉也
日本紀云
日臣命
有能導
之功是
汝改汝名
為道臣
逮于神武天皇東征之年大伴氏遠祖日臣命帥將
元戎剪除兇渠佐命之勲無有比肩物部氏遠
祖饒速日命殺虜帥衆歸順官軍忠誠之效
殊蒙褒寵大和氏遠祖椎根津彦者迎引皇舟

（八咫烏事）表績香山之巓賀茂縣主遠祖八咫烏奉導
宸駕顯瑞菟田之徑妖氣既晴無復風塵建都
橿原經營帝宅仍令天冨命（太玉命之孫）率手置帆負
（千木事）彦狭知二神之孫以齋斧齋鉏始採山材構立正
（皇居事）殿所謂底都磐根宮柱布都之利立高天乃原搏風
（宮柱事）高之利皇孫命乃美豆乃御殿造奉仕也故
其裔今在紀伊國名草郡御木麁香二郷（古語 正殿）

謂之
採材齋部所居謂之御木造殿齋部所居謂
之麁香是其證也又令天富命率齋部諸氏
作種々神宝鏡玉矛盾木綿麻等櫛明玉命
之孫造御祈玉 古語美保伎玉言祈禱也 其裔今在出雲国
毎年与調物貢進其玉天日鷲命之孫
延喜式神祇式曰出雲国所進御富岐玉六十連 三時大殿祭料卅六連 臨時大殿祭料廿四連 毎年十月以前令意宇郡神戸玉作氏造備差使進上
造木綿及麻并織布 古語阿良多倍 仍令天富命率
殖穀麻種
日鷲命之孫求肥饒地遣阿波国殖穀麻種

其裔今在彼国当大嘗之年貢木綿麻布及
種種物所以郡名為麻殖之縁也天富命更
求沃壌分阿波斎部率往東土播殖麻穀好麻
所生故謂之総国穀木所生故謂之結城郡〈古語麻謂〉
〈之総今為上総下総二国是也〉阿波忌部所居便名安房郡〈今安房国是也〉
〈安房国安房郡坐太玉命社〉天富命即於其地立太玉命社今謂之安房社
其神戸有斎部氏又手置帆負命之孫造矛竿其

延喜神祇式云持木千二百卅四竿讃岐国十月以前差綱丁進納
竟令分在讃岐國每年調庸之外貢八百竿是
八神殿事
其事等證也爰仰從皇天二祖之詔建樹神籬所
謂高皇産靈神皇産靈魂留産靈生産靈足産靈大
宮賣神事代主神御膳神已上今御巫所奉齋也櫛磐間戸
神豊磐間戸神已上今御門巫所奉齋生嶋是大八洲之靈今生嶋巫所奉齋坐摩
是大宮地之靈今坐摩巫所奉齋也日臣命帥來目部衞護宮門
掌其開闔饒速日命帥内物部造備矛楯

其物既備天富命率諸齋部捧持天璽鏡劔
奉安正殿幷懸瓊玉陳其幣物殿祭祝詞 其祝
詞文在於別巻 次祭宮門 其祝詞亦在於別巻 然後物部乃立矛
有大伴来目建仗開門令朝四方之国以観天位之
貴當此之時帝之与神其際未遠同殿共床以
此爲常故神物官物亦不分別宮内之蔵号齋
蔵令齋部氏永任其職又令天富命率供作諸氏造

作大幣訖令天種子命〈天児屋命孫〉解除天罪国罪事〈所謂
天罪者上既説訖国罪者国中人民所犯之罪其
事具在中臣禊詞〉乃立霊畤於鳥見山中天富
命陳幣祝詞禋祀皇天徧秩群望以答神祇之恩
焉是以中臣斎部二氏倶掌祠祀之職猨女君氏
供神楽之事自余諸氏各有其職也至于磯城瑞〈崇神天皇〉
垣朝漸畏神威同殿不安故更令斎部氏率石凝

日本書紀崇神天皇紀五六年百姓流離或有背叛其勢難以徳治之是以晨興夕惕請罪神祇先是
倭大国魂二神並祭於天皇大殿之内然畏其神勢共住不安故以天照大神託豊鍬入姫命祭於笠縫邑

日本書紀崇神天皇紀云六年百姓流離或有背叛

倭大国魂二神並祭於天皇大殿之内然畏其神勢共住不安故以天照大神託豊鍬入姫命祭於倭笠縫邑

日本大国魂神託渟名城入姫命令祭之

姥神裔天目一神裔二氏更鋳鏡造剱以為護御

璽是今践祚之日所献神璽鏡剱也仍就於倭

笠縫邑殊立磯城神籬奉遷天照大神及草薙剱

令皇女豊鍬入姫命奉斎焉其遷祭之夕宮人皆

参終夜宴楽歌曰美夜比登能於保与須我良

爾伊佐登保志由伎能与呂志茂於保与須我良

爾 今俗歌曰美夜比止乃於保与曾許呂茂 比佐止保志由伎乃与呂志茂於保与曾

許佀義詞
又六年祭八十万群神仍定天社国社
之轄也
及神地神戸始令貢男弭之調女手末之調
用熊鹿皮角布等祭神祇本縁事
今神祇之祭用熊皮鹿皮角布等此縁也
垂仁天皇
巻向玉城朝令皇女倭姫命奉斎天照太神
天皇第二皇女
母皇后狭穂姫
仍随神教立其祠於伊勢国五十鈴
日本紀云垂仁天皇廿五年三月丁亥朔丙申離天照太神於豊耜入姫命託于倭姫命故随太神教其祠立於伊勢国
因興斎宮于五十鈴川上是謂磯宮云々
川上因興斎宮令倭姫命居焉始在天上預結
日本書紀曰垂仁天皇廿七年秋七月癸酉朔己卯令祠官卜兵器為神幣吉之故弓矢及横刀納諸神之社仍更定神地神戸
以将祠之兵器祭神祇始興於是時也
幽契衢神先降深有以矣此御世始以弓矢
以弓矢刀祭神祇事

以弓矢刀祭神祇事

刀祭神祇更定神地神戸又新羅皇子海檜槍
来帰今在但馬国出石郡為大社也至於纒向
景行天皇
日本書景行天皇紀云四十年秋七月天皇詔群卿曰今東国不安暴神多起亦蝦夷悉叛屢略人民遣誰人以平其乱群臣皆不知誰遣也云〃冬十月壬子朔癸丑日本武尊発路之戊午枉道拝伊勢神宮云〃
日代朝令日本武命征討東夷仍枉道詣伊勢
神宮辞見倭姫命以草薙剣授日本武命而
教曰慎莫怠也日本武命既平東虜還至尾張
国納宮簀媛淹留踰月解剣置宅徒行登膽
吹山中毒而薨其草薙剣今在尾張国熱田

2　4　6

社未叙礼典也至於磐余稚櫻朝住吉大神顕
矣征伏新羅三韓始朝百済国王懇致其誠
終無貳也於軽嶋豊明朝百済王貢博士王仁
是河内文首始祖也秦公祖弓月率百廿縣民
而帰化矣漢直祖阿知使主率十七縣民而来
朝焉秦漢百済内附之民各以万計足可褒
賞皆有其祠未預幣例也至於後磐余稚櫻

朝三韓貢獻奕世無絶齋藏之傍更建内藏分
收官物仍令阿知使主与百濟博士王仁記其出
納始更定藏部至於長谷朝倉朝秦氏分散寄
隷他族秦酒公進仕蒙寵詔聚秦氏賜於酒公
仍率領百八十種勝部蠶織貢調充積庭中因
賜姓宇豆麻佐言隨積埋益也所貢絹綿軟於肌膚故訓秦字謂之波陀仍以秦氏所貢
絹纏祭神劔首今俗猶然所謂秦根源之縁也自此而後諸國貢調年

雄略天皇

〻盈溢更立大蔵令蘇我麻智宿祢検校三蔵
斎蔵内蔵大蔵　秦氏出内其物東西文氏勘録其簿是
以漢氏賜姓為内蔵大蔵今秦漢二氏為内蔵、
大蔵主鎰蔵部之縁也至於小治田朝推古天皇太玉之胤不
絶如帯天恩興廃継絶供其職至于難波長柄孝徳天皇
豊前朝白鳳四年以小花下諱斎部首作賀斯
拝神官頭今神祇伯也　令叙王族宮内礼儀婚姻

御躰御卜修事
卜

御斎御卜始事

卜筮事夏冬二季御卜之式始起此時作賀斯之胤不能徙其職陵遅衰微以至于浄御原朝（天武天皇）改天下万姓而分為八等唯序当年之労不本天降之績其二曰朝臣以賜中臣氏命以大刀其三曰宿祢以賜斎部氏命以小刀其四曰忌寸以為秦漢二氏及百済文氏等之姓蓋与斎部共預斎蔵事因以為姓也今東西文氏献祓大刀蓋亦此之縁

至大宝年中（文武天皇）初有記文神祇

之廣猶無明案望秩之礼未創其式至天平
年中勘造神帳中臣專權任意取捨有由者
小祀皆列无緣者大社猶廢敷奏施行當時
獨步諸社封税總入一門起自天降泊于東征
扈從群神名顯國史或蒙皇天之嚴命爲寶
基之鎭衛或遇昌運之洪啓助神器之大造然
則至於録功酬庸須應同預礼典或未入班幣

草薙剣在尾張国熱田宮事

之例猶懐介推之恨況復草薙神剣者尤是
軍防令曰 凱楽也 軍出得勝之時歌 功楽也
天璽自日本武尊凱旋之年留在尾張熱田社
外賊偸逃不能出境神物霊験以此可観然則
奉幣之日可同致敬而久代闕如不脩其礼所遺
一也夫尊祖敬宗礼教所先故聖皇登極受
終文祖類于上帝禋于六宗望于山川徧于群神
然則天照大神者惟祖惟宗尊無二自餘諸神者

者乃子乃臣孰能敢抗而今神祇官班幣之日
諸神之後叙伊勢神宮所遺二世天照大神本与
帝同殿故供奉之儀君神一體始自天上中臣齋
部二氏相副奉祷日神猨女之祖亦解神怒然則
三氏之職不可相離而今伊勢宮司獨任中臣氏
不預二氏所遺三也凡奉造神殿者皆須依神
代之職齋部官率御木麁香二郷齋部以齋

斧堀以斎鉏然後工夫下手造畢之後斎部殿祭
及門祭訖乃所御坐而造伊勢宮及大嘗由紀
主基宮皆不預斎部所遺四也又殿祭門祭者元
太玉命供奉之儀斎部氏之所職也雖然中臣斎
部共任神祇官相副供奉故宮内省奏詞偁将
供奉御殿祭而中臣斎部候御門至于宝亀年
中初宮内少輔従五位下中臣朝臣常恣改奏詞云

中臣齋部候御門者彼有因循永為彼例
于今未改所遺五也又肇自神代中臣齋部供
奉神事無有差降中間以來權移一氏齋宮
寮主神司中臣齋部者元同七位官而延暦初
朝原内親王奉齋之日殊降齋部為八位官于
今未復所遺六也凡奉幣諸神者中臣齋部共
預其事而今大宰主神司獨任中臣不預齋部

所遺七也諸国大社亦任中臣不預斎部所遺八也

御巫事

凡鎮魂之儀者天鈿女命之遺跡然則御巫之職
応任舊氏而今所選不論他氏所遺九也凡造大
幣者亦須依神代之職斎部之官率供作諸氏
准例造備然則神祇官神部可有中臣斎部猨女
鏡作玉作楯作神服倭文麻續等氏而今唯
有中臣斎部等二三氏自餘諸氏不預考選神

襃己散其業將絶所遺十也又勝宝九歳左辨
官口宣自今以後伊勢太神宮幣帛使專用中
臣勿差他姓者其事雖不行猶所載官例未刊除
遺十一也昔在神代大地主神營田之日以牛宍
食田人于時御歳神之子至於其田唾饗而
蝗事
還以状告父御歳神發怒以蝗放其田苗葉忽
枯損似篠竹於是大地主神令片巫〈志止／々鳥・〉肱巫〈今／巫俗〉

（竈輪及米占也）占求其由御歳神為祟宜献白猪白馬
白鶏以解其怒依教奉謝御歳神答曰實吾
意也宜以麻柄作桛々之乃以其葉掃之以天押
草押之以烏扇々之若如此不出去者宜以
牛宍置溝口作男茎形以加之（是所以厭其心也）以薏子
蜀椒呉桃葉及塩班置其畔（古語以薏玉都須也）仍従其

御歳明神獻白猪等事
教苗葉復茂年穀豊稔是今神祇官以白猪白

馬白鶏祭御歳神之縁也
前件神代之事説似盤古疑氷之意取信是
難然我国家神物霊蹤今皆見存觸事有効
不可謂虚但中古尚朴礼楽未明制事垂
法遺漏多矣方今聖運初啓照光曜於八洲
寶暦惟新蕩舜波於四海易鄙俗於往代改
弊政於当年随時垂制流万葉之英風興廃

継絶補千載之闕典若當此造式之年不制彼
望秩之礼竊恐後之見今猶今之見古矣愚
臣廣成朽邁之齢既逾八十犬馬之戀旦暮弥切
忽然遷化含恨地下街巷之談猶有可取
又恩不易徒棄幸遇求訪之休運深歡口實
之不墜庶斯文之高達被天鑒之曲照乎
或本無
大同二年二月十三日

古語拾遺一巻

裏書云

裏書云
大同元年七月庚午先是中臣忌部両氏各有相訴
中臣氏云忌部者本造幣帛不申祝詞然則不可以
忌部氏為幣帛使忌部氏云奉幣祈禱是忌部之
職也然則以忌部氏為幣帛使以中臣氏可預祓
使彼此相論各有所據是日　勅令校日本書紀
天照太神閉磐戸之時中臣連遠祖天児屋命忌部
遠祖太玉命掘天香山之五百箇真坂樹而上枝懸
八坂瓊之五百箇御統玉中枝懸八咫鏡青和幣白
和幣相與致祈禱者然則至祈禱事中臣忌部並
可相預又神祇令云其祈年月次祭者中臣宣祝詞
忌部班幣帛踐祚之日中臣奏天神壽詞忌部
上神璽鏡劔六月十二月晦日大祓者中臣上御祓

麻東西文部上祓刀讀祓詞訖中臣宣祓詞常祀
之外須向諸社供幣者皆取五位以上卜食者充之
宜常祀之外奉幣之使取用両氏必當相半自餘
之事專依令條　見日本後紀第十四

御奥書云

一見了

卜　御判

嘉禄元年十二月廿二日以左京権大夫長倫朝臣本

書写了

翌日校點了　祠部員外郎　御判

比校證本了　同廿六

累祖相傳本聊示靈異輙難披閲仍細々為了

是以他本所書写也

卜兼直

嘉元四年八月廿一日取目録訖凡此書朝夕

所練習也
祠部員外郎卜兼夏

延文元年丙申四月廿七日修補之雖片時不令
出他處仍餘本一兩所令用意者也
正四位上行神祇大副卜部兼豊

應安第六之暦仲冬十一之夕重讀合
從四位上行左京權大夫卜部兼─　判

至德二年十月三日重讀合畢
正四位上行神祇大副兼弾正大弼卜部宿禰　御判

同三年六月二日一見畢
從三位卜部朝臣兼─　判

明徳元年後三月廿三日抄出畢

侍従卜部朝臣 御判

拾遺之官者一巻之名也有興事也

應永三年六月二日以累家之秘説授兼敦了

侍従卜部朝臣 御判

應安六年兼凞授申、二條故殿下 良ー了

應永二年十二月廿四日授大内左京大夫入道義弘了

卜兼ー

應永四年四月十五日千度御秡勤修之中此巻

讀合之畢

神祇大副兼治部卿右馬頭卜部朝臣兼ー 敦

應永五年十月十七日為御祈 始千度御秡修中此一巻

讀合之奉
卜部兼ー
康正三年二月十三日一見之訖
正三位行神祇権大副兼侍従卜部朝臣兼ー 在
文明元年六月廿七日一見奉
正四位上行神祇権大副兼侍従卜部朝臣兼ー
文明九年二月上旬課或人書写等
同五月廿五日為備後代之證本以累家
之秘説加朱墨両點讀合之畢
蔵人神祇少副卜部朝臣兼致
同六月十二日加首書訖
卜部ー 御判

右龍玄筆跡也仍證明之 [illegible]

梵舜御筆也加修補畢

弘化四年十一月廿九日

従三位侍従卜部良芳

兼永本 延喜式 巻八

延喜式
平野三位兼永卿筆
091.2
322.135

延喜式巻第八　神祇八

祝詞

凡祭祀祝詞者御殿（オホトノ）御門等祭齋部氏祝詞以外諸祭中臣氏祝詞

凡四時諸祭不云祝詞者神部皆依常例宣之其臨時祭祝詞所司随事脩撰前祭進官經處分然後行之

祈年祭

集侍神主祝部等諸聞食登宣（神主祝部等共稱唯 餘宣准此）
高天原尓神留坐皇睦神漏伎命神漏
弥命以天社國社登稱辞竟奉皇神等
能前尓白久今年二月尓御年初將賜
登為而皇御孫命宇豆能幣帛乎朝日
能豊逆登尓稱辞竟奉久登宣御年皇神
等能前尓白久皇神等能依左志奉牟奥

津御年乎手肱尓水沫畫垂向股尓泥畫
寄弖取作牟奥津御年乎八束穗能伊
加志穗尓皇神等能依左志奉者初穗乎波
千穎八百穎尓奉置弖𤭖閇高知𤭖腹
滿雙弖汁尓母穎尓母稱辭竟奉牟大野原
尓生物者甘菜辛菜青海原住物者鰭
能廣物鰭能狹物奥津藻菜邊津藻葉
尓至弖尓御服者明妙照妙和妙荒妙尓

稱辞竟奉乎御年皇神能前尓白馬白
猪白鶏種々色物乎備奉弖皇御孫命
能宇豆乃幣帛乎稱辞竟奉久登宣大御
巫能辞竟奉皇神等能前尓白久神魂
高御魂生魂足魂玉留魂大宮乃賣大
御膳都神辞代主登御名者白而辞竟
奉者皇御孫命御世乎手長御世登堅
磐尓常磐尓齋比奉茂御世尓幸閇奉

故皇吾睦神漏伎命神漏弥命登皇御
孫命能宇豆乃幣帛乎稱辞竟奉久登宣
座摩乃御巫乃辞竟奉皇神等能前尓
白久生井榮井津長井阿須波婆比支
登御名者白弖辞竟奉者皇神能敷坐
下都磐根尓宮柱太知立高天原尓千
木高知弖皇御孫命乃瑞能御舎乎仕
奉弖天御蔭日御蔭登隠坐弖四方國

乎安國登平久知食故皇御孫命能宇
豆乃幣帛乎稱辭竟奉久登宣
御門能御巫能辭竟奉皇神等能前尓
白久櫛磐間門命豊磐間門命登御名
者白弖辭竟奉者四方能御門尓湯都
磐村能如塞坐弖朝者御門開奉夕者
御門閇奉弖疎夫留物能自下往者下
乎守自上往者上乎守夜能守日能守

尓幸閇故皇御孫命能宇豆乃幣帛乎
稱辭竟奉久登宣
生嶋能御巫能辭竟奉皇神等能前尓
白久生國足國登御名者白弖辭竟奉
者皇神能敷坐嶋能八十嶋者谷蟆能
狭度極塩沫能留限狭國者廣久峻國
者平久嶋能八十嶋堕事无皇神等能
依志奉故皇御孫命能宇豆乃幣帛乎

稱辭竟奉久登宣
辭別伊勢尓坐天照太御神能太前尓
白久皇神能見霽志坐四方國者天能
壁立極國能退立限青雲能靄極白雲
能墮坐向伏限青海原者棹枚不干舟
艫能至留極大海尓舟満都都氣弖自
陸往道荷緒縛堅弖磐根木根履佐久
弥弖馬爪至留限長道无間久立都都

氣弖狭國者廣久峻國者平久遠國者
八十綱打挂弖引寄如事皇大御神能
寄奉波荷前者皇大御神大前尓如
横山打積置弖残波平聞看又皇御孫
命御世手長御世登堅磐尓常磐尓
齋比奉茂御世尓幸閇奉故皇吾睦神
漏伎神漏弥命登宇事物頸根衝抜弖
皇御孫命能宇豆乃幣帛乎稱辭竟奉

久登宣御縣尓坐皇神等前尓白久高市
葛木十市志貴山邊曽布登御名者白
弖此六御縣尓生出甘菜辛菜乎持参来
弖皇御孫命能長御膳能遠御膳能聞
食故皇御孫命能宇豆乃幣帛乎稱辞
竟奉久登宣
山口坐皇神等能前尓白久飛鳥石寸
忍坂長谷畝火耳无登御名者白弖遠

山近山尓生立留大木小木乎本末打
切弖持参来弖皇御孫命能瑞能御舎
仕奉弖天御蔭日御蔭登隠坐弖四方
國乎安國登平久知食須我故皇御孫命
能宇豆乃幣帛乎稱辞竟奉久登宣
水分坐皇神等能前尓白久吉野宇陁
都祁葛木登御名者白弖辞竟奉者皇
神等能寄志奉牟奥都御年乎八束穂

能伊加志穗尓寄志奉者皇神等尓初
穗波穎尓毋瓺閇高知瓺腹滿雙弖稱辭
竟奉弖遺手波皇御孫命能朝御食夕御
食能加牟加比尓長御食能遠御食登
赤丹穗尓聞食故皇御孫命能宇豆乃
幣帛稱辭竟奉久登諸聞食宣
辭別忌部能弱肩尓太多須支取挂弖
持由麻波利仕奉礼留幣帛乎神主祝部

位姓名乎定弖獻流宇豆乃大幣帛乎
安幣帛乃足幣帛登平久安久聞者登皇
大御神等乎稱辭竟奉久登白
如此仕奉尓依弖今母去前母天皇我
朝庭乎平久安久足御世乃茂御世尓
齋奉利常石尓堅石尓福閇奉利豫而
仕奉流處處家王等卿等乎平久天皇
我朝庭尓伊加志夜久波叡能如久仕

奉利佐加叡志米賜へ登稱辞竟奉良久登
白大原野平岡登祝詞准此
廣瀬大忌祭
廣瀬能川合尓稱辞竟奉流皇神能御
名乎白久御膳持須留若宇加能賣能命
登御名者白弖此皇神前尓辞竟奉久
皇御孫命能宇豆能幣帛乎令捧持弖
王臣等乎為使弖稱辞竟奉久乎神主祝部等諸

等受賜弖事不過捧持奉登宣

春日祭

天皇我大命尓坐世恐岐鹿嶋坐健御
賀豆智命香取坐伊波比主命枚岡坐
天之子八根命比賣神四柱能皇神等
能廣前仁白久大神等能乞賜比能任尓
春日能三笠山能下津石根尓宮柱廣
知立高天原尓千木高知弖天乃御蔭

日乃御蔭止定奉弖貢流神寳者御鏡
御横刀御弓御桙御馬尓備奉理御服
波明多閇照多閇知多閇荒多閇尓仕
奉弖四方國能献礼留御調能荷前取並
弖青海原乃物者波多能廣物波多能
狭物奥藻菜邊藻菜山野物者甘菜辛
菜尓至麻弖御酒者甕上高知甕腹滿並
弖雜物乎如横山積置弖神主尓其官

聞食登宣
奉流宇豆能幣帛者御服明妙照妙和
妙荒妙五色物楯戈御馬御酒者瓱能
閉高知瓱能腹満雙弖和稲荒稲尓山
尓住物者毛能和支物毛能荒支物大
野能原尓生物者甘菜辛菜青海原尓
住物者鰭能廣支物鰭能狭支物奥津
藻菜邊津藻菜尓至万弖置足弖奉久登皇

神前尓白賜部止宣如此奉宇豆乃幣帛
手安幣帛能足幣帛止皇神御心平久
安久聞食弖皇御孫命能長御膳能遠
御膳能赤丹能穂尓聞食皇神能御刀
代手始弖親王等王等臣等天下公民
能取作奥都御歳者手肱尓水沫畫垂
向股尓泥畫寄弖取将作奥都御歳乎
八束穂尓皇神能成幸賜者初穂者汁

尓母頴尓母千稲八十稲尓引居弖如横山
打積置弖秋祭尓奉牟登皇神前尓白賜ヘ
登宣
倭國能六御縣能山口尓坐皇神等前
尓母皇御孫命能宇豆能幣帛乎明妙照
妙和妙荒妙五色物楯戈至万弖奉如此
奉者皇神等乃敷坐山々乃自口狭久
那多利尓下賜水乎甘水登受而天下

乃尓民乃取作礼奥都御歳乎悪風荒
水尓不相賜汝命乃成幸波賜者初穂
者汁尓母穎尓母瓺乃閇高知瓺腹満雙弖
如横山打積置弖奉牟登王等臣等百官
人等倭國乃六御縣能刀祢男女尓至
万今年某月某日諸参出来弖皇神前
弖
尓宇事物頸根築抜弖朝日乃豊逆登
尓稱辭竟奉久神主祝部等諸聞食止

宣

龍田風神祭

龍田尓稱辞竟奉皇神乃前尓白久志
貴嶋尓大八嶋國知志皇御孫命乃遠
御膳乃長御膳止赤丹乃穂尓聞食須
五穀物乎始弖天下乃尓民乃作物乎
草乃片葉尓至万弖不成一年二年尓不
在歳眞尼久傷故尓百能物知人等乃

卜事尓出牟神乃御心者此神止白止
負賜支此乎物知人等乃卜事乎以己
卜止毋出留神乃御心毋无止白止聞看
己皇御孫命詔久神等乎波天社國社止
忘事無久遺事無久稱辞竟奉止思志
行波須誰神曽天下乃公民乃作作物
乎不成傷神等波我御心曽止悟奉礼止宇氣比賜
支是以皇御孫命大御夢尓悟奉久天

下乃公民乃作作物乎悪風荒水尓相
都都不成傷波我御名者天乃御柱乃命
國乃御柱能命止御名者悟奉弖吾前
尓奉牟幣帛者御服者明妙照妙和妙
荒妙五色乃物楯戈御馬尓御鞍具弖
品品乃幣帛備弖吾宮者朝日乃日向
處夕日乃日隠處乃龍田能立野尓小
野尓吾宮波定奉弖吾前乎稱辞竟奉

者天下乃公民乃作作物者五穀乎始
弖草能片葉尓至万弖成幸閇奉止乎悟奉
支是以皇神乃辞教悟奉處仁宮柱定
奉弖此能皇神能前手稱辞竟奉尓皇
御孫命乃宇豆乃幣帛令捧持弖王臣
等手爲使弖稱辞竟奉久止皇神乃前尓
白賜事手神主祝部等諸聞食宣奉宇
豆乃幣帛者比古神尓御服明妙照妙

和妙荒妙五色物楯戈御馬尓御鞍具
弖品品能幣帛獻比貢神尓御服備金
能麻笥金能椯金能桛明妙照妙和妙
荒妙五色能物御馬尓御鞍具弖雜幣
帛奉弖御酒者瓱能閉高知瓱腹満雙
弖和稲荒稲尓山尓住物者毛能和物
毛乃荒野原生物者甘菜辛菜青海原
尓住物者鰭能廣物鰭能狭物奥都藻

菜邊都藻菜尓至万弖尓如横山打積置
弖奉此宇豆乃幣帛乎安幣帛能足幣
帛止皇神能御心尓平久聞食弖天下
能尓民能作作物乎悪風荒水尓不相
賜皇神乃成幸閇賜者初穂者瓺能閇
高知瓺腹滿雙弖汁尓母穎尓母八百稲千
稲引居置弖秋祭尓奉牟止王卿等百官
能人等倭國六縣能刀祢男女尓至万弖

尓今年四月七月者云今年七月諸参集弖皇神
能前尓宇事物頸根築抜弖今日能朝
日能豊逆登尓称辞竟奉流皇御孫命
乃宇豆能幣帛乎神主祝部等被賜弖
惰事無奉礼登宣命乎諸聞食止宣

平野祭

天皇我御命尓坐世今木与利仕奉来流
皇太御神能廣前尓白給久皇太御神

乃氐志給能麻尓麻尓此所能底津石
根尓宮柱廣敷立高天乃原乃千木高
知弖天能御蔭日能御蔭登定奉弖神
主尓神祇某官位姓名定弖進流神財
波御弓御太刀御鏡鈴衣笠御馬乎引
並弖御衣波明多閇照多閇和多閇荒多閇尓備
奉利弖四方國能進礼流御調能荷前乎取
並弖御酒波瓺戸高知瓺腹満並弖山

野能物波甘菜辛菜青海原能物波波
多能廣物波多能狭物奥津毛波邊津毛波尓
至麻弖雜物乎如横山置高成弖獻流
宇豆能大幣帛乎平久所聞弖天皇我
御世乎堅石（カキハ）尓常石（トキハ）尓齋奉利伴賀志
御世尓幸閇奉弖万世尓御坐令在米給登
稱辭竟奉久登申
又申久參（ニイリ）弖仕奉流親王（ミコタチ）等王（オホキミタチ）等臣（マチキムタチ）等

百官人等乎毋夜守日守尓守給弖天皇
朝庭尓伊夜高尓伊夜廣尓伊賀志夜
具波江如久立榮之米令仕奉給登稱辭
竟奉久止申
久度(クト)古開(フルアキ)　平野
天皇我御命(オホムミコト)尓坐世久度古開二所能
宮尓弖之供奉来(ツカムマツリキタ)流皇御神能廣前尓白
給久皇御神能乞比給比之任尓此所

百官人等乎毋夜守日守尓守給旦天皇
朝庭尓伴夜高尓伴夜廣尓伴賀志夜
具波江如久立榮米之令仕奉給登稱辞
竟奉久止申
久度古開
天皇我御命尓坐世久度古開二所能
宮旦尓之供奉来流皇御神能廣前尓白
給久皇御神能气比給之万比任尓此所

鰭乃廣物鰭乃挟物息（オキツ）都毛波邊都波至
末天雑物乎如横山置高成弖獻流宇豆
能大幣帛乎平久所聞（キコシメシ）弖天皇我御世
乎堅石尓常石尓齋奉利伴賀志御世
尓幸閇奉弖万世尓御（ヲハシマサシメ）令坐米給登稱
辞竟奉久登申
又申久参集弖仕奉ル親王等臣等百官
人等乎毛夜守日守尓守給弖天皇我朝

庭尓弥高尓弥廣仁伊賀志夜具波江
能如久立榮之米令仕奉給登稱辞竟奉
良久申
登
六月月次十二月准此
集侍神主祝部等諸聞食登宣
高天原仁神留坐皇睦神漏伎命神漏
弥命以天社國社登稱辞竟奉皇神等
前尓白久今年能六月月次幣帛十二月皆

去今年十二月月次幣帛明妙照妙和妙荒妙備奉
弖朝日能豊榮登尓皇御孫命能宇豆
乃幣帛乎稱辞竟奉久登宣大御巫能辞
竟奉皇神等能前尓白久神魂高御魂
生魂足魂玉留魂大宮賣御膳都神辞
代主登御名者白弖辞竟奉者皇御孫
命能御世乎手長御世登堅磐尓常磐
尓齋比奉茂御世尓幸閇奉故皇吾睦

神漏伎命神漏弥命登皇御孫命能宇
豆乃幣帛乎稱辞竟奉久登宣座摩能御
巫辞竟奉皇神等能前尓白久生井栄
井津長井阿須波婆比伎登御名者白
弖辞竟奉者皇神能敷坐下都磐根尓
宮柱太知立高天原尓千木高知弖皇
御孫命瑞乃御舎仕奉弖天御蔭日御
蔭登隠坐弖四方國乎安國登平久知

食須故皇御孫命能宇豆乃幣帛乎稱
辞竟奉久登宣御門能御巫能辞竟奉皇
神等能前尓白久櫛磐間門命豊磐間
門命登御名者白弖辞竟奉者四方能
御門尓湯都磐村能如久塞坐弖朝者
御門開奉夕者御門閉奉弖踈布留物能
自下往者下乎守自上往者上乎守夜
乃守日能守尓守奉故皇御孫命能宇

豆乃幣帛乎稱辭竟奉久登宣
生嶋能御巫能辭竟奉皇神等能前尓
白久生國足國登御名者白弖辭竟奉
者皇神能敷坐嶋能八十嶋者谷蟆仁
挟度極塩沫乃留限挟國者廣久嶮國
者平久嶋能八十嶋堕事无久皇神等
寄志奉故皇御孫命乃宇豆乃幣帛乎
稱辭竟奉久登宣

辞別伊勢尓坐天照太御神能太前尓
白久皇神能見霽志坐四方國者天能
壁立極國能退立限青雲能靄極白雲
能向伏限青海原者棹柁不干舟艫能
至留極大海原尓舟滿都都氣弖自陸
往道者荷緒結堅弖磐根木根履佐久
弥弖馬爪至留限長道无間久立都都
氣弖狹國者廣久峻國者平久遠國者

八十綱打桂弖引寄如事皇大御神寄
志奉良波荷前者皇大御神能前尓如横
山打積置弖残乎波平聞看又皇御孫命
御世乎長御世登堅磐尓常磐尓齋比
奉茂御世尓幸閉奉故皇吾睦神漏伎
命神漏弥命登鵜自物頸根衝抜弖皇
御孫命能宇豆乃幣帛乎稱辞竟奉久登
宣

御縣尓坐皇神等能前尓白久高市葛
木十市志貴山邊曾布登御名者白弖
此六御縣尓生出甘菜辛菜乎持參来
弖皇御孫命能長御膳能遠御膳登聞
食故皇御孫命能宇豆乃幣帛乎稱辭
竟奉久登宣
山能口坐皇神等能前尓白久飛鳥石
寸忍坂長谷畝火耳无登御名者白弖

遠山近山尓生立流大木小木乎本末
打切弖持参来弖皇御孫命能瑞能御
舎仕奉弖天御蔭日御蔭登隠坐弖四
方國乎安國登平久知食須我故皇御孫
命乃宇豆乃幣帛乎稱辞竟奉久登宣
氷分坐皇神等能前尓白久吉野宇陀
都祁葛木登御名者白弖辞竟奉者皇
神等依志奉牟與都御年乎八束穂能

伊加志穂尓依志奉者皇神等尓初穂（ハツホ）
者穎尓母汁尓母甁閉高知甁腹滿雙弖稱
辭竟奉弖遣波手皇御孫命能朝（アサ）御（ミ）食（ケ）夕
御食能加牟加比尓長御（キ）食能遠御（キ）食
登赤丹穂（アカニノホ）尓聞食（カ）故皇御孫命能宇豆
乃幣帛乎稱辭竟奉久登諸聞食（キコシメセ）止宣
辭別忌部能弱肩尓太襁取挂弖持由
麻波利仕奉禮留幣帛乎神主祝部等受

賜弖事不過捧持奉登宣

大殿祭

高天原尓神留坐須皇親神魯企神魯美之命以弖皇御孫之命乎天津高御座尓坐弖天津璽乃釼鏡乎捧持賜天言壽（古語云許止保企言壽詞如今壽觴之詞）宣久志皇我宇都御子皇御孫之命此能天津高御座尓坐弖天津日嗣乎万千秋能長秋尓

大八洲豊葦原瑞穂之國乎安國止平
氣久所知食止古語云志呂志女須言寄奉賜比弖以
天津御量弖事問之磐根木能立知草
能可岐葉乎毛言止弖天降利賜比志食國天
下登天津日嗣所知食須皇御孫之命
能御殿乎今奥山能大峡小峡尒立留
木乎齋部能齋斧乎以弖伐採弖本末
乎波山神尒祭弖中間乎持出来弖齋鉏

手以弖齋柱立弖皇御孫之命乃天之
御翳日之御翳止造奉仕礼流瑞之御殿
古語云阿良可汝屋船命尓天津奇護言乎古語云
久須志伊波比許登以弖言壽鎮白久此能敷坐
大宮地底津磐根能極美下津綱根古語
番昇之類謂之綱根波府虫能禍无久高天原波
青雲能靄久極美天能血垂飛鳥能禍
无久掘堅多留柱桁梁戸牖能錯比古語云伎加

比動鳴事无久引結蘇曾葛目能緩比取
葺計魯草乃噪岐古語云藾藾伎无久御床都比
能佐夜伎夜女能伊須須伎伊豆都志伎事無久
平氣久安久奉護留神御名乎白久屋船
久久遲命是木靈也屋船豊宇氣姫命登是稲靈
也俗詞宇賀能美多麻今世産屋以辟
木束稲置於戸邊乃以米散屋中之類
也御名乎波奉稱利弖皇御孫命能御世乎
堅磐常磐尓奉護利五十橿御世能足

良御世尓田永能御世止奉福尓依弖
志齋玉作等我持齋波利持淨麻波利造仕礼留
瑞八尺瓊能御吹乃五百都御統能玉
尓明和幣古語云尓伎弖曜和幣乎附氣弖齋部
宿祢某我弱肩尓太襁取懸弖言壽伎
鎭奉事能漏落武事乎波神直日命大直
日命聞直志見直志弖平良氣久安良氣久所
知食登白

詞別曰久大宮賣命登御名乎申事波
皇御孫命乃同殿能裏尓塞坐弖參入
罷出人能選比所知志神等能伊須呂
許比阿礼比坐手言直志和志古語云夜波志
坐弖皇御孫命朝乃御膳夕能御膳供
奉流比礼懸伴緒襁懸伴緒乎手躓足
躓古語云麻我比不令爲弖親王諸王諸臣百
官人等乎己乖々不令在邪意穢心无

久宮進米進宮勤勤之米咎過在乎波見
直志聞直坐弖平良氣安良氣仕奉
坐尓依弖大宮賣命止御名乎稱辭竟
奉久登白

御門祭

櫛磐牖豐磐牖命登御名乎申事波四
方内外御門尓如湯津磐村久塞坐弖
四方四角与利疎備荒備來武天能麻我

都比登大神能言武悪事尓古語麻我許登相
麻自許利相口會賜事无久自上往波上護
利自下往波下護利待防掃却言排坐
弖朝波開門夕波閉門弖参入罷出人
名乎門所知志咎過在波乎神直備大直
備見直聞直坐弖平良久氣令奉仕賜故
尓
尓豊磐牖命櫛磐牖命登御名乎稱辞
竟奉久登白

六月晦大祓 十二月准此
集侍親王諸王諸臣百官人等諸聞食
止宣天皇朝庭尓仕奉留比礼挂伴男
手襁挂伴男靫負伴男釼佩伴男伴男
能八十伴男乎始弖官官尓仕奉留人
等能過犯家牟雑々罪乎今年六月晦之
大祓尓祓給比清給事乎諸聞食止宣
高天原尓神留坐皇親神漏岐神漏美

乃命以立八百万神等乎神集賜比神
議議賜豆我皇御孫之命波豊葦原乃
水穂之國乎安國止平久知所食止事
依奉岐如此依志奉志國中尓荒振神
等乎波神問志尓問志賜神掃掃賜比豆語問志
磐根樹立草之垣葉乎毛語止豆天之磐
座放天之八重雲乎伊頭乃千別尓天
降依左志奉支如此久依左志奉志四方之

國中登大倭日高見之國乎安國止定
奉弖下津磐根尓宮柱大數立高天原
尓千木高知弖皇御孫之命乃美頭乃
御舎仕奉弖天之御蔭日之御蔭止隱
坐弖安國止平氣久所知食武國中尓成
出武天之益人等我過犯家牟雜々罪事
波天津罪止畔放溝埋樋放頻蒔串刺
生剥逆剥屎戸許太久乃罪乎天津罪

止
法別弖國津罪止生膚断死膚断白
人胡久美己母犯罪己子犯罪母与子
犯罪子与母犯罪畜犯罪昆虫乃災高
津神乃災高津鳥災畜仆志蠱物為罪
許々太久乃罪出武如此出波天津宮
事以弖大中臣天津金木乎本打切末
打断弖千座置座尓置足波志天津菅
曾本苅断末苅切弖八針尓取辟弖天

津祝詞乃太祝詞事手宣礼如此久乃良波
天津神波天磐門手押披弖天之八重
雲手伊頭乃千別尓千別弖所聞食武
國津神波高山之末短山之末尓上坐弖
高山之伊恵理短山之伊恵理手撥別
弖所聞食武如此所聞食波弖皇御孫之
命乃朝庭手始弖天下四方國波罪止
云布罪波不在止科戸之風乃天之八

重雲乎吹放事之如久朝之御霧夕之
御霧乎朝風夕風乃吹掃事之如大津
邊尓居大船乎舳解放艫解放弖大海
原尓押放事之如久彼方之繁木本乎
焼鎌乃敏鎌以弖打掃事之如久遺罪
波不在止祓給比清給事乎高山短山
之末与理佐久那太理尓落多支速川能
瀬坐瀬織津比咩止云神大海原尓持

依五字師不讀

出奈武如此持出往波荒塩之塩乃八百
道乃八塩道之塩乃八百會尓座須速
開都咩止云神持可可呑弖牟如此久可
可呑弖波氣吹戸坐須氣吹戸主止云神
根國底之國尓氣吹放弖牟如此久氣吹
放弖波根國底之國尓坐速佐須良比咩
登云神持佐須良比失弖牟如此久失弖波
私不讀
天皇我朝庭尓仕奉留官官人等乎始

私ニハ遺罪ハ不在止祓給清奉良久止申

弖天下四方尓波自今日始弖罪止云布
罪波不在止高天原尓耳振立聞物止
馬牽立弖今年六月晦日夕日之降乃
大祓尓祓給比清給事乎諸聞食止宣
四国卜部等大川道尓持退出弖祓却
止
宣東文忌寸部献横刀時呪 西文部准此
謹請皇天上帝三極大君日月星辰八
方諸神司（命司）籍左東王父右西王母五方

五帝四時四氣捧以祿人請除禍災捧
以金刀請延帝祚呪曰東至扶桑西至
虞淵南至炎光北至弱水千城百國精
治万歲万歲万歲

鎮火祭

高天原尓神留坐皇親神漏義神漏美
能命持弖皇御孫命波豊葦原能水穗
國乎安國止平久所知食止天下所寄

奉志時尓事寄奉志天都詞太詞事乎
以弖申久神伊佐奈伎伊佐奈美能命
妹妋二柱嫁継給弖國能八十國嶋能
八十嶋乎生給比八百万神等乎生給
比弖麻奈弟子尓火結神生給弖美保止
被焼弖石隠坐弖夜七日晝七日吾乎奈
見給比曽吾奈妋乃命止申給比支此
七日尓波不足弖隠坐事奇止弖見所行須

時火乎生給弖御保止乎所焼坐支如
是時尓吾名妹能命能吾乎見給布奈
止申乎吾乎見阿波多志給比津止申
給弖吾名妹能命波上津國乎所知食
倍志吾波下津國乎所知牟止申弖石隠給
弖与美津牧坂尓至坐弖所思食久吾
名妹命能所知食上津國尓心悪子乎
生置弖来奴止宣弖返坐弖更生子水神

匏川菜埴山姫四種物乎生給弖此能
心悪子能心荒比留波水匏埴山姫川菜
乎持弖鎮奉礼止事教悟給支依此弖稱
辞竟奉者皇御孫能朝庭尓御心一速
比給波志止為弖進物波明妙照妙和妙
荒妙五色物乎備奉弖青海原尓住物
者鰭廣物鰭挟物奥津海菜邊津海菜
尓至万弖尓御酒者甕邊高知甕腹滿雙

弖和稲荒和尓至万弖如横山置高成

弖天津祝詞能大祝詞事以弖称竟奉

久

止申

道饗祭

高天之原尓事始弖皇御孫之命止称

辞竟奉大八衢尓湯津磐村之如久塞

坐皇神等之前尓申久八衢比古八衢

比売久那斗止御名者申弖辞竟奉

久波

根國底國与里麁備疎備来物尓相率相
口會事無弖下行者下乎守理上往者
上乎守理夜之守日之守尓守奉齋奉
礼止進幣帛者明妙照妙和妙荒妙備奉
御酒者㼵邊高知㼵腹滿雙弖汁尓母頴
尓母山野尓住物者毛能和物毛能荒物
青海原尓住物者鰭乃廣物鰭挾物奥
津海菜邊津海菜尓至万弖尓横山之如

久。疊取足豆進宇豆之幣帛手平氣久聞
食豆八彌尓湯瓮村之如久塞坐豆皇
御孫命手堅磐尓常磐尓齋奉茂御世
尓幸閇奉給止申又親王等臣等百官
人等天下公民尓至万尓豆平久齋給部止
神官天津祝詞乃大祝詞事手以豆稱
辞竟奉止申

大嘗祭

集侍神主祝部等諸聞食登宣
高天原尓神留坐皇睦神漏伎神漏弥
命以天社國社登敷坐留皇神等前尓
白久今年十一月中卯日尓天都御食
能長御食能遠御食登皇御孫命能大
嘗聞食牟爲故尓皇神等相宇豆乃比
奉豆堅磐尓常磐尓齋比奉利茂御世
尓幸閇奉牟尓依豆志千秋五百秋尓平久安

久
聞食弖豊明尓明坐皇御孫命能
宇豆能幣帛乎明妙照妙和妙荒妙尓
備奉弖朝日豊榮登尓稱辞竟奉久乎諸
聞食登宣
事別忌部能弱肩尓太襁取挂弖持由
麻波利仕奉礼留幣帛乎神主祝部等請
弖事不落捧持弖奉登宣
鎮御魂齋戸祭 中宮春宮齋戸祭亦同

高天之原爾神留坐須皇親神漏岐神
漏美能命乎以豆皇孫之命波豊葦原
能水穂國乎安國止定奉豆下津磐根
爾宮柱太敷立高天之原爾千木高知
豆天之御蔭日之御蔭止稱辭竟豆奉ル
御衣波上下備奉豆宇豆幣帛波明妙照
妙和妙荒妙五色物御酒波瓱邊高知
瓱腹滿雙豆山野物波甘菜辛菜青海

原物波鰭廣物鰭狭物奥津海菜邊津
海菜尓至万弖尓雑物乎如横山置高成
弖獻留宇豆幣帛乎安幣帛能足幣帛
尓平久聞食弖皇良我朝庭乎常磐尓堅
磐尓斎奉茂御世尓幸奉給弖自此十
二月始米十二月尓至万弖尓平久御坐
所念御坐給止今年十二月其日斎比
鎮奉止申

伊勢大神宮
二月祈年六月十二月月次祭
天皇我御命以弖度會乃宇治乃五十
鈴川上乃下津石根尓稱辞竟奉流皇
大神能大前尓申久常毛進流二月祈
年月次祭唯以六月月次之辞相換大幣帛乎其官位
姓名乎為使天令捧持弖進給布御命
乎申給久止申

豊受宮
天皇我御命以弖度會乃山田原乃下
津石根尓稱辭竟奉流豊受皇神尓申
久常毛進流二月祈年月次祭唯以六月月次之辭相
換大幣帛乎其官位姓名乎爲使天令
捧持弖進給布御命乎申給久止申
四月神衣祭九月准此
度會乃宇治五十鈴川上尓大宮柱太

敷立天高天原尓千木高知天稱辞竟
奉留天照坐皇太神乃大前尓申久服
織麻續乃人等乃常毛奉仕留和妙荒
妙乃織乃御衣乎進事乎申給止申荒
祭宮尓毛如是申天進止宣祢宜内人稱唯祭六
月月次祭十二月准此
度會乃宇治五十鈴乃川上尓大宮柱
太敷立天高天原尓比木高知天稱辞

竟奉留天照坐皇太神乃大前尓申進
留天津祝詞乃太祝詞手神主部物忌
等諸聞食止宣祢宜内人等共稱唯天皇我御命
尓坐御壽手手長乃御壽止湯津如磐村
常磐堅磐尓伊賀志御世尓幸位給比
阿礼坐皇子等手毛恵給比百官人等天
下四方國乃百姓尓至天長平久作食
留五穀毛豊尓令榮給比護恵比幸給

止三郡國〻處〻尓御調絲由貴乃御
酒御贄手如海山置足成天大中臣太〻
玉串尓隱侍天今年六月十七日乃朝
日乃豊榮登尓稱申事乎神主部物忌
等諸聞食止宣神主部共稱唯荒祭宮月讀宮
尓毛如是久申進止宣神主部共稱唯
九月神嘗祭
皇御孫御命以伊勢能度會五十鈴河

上尓稱辞竟奉流天照坐皇太神能太
前尓申給久常毛進流九月之神嘗能
大幣帛乎其官其位其王中臣其官其
位其姓名乎為使弖忌部弱肩尓太襷
取懸持齋波理令捧持弖進給布御命乎
申給久止申豊受宮同祭
天皇我御命以弖度會能山田原尓稱
辞竟流奉流皇神前尓申給久常毛進

留九月之神嘗能太幣帛乎其官其位

其王中臣其官其位其姓名乎為使弖

忌部弱肩尓太襁取懸持齋波理令捧持

弖進給布御命乎申給久止申

同神嘗祭

度會乃宇治乃五十鈴乃川上尓大宮

柱太敷立天高天原尓比木高知天稱

辞竟奉留天照坐皇太神乃大前尓申

進留天津祝詞乃太祝詞乎神主部物
忌等諸聞食止宣尓宜内人等共稱唯天皇我御
命尓坐御壽乎手長乃御壽止湯津如
磐村常磐堅磐尓伊賀志御世尓幸倍
給比阿礼坐皇子等乎毛恵給比百官人
等天下四方國乃百姓尓至万天長平久
護恵比幸給止三郡國國處處寄奉礼留
神戸人等乃常毛進留由紀能御酒御

執懸税千税余五百税乎如横山久置
足成天大中臣大王串尓隠侍天今年
九月十七日朝日豊栄登尓天津祝詞
乃大祝詞辞乎稱申事乎神主部物忌
等諸聞食止宣祢宜内人等稱唯荒祭宮月讀
宮尓毛如此久申進止宣神主部共稱唯
齋内親王奉入時
進神嘗幣詞畢次即申云辞別弖申

給久今進流齋内親王波依恒例豆三
年齋比清麻波理豆御杖代止定豆進給事
波皇御孫之尊乎天地日月止共尓堅
磐尓平氣久安久御座志米武止御杖代止進
給布御命乎大中臣茂桙中取持豆恐
美恐美毛申給久止申退奉大神宮祝詞豊受
宮准
此
皇御孫能御命乎以皇大御神能太前

尓申給久常例尓依弖廿年尓一遍
比大宮新仕奉弖雜御裝束物五十四
種神寶廿一種乎儲備天祓清賣持忌
波理須供奉辨官其位其姓名乎差使
弖
弖進給状乎申給久止申

遷却崇神

高天之原尓神留坐弖事始給志神漏
岐神漏美能命以弖天之高市尓八百

万神等乎神集集給比神議議給弖我
皇御孫之尊波豊葦原能水穂之國乎
安國止平氣久所知食止天之磐座放弖
天之八重雲乎伊頭之千別支尓千別支弖
天降所寄奉志時尓誰神乎先遣波水
穂國能荒振神等乎神攘攘平止氣武神
議議給時尓諸神等皆量申久天穂日
之命乎遣而平止氣武申支是以天降遣

時尓此神波返言不申支次遣之健三
熊之命毛随父事弖返言不申又遣志
天若彦毛返言不申弖高津鳥殃尓依
弖立處弖身亡支是以天津神能御言
以弖更量給弖経津主命健雷命二柱
神等乎天降給弖荒振神等乎神攘く
給比神和和給弖語問志磐根樹立草
之行葉毛語止弖皇御孫之尊乎天降

所寄奉支如此久天降所寄奉志四方
之國中止大倭日高見之國乎安國止
定奉弖下津磐根尒宮柱太敷立高天
之原尒千木高知弖天之御蔭日之御
蔭止仕奉弖安國止平久氣所知食武皇
御孫之尊能天御舎（ミアラカ）之内矢坐須皇神
等波（カ）荒備給比健備給比健給事无志弖
高天之原尒始志事乎神奈我良毛所知食

弖神直日大直日尓直志給比弖自此地
波四方乎見霽山川能清地尓遷出坐
弖吾地止宇須波伎坐世止進幣帛者明妙
照妙和妙荒妙尓備奉弖見明物止鏡
翫物止玉射放物止弓矢打斷物止太
刀馳出物止御馬御酒者㼫戸高知㼫
腹満雙弖米尓毛穎尓毛山住物者毛能和
物毛能荒物大野原尓生物者甘菜辛

菜青海原尓住物者鰭廣物鰭狭物奥
津海菜邊津海菜尓横山之如久八物
尓置所足(ツキタラハシ)弖奉留宇豆之幣帛乎皇神
等(タ)乃御心毛明尓安幣帛能足幣帛止
平久聞食弖祟給比健備給事无之弖山
川乃廣久清地尓遷出坐弖神奈良我鎮(ナリ)
坐世止稱辭竟奉止申
遣唐使時奉幣

皇御孫尊能御命以弖住吉尓辞竟奉
留皇神等前尓申賜久大唐尓使遣佐牟
止為尓依船居无弖播磨國与船乗止
為弖使者遣佐牟止所念行間尓皇神命
以弖船居波吾作牟止教悟給比教悟給
比那我良船居作給部礼悦己嘉志礼
代乃幣帛手官位姓名尓令奉賫弖進
奉久止申

出雲國造神賀詞 出雲国造者稱月令之後也

八十日日波在止今日能生日能足日

尒出雲國々造姓名恐美恐美毛申賜久

挂麻久毛恐支明御神止大八嶋國所知

食須天皇命乃手長能大御世止齋上若

後齋時者為弖出雲國乃青垣山内尒

加後字

下津石根尒宮柱太知立高天原尒千

木高知坐須伊射那伎能日真名子加

夫呂伎熊野大神櫛御氣野命國作坐
志大穴持命二柱神乎始天百八十六
社坐皇神等乎某甲我弱肩尓太襷挂
天伊都幣能緒結天乃美賀秘冠利天伊
豆能真屋尓麁草乎伊豆能席登苅敷
天伊都閇黒益之天能𤭖和尓齋許女利豆
志都宮尓忌静米仕奉豆朝日能豊榮
登尓伊波比乃返事能神賀吉詞奏賜

波久登奏高天能神王高御魂神魂命能
皇御孫命尓天下大八嶋國乎事避奉
之時出雲臣等我遠神天穂比命乎國
體見尓遣時尓天能八重雲乎押別弖
天翔國翔弖天下乎見廻弖返事申給
久豊葦原能水穂國波晝波如五月蝿
水沸支夜波如火瓮光神在利石根木
立青水沫毛事問天荒國在祁利然毛鎮

鎮平天皇御孫命尓安國止平久所知
坐之米牟止申己命兒天夷鳥命尓布都
怒志命乎副天天降遣天荒布留神等乎
撥平氣國作之大神毛媚鎮天大八嶋
國現事顯事令事避支乃大穴持命乃
申給久皇御孫命乃静坐牟大倭國申
天己命和魂乎八咫鏡尓取託天倭
大物主櫛𤭖玉命登名乎稱天大御和

乃神奈備尓坐己命乃御子阿遅須伎
高孫根乃命乃御魂乎葛木乃鴨能神
奈備尓坐事代主命能御魂乎宇奈提
尓坐賀夜奈流美命能御魂乎飛鳥乃
神奈備尓坐天皇孫命能近守神登貢
置天八百丹杵築宮尓静坐支是尓親
神魯伎神美乃命宣久汝天穂比命波天皇命能
手長大御世乎堅石尓常石尓伊波比

奉伊賀志乃御世尓佐伎波閇奉登仰
賜志次乃隨尓供齋若後齋時者加後字仕奉弖
朝日能豊榮登尓神乃礼白臣能礼白登
御祷能神寶獻良久登奏白玉能大御白
髮坐赤玉能御阿加良毗坐青玉能水
江玉能行相尓明御神登大八嶋國所
知食天皇命能手長大御世乎御横刀
廣尓誅堅米白御馬能前足爪後足爪

踏立事波大宮能内外御門柱乎上津
石根尓踏堅米下津石根尓踏凝立振
立流耳能弥高尓天下乎所知食乍事
志大米白鵠能生御調能玩物登倭文
能大御心毛多親尓彼方古川席此方
能古川席尓生立若水沼間能弥若叡
尓御若叡坐須伎振遠止美乃水乃弥
乎知尓御表知坐麻蘇比能大御鏡乃

面手意志波留志天見行事能己明御
神能大八嶋國乎天地日月等共尓安
久平久知行牟事能志大米止御禱神
寶乎擎持弖神礼自臣礼自恐弥恐弥毛
天津次能神賀吉詞白賜久登奏

延喜式巻第八

延長五年十二月廿六日 従五位下行左大史臣阿刀宿祢

従五位上行勘解由次官兼大外記紀伊権介臣伴宿祢

従四位上行神祇伯臣大中臣朝臣

大納言正三位兼行民部卿臣藤原朝臣

左大臣正二位兼行左近衛大将皇太子傅臣藤原朝臣

大永三年四月三日書寫訖

正三位卜部朝臣兼永

右平野三位兼永卿筆也
加修補訖
弘化四丁未歳十一月五日
従三位侍従卜（花押）

4 2

兼右本 延喜式 巻八

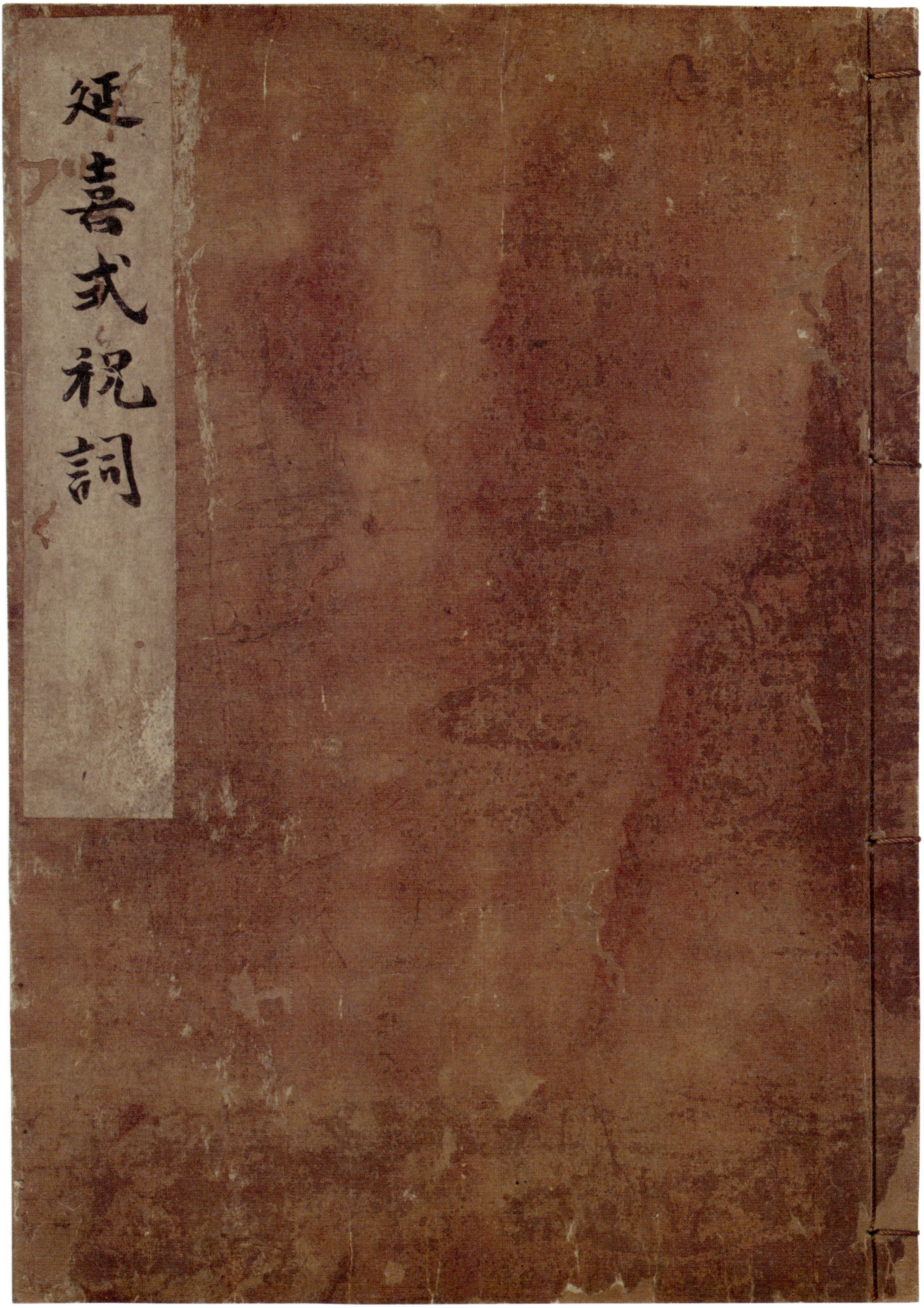
延喜式祝詞

62

延喜式巻第八　神祇八

祝詞

凡祭祀祝詞者御殿御門等祭齋部氏祝詞以外諸祭中臣氏祝詞

凡四時諸祭不云祝詞者神部皆依常例宣之其臨時祭祝詞所司隨事脩撰前祭進官經處分然後行之

祈年祭

集侍神主祝部等諸聞食登宣（神主祝部等共稱唯余宣准此）

高天原尓神留坐皇睦神漏伎命神漏弥命

以天社國社登稱辞竟奉皇神等能前尓白

久今年二月尓御年初將賜登為而皇御孫

命宇豆能幣帛乎朝日能豊逆登尓稱辞竟

奉久登宣御年皇神等能前尓白久皇神等能
依左志奉牟奥津御年乎手肱尓水沫畫垂向
股尓泥畫寄氐取作牟奥津御年乎八束穂
能伊加志穂尓皇神等能依左志奉者初穂乎波
千頴八百頴尓奉置氐瓱閉高知瓱腹満雙
氐汁尓母頴尓母稱辞竟奉牟大野原尓生物者
甘菜辛菜青海原住物者鰭能廣物鰭能狭

物奥津藻葉邊津藻葉尓至弖御服者明妙
照妙和妙荒妙尓稱辞竟奉牟御年皇神能
前尓白馬白猪白鶏種々色物乎備奉天皇
御孫命能宇豆乃幣帛乎稱辞竟奉久登宣
大御巫能辞竟奉皇神等能前尓白久神魂
高御魂生魂足魂玉留魂大宮乃賣大御膳
都神辞代主登御名者白而辞竟奉者皇御

孫命御世乎手長御世登堅磐尓常磐尓齋
比奉茂御世尓幸閇奉故皇吾睦神漏伎命
神漏弥命登皇御孫命能宇豆乃幣帛乎稱
辞竟奉久登宣
座摩乃御巫乃辞竟奉皇神等能前尓白久
生井栄井津長井阿須波婆比支登御名者
白弖辞竟奉者皇神能敷坐下都磐根尓宮

柱太知立高天原尓千木高知弖皇御孫命
乃瑞能御舎乎仕奉弖天御蔭日御蔭登隠
坐弖四方國乎安國登平久知食故皇御孫
命能宇豆乃幣帛乎稱辞竟奉久登宣
御門乃御巫乃辞竟奉皇神等乃前尓白久
櫛磐間門命豊磐間門命登御名者白弖辞
竟奉者四方能御門尓湯都磐村能如塞坐

乎朝者御門開奉夕者御門閇奉乎踈夫留
物能自下往者下乎守自上往者上乎守夜
能守日能守尓守奉故皇御孫命能宇豆乃
幣帛乎称辞竟奉久登宣
生嶋能御巫能辞竟奉皇神等能前尓白久
生國足國登御名者白氐辞竟奉者皇神能
敷坐嶋能八十嶋者谷蟆能狭度極塩沫能

留限狭國者廣久峻國者平久嶋能八十嶋
墮事无皇神等能依志奉故皇御孫命能宇
豆乃幣帛乎稱辞竟奉久登宣
辞別伊勢尓坐天照太御神能太前尓白久
皇神能見霽志坐四方國者天能壁立極國
能退立限青雲能靄極白雲能墮坐向伏限
青海原者棹柁不干舟艫能至留極大海尓

舟滿都々氣弖自陸往道者荷緒縛堅弖磐
根木根履佐久弥弖馬爪至留限長道无間
久立都々氣弖狭國者廣久峻國者平久遠
國者八十綱打挂弖引寄如事皇大御神能
寄奉波荷前者皇大御神能太前尓如横山
打積置弖残乎波平聞看又皇御孫命御世乎
手長御世登堅磐尓常磐尓齋比奉茂御世

尓幸閇奉故皇吾睦神漏伎神漏弥命登宇
事物頸根衝抜弖皇御孫命能宇豆乃幣帛
乎称辞竟奉久登宣御縣尓坐皇神等乃前尓
白久高市葛木十市志貴山邊曽布登御名
者白弖此六御縣尓生出甘菜辛菜乎持参
来弖皇御孫命乃長御膳乃遠御膳乃聞食
故皇御孫命乃宇豆乃幣帛乎称辞竟奉久登

宜
山口坐皇神等乃前尓白久飛鳥石寸忍坂
長谷畝火耳无登御名者白弖遠山近山尓
生立留大木小木乎本末打切弖持参来弖
皇御孫命乃瑞乃御舎仕奉弖天御蔭日御
蔭登隠坐弖四方國乎安國登平久知食須我
故皇御孫命乃宇豆乃幣帛乎稱辞竟奉久登

宜
水分坐皇神等乃前尓白久吉野宇陁都祁
葛木登御名者白氐辞竟奉者皇神等乃寄
志奉牟奥都御年乎八束穂乃伊加志穂尓
志奉者皇神等尓初穂波穎尓毛汁尓毛𤭖閉高
知𤭖腹満雙氐稱辞竟奉氐遺乎波皇御孫命
能朝御食夕御食能加牟加比尓長御食能

遠御食登赤丹穂尓聞食故皇御孫命乃宇
豆乃幣帛稱辭竟奉久登諸聞食宣
辭別忌部乃弱肩尓太多須支取挂弖持由
麻波利仕奉礼留幣帛乎神主祝部等受賜弖
事不過捧持奉登宣

春日祭

天皇我大命尓坐世恐岐鹿嶋坐健御賀豆

智命香取坐伊波比主命枚岡坐天之子八
根命比賣神四柱能皇神等乃廣前尓白久
大神等乃乞賜比能任尓春日乃三笠山乃下
津石根尓宮柱廣知立高天原尓千木高知
弖天乃御蔭日乃御蔭登定奉弖貢流神寶
者御鏡御横刀御弓御桙御馬尓備奉利御
服波明多閇照多閇和多閇荒多閇尓仕奉

弖四方國能獻礼留御調乃荷前取並弖青海
原乃物者波多能廣物波多能狭物奥藻菜
邊藻菜山野物者甘菜辛菜尓至麻弖御酒者
甕上高知甕腹満並弖雜物乎如横山積置
弖神主尓其官位姓名乎定弖獻留宇豆乃
大幣帛乎安幣帛乃足幣帛登平久安久聞
看登皇大御神等乎稱辞竟奉久登白

如此仕奉尓依弖今毋去前毛天皇我朝廷
乎平久安久足御世乃茂御世尓齋奉利常
石尓堅石尓福閇奉利預而仕奉留處々家
々王等卿等毛平久天皇我朝庭尓伊加志
夜久波叡乃如久仕奉利佐加叡志米賜登
稱辭竟奉良久登白　大原野平罡祭祝詞准此
廣瀬大忌祭

廣瀬乃川合尓稱辞竟奉留皇神乃御名乎
白久御膳持須留若宇加乃賣乃命登御名者
白弖此皇神前尓辞竟奉久皇御孫命乃宇
豆乃幣帛乎令捧持弖王臣等乎為使弖稱
辞竟奉久神主祝部等諸聞食登宣
奉留宇豆乃幣帛者御服明妙照妙和妙荒
妙五色物楯戈御馬御酒者甕乃閇高知甕

乃腹満雙弖和稲荒稲尓山尓住物者毛乃
和支物毛乃荒支物大野乃原尓生物者甘
菜辛菜青海原尓住物者鰭乃廣支物鰭乃
狹支物奥津藻菜邊津藻菜尓至万弖置足弖
奉久登皇神前尓白賜部止宣如此奉宇豆乃幣
帛乎安幣帛乃足幣帛登皇神御心平久安
尓聞食弖皇御孫命乃長御膳乃遠御膳乃

赤丹乃穂尓聞食皇神乃御刀代乎始弖親王
等王等臣等天下公民乃取作奥都御歳者
手肱尓水沫畫垂向股尓泥畫寄弖取将作
奥都御歳乎八束穂尓皇神乃成幸賜者初
穂者汁尓毛穎尓毛千稲八千稲尓引居弖如横
山打積置弖秋祭尓奉牟登皇神前尓白賜へ登
宣

倭國乃六御縣乃山口尓坐皇神等前尓皇
御孫命乃宇豆乃幣帛乎明妙照妙和妙荒
妙五色物楯戈至万奉如此奉者皇神等
乃敷坐山々乃自口狭久那多利尓下賜水
乎甘水登受而天下乃公民乃取作礼奥都
御歳乎悪風荒水尓不相賜汝命乃成幸波
賜者初穂者汁尓頴尓甕乃閇高知甕腹満

雙弖如横山打滿置弖奉牟登王等臣等百官
人等倭國乃六御縣乃刀禰男女尓至万弖今
年某月某日諸參出来弖皇神前尓宇事物
頸根築拔弖朝日乃豊逆登尓稱辭竟奉久乎
神主祝部等諸聞食止宣

龍田風神祭

龍田尓坐稱辭竟奉皇神乃前尓白久志貴

鳴尓大八嶋國知志皇御孫命乃遠御膳乃
長御膳止赤丹乃穗尓聞食須五穀物乎始
弖天下乃公民乃作物乎草乃片葉尓至万弖
不成一年二年尓不在歳真尼久傷故尓百
乃物知人等乃卜事尓出牟神乃御心者此
神登白止負賜支此乎物知人等乃卜事乎
以弖卜止毛出神乃御心毛无止白止聞看弖

皇御孫命詔久神等乎波天社國社止忘事無
久稱辭竟奉止思志行波須誰神曽天下乃
公民乃作作物乎不成傷神等波我御心曽止
悟奉禮止宇氣比賜支是以皇御孫命大御夢
尓悟奉久天下乃公民乃作作物乎悪風荒
水尓相都不成傷波我御名者天乃御柱乃
命國乃御柱能命止御名者悟奉弖吾前尓

十三

奉牟幣帛者御服者明妙照妙和妙荒妙五
色乃物楯戈御馬尓御鞍具弖品々乃幣帛
備弖吾宮者朝日乃日向處夕日乃日隠處
乃龍田能立野尓小野尓吾宮波定奉弖吾
前乎稱辭竟奉者天下乃公民乃作作物者
五穀乎始弖草能片葉尓至万成幸閇奉牟止
悟奉支是以皇神乃辭教悟奉處尓宮柱定

奉弖此能皇神能前尓稱辞竟奉尓皇御孫
命乃宇豆乃幣帛令捧持弖王臣等爲使
弖稱辞竟奉久止皇神乃前尓白賜事乎神主
祝部等諸聞食止宣
奉宇豆乃幣帛者比古神尓御服明妙照妙
和妙荒妙五色物楯戈御馬尓御鞍具弖品
々能幣帛獻比賣神尓御服備金能麻笥金

能揣金能拃明妙照妙和妙荒妙五色乃物
御馬尓御鞍具弖雑幣帛奉弖御酒者甕能
能閇高知甕腹満雙弖和稲荒稲尓山尓住
物者毛能和物毛乃荒野原生物者甘菜辛
菜青海原尓住物者鰭乃広物鰭乃狭物奥
都藻菜辺都藻菜尓至万弖如横山打積置
弖奉流宇豆乃幣帛乎安幣帛能足幣帛止

皇神能御心尓平久聞食弖天下乃公民能
作作物乎悪風荒水尓不相賜皇神乃成幸
閇賜者初穂者甕乃閇高知甕腹満雙弖汁
尓母穎尓母八百稲千稲尓引居置弖秋祭尓奉
牟止王卿等百官能人等倭國六縣能刀祢男
女尓至万弖尓今年四月七月着之今年七月諸参集弖
皇神乃前尓宇事物頸根築抜弖今日能朝

十五

月乃豊逆登尓稱辞竟奉流皇御孫命乃宇
豆乃幣帛乎神主祝部等被賜弖惰事无奉
礼登宣命乎諸聞食止宣

平野祭

天皇我御命尓坐世今木与利仕奉来流皇太御
神乃廣前尓白給久皇太御神乃乞志給比乃
麻尓麻尓此所乃底津石根尓宮柱廣敷立
弖高天乃原尓千木高知弖天乃御蔭日乃

弖高天乃原尓千木高知弖天乃御蔭日乃
御蔭登定奉弖神主尓神祇其官位姓名定
弖進流神財波御弓御太刀御鏡鈴衣笠御
馬乎引並弖御衣波明多閇照多閇和多閇荒多閇尓
備奉利四方國能進礼流御調乃荷前乎取並
弖御酒波甕戸高知甕腹滿並弖山野乃物
波甘菜辛菜青海原乃物波波多能廣物波

多能狭物奥毛波邉津毛波至麻弖雑物乎如
横山置高成弖献流宇豆乃大幣帛乎平久
所聞弖天皇我御世乎堅石尓常石尓齋奉
利伊賀志御世尓幸閇奉弖万世尓御坐令
在給止称辞竟奉久登申
又申久参来弖仕奉流親王等王等臣等百官
人等乎夜守日守尓守給弖天皇朝庭尓伊

夜高尓伊夜廣尓伊賀志夜具波江如久立
榮之米令仕奉給止稱辞竟奉久止申
久度古開
天皇我御命尓坐世久度古開二所乃宮尓之
且供奉来流皇御神乃廣前尓白給久皇御
神乃乞比給之万比任尓此所能底津石根尓
宮柱廣敷立高天乃原尓千木高知且天能

御蔭月能御蔭止定奉弖神主其官位姓名
定弖進流神財波御弓御大刀御鏡鈴衣笠
御馬乎引並弖御衣波明多閇照多閇和多閇荒多閇
尓備奉弖四方國能進礼畱御調能荷前乎取
並弖御酒波甕乃閇高知甕能腹滿並弖山野
物波甘菜辛菜青海原乃物波鰭乃廣物鰭
乃狭物奥都毛波邊都毛尓波至末天雜物乎如横

置高成弖狭流孚豆能大幣帛乎平久

山置高成弖献流宇豆能大幣帛乎平久所
聞弖天皇我御世乎堅石尓常石尓齋奉利
伊賀志御世尓幸閇奉弖万世尓御坐米
給登稱辞竟奉久登申
又申久参集弖仕奉親王等臣等百官人等
乎毛夜守日守尓守給弖天皇我朝庭尓弥廣
仁伊賀志夜具波江能如久立榮之令仕奉

給登稱辭竟奉良久登申

六月月次十二月准此

集侍神主祝部等諸聞食登宣

高天原尓神留坐皇睦神漏伎命神漏弥命

以天社國社登稱辭竟奉皇神等前尓白久

今年乃六月月次幣帛十二月若云今年十二月月次幣帛明

妙照妙和妙荒妙備奉弖朝日乃豊榮登尓

皇御孫命能宇豆乃幣帛乎稱辭竟奉久宣

妙照妙和妙荒妙備奉弖朝日乃豊栄登尓

皇御孫命能宇豆乃幣帛乎稱辞竟奉久登宣
大御巫能辞竟奉皇神等能前尓白久神魂
高御魂生魂足魂玉畱魂大宮賣御膳都神
辞代主登御名者白弖辞竟奉者皇御孫命
能御世乎手長御世登堅磐尓常磐尓齋比
奉茂御世尓幸閇奉故皇吾睦神漏伎命神
漏弥命登皇御孫命能宇豆乃幣帛乎稱辞

竟奉久登宣

座摩（ヰカスリ）能御巫辞竟奉皇神等能前尓白久生（イク）
井栄（サク）井津長井阿須波婆比支登御名者白
弖辞竟奉者皇神乃敷（シキマス）坐下都磐根尓宮柱
太知立高天原尓千木高知弖皇御孫命瑞
乃御舎仕奉弖天御蔭日御蔭登隠坐弖四方
國乎安國登平久知食須故皇御孫命能宇

座乃幣帛乎稱辞竟奉久登宣

豆乃幣帛乎稱辭竟奉久登宣
御門乃御巫乃辭竟奉皇神等能前尓白久
櫛磐間門命豐磐間門命登御名者白豆辭
竟奉者四方能御門尓湯都磐村能如久塞
坐豆朝者御門開奉夕者御門閉奉豆踈布留
物能自下往者下乎守自上往者上乎守夜
乃守日能守尓守奉故皇御孫命能宇豆乃

幣帛乎稱辭竟奉久登宣
生嶋乃御巫能稱辭竟奉皇神等能前尓白久
生國足國登御名者白弖稱辭竟奉者皇神能
敷坐嶋能八十嶋者谷蟆能狹度極塩沫乃
留限狹國者廣久峻國者平久嶋乃八十嶋
墮事无久皇神等寄志奉故皇御孫命乃宇
豆乃幣帛乎稱辭竟奉久登宣

辞別伊勢尓坐天照太御神乃太前尓白久
皇神能見霽志坐四方國者天能壁立極國
能退立限青雲能靄極白雲能向伏限青海
原者棹柁不干舟艫能至留極大海原尓舟
満都都氣弖自陸往道者荷緒結堅弖磐根
木根履佐久弥弖馬爪至留限長道无間久
立都都氣弖狭國者廣久峻國者平久遠國

者八十綛打挂弖引寄如事皇大御神能前
寄志奉良波荷前者皇大御神能前尓如横山
打積置弖残乎波平聞看又皇御孫命御世乎
長御世登堅磐尓常磐尓斎比奉茂御世尓
幸閇奉故皇吾睦神漏伎命神漏弥命登鵜
自物頸根衝抜弖皇御孫命能宇豆乃幣帛
乎称辞竟奉久登宣

御県尓坐皇神等能前尓白久高市葛木十

御縣尓坐皇神等能前尓白久高市葛木十
市志貴山邊曽布登御名者白弖此六御縣
尓生出甘菜辛菜乎持参来弖皇御孫命能
長御膳能遠御膳登聞食故皇御孫命能宇
豆乃幣帛乎稱辞竟奉久登宣
山能口坐皇神等能前尓白久飛鳥石寸忍
坂長谷畝火耳无登御名者白弖遠山近山

二十二

尓生立流大木小木乎本末打切弖持参来
弖皇御孫命能瑞乃御舎仕奉弖天御蔭日
御蔭登隠坐弖四方國乎安國登平久知食
須我故皇御孫命乃宇豆乃幣帛乎稱辞竟奉
久登宣
水分生皇神等乃前尓白久吉野宇陁都祁
葛木登御名者白弖辞竟奉者皇神等依志
奉牟奥都御年乎八束穂能伊加志穂尓依志

奉牟奥都御年乎八束穂能伊加志穂尓依
志奉者皇神等尓初穂者頴尓母汁尓母甕閉高
知甕腹満雙弖称辞竟奉弖遺乎波皇御孫命
乃朝御食夕御食能加牟加比尓長御食能
遠御食登赤丹穂尓聞食故皇御孫命能宇
豆乃幣帛乎称辞竟奉久登諸聞食止宣
辞別忌部能弱肩尓太襁取挂天持由麻波

利仕奉幣帛乎神主祝部等受賜弖事不
過捧持奉登宣

大殿祭

高天原尓神留坐須皇親神魯企神魯美之
命以弖皇御孫之命乎天津高御座尓坐弖
天津璽乃劔鏡乎捧持賜天言寿古語云許止保企言
寿詞如今寿觴之詞宣志久皇我宇都御子皇御孫之命
此能天津高御座尓坐弖天津日嗣乎万千

壽觴之詞宣久皇我宇都御子皇御孫之命

卌能天津高御座尓坐弖天津日嗣乎万千(ヨロツチ)
秋(アキ)能長秋(ナカアキ)尓大八洲豊葦原瑞穂(ミツホ)之國乎安
國止平氣(久)所知食登古語尓志(呂志女須)言寄(コトヨサシ)奉賜(ツマツリシテ)比弖
以天津御量(ハカリツ)弖事問之磐根木能立知草乃能
岐葉毛言止弖天降利賜比志食國(クニシロシメス)(クニシラス)天下(アメノシタ)登天
津月嗣所知食須皇御孫之命能御殿(オホトノ)乎今(イマ)
奥山能大峡(オホカヒ)(七キ)小峡(ヲカヒ)(七キ)尓立(タチ)留木乎斎部(インヘ)能斎斧(イムヲノ)

乎以弖伐採弖本末乎波山神尓祭弖中間乎
持出来弖斎鉏乎以弖斎柱立天皇御孫之
命乃天之御翳日之御翳止造奉仕礼流瑞之
御殿古語云阿良可汝屋船命尓天津奇護言乎古語
云久須志伊波比許登以弖言寿鎮白久此乃敷坐大
宮地底津磐根能極美下津綱根古語番鼠之類謂之
綱根波府虫乃禍无久高天原波青雲能靄久極
美天能血垂飛鳥能禍无久掘堅多柱桁梁

美天能血垂飛鳥能禍无久堀竪多留柱桁梁
戸牖能錯比古語云伎伽比動鳴事无久引結幣留葛
目能緩比取葺計留草乃噪岐古語云蘇々伎无久御
床都比能佐夜伎夜女乃伊須々伎伊豆都志伎事无
久平氣久安久奉護留神御名乎白久屋船久
遅命是木靈也屋船豊宇氣姫命是稻靈也俗詞宇賀
能美多麻今世産屋以辟木束稻置於戸邊乃以米散屋中之類也御名乎波奉

稱利皇御孫命能御世乎堅磐常磐尓奉護
利五十橿御世乃足良志御世尓田永能御世
止奉福尓依弖齋玉作等我持齋波利持淨麻波
利造仕礼畱瑞八尺瓊能御吹乃五百都御統
能玉尓明和幣古語云尓伎弖曜和幣乎附氣弖齋部
宿祢其我弱肩尓太襷取懸弖言壽伎鎮奉
事能漏落武事乎波神直日命大直日命聞直
志見直志平良氣安良氣所知食登白

事能漏落事波神直日命大直日命聞直

志見直志平良氣安良氣所知食登白

詞別白久大宮賣命登御名乎申事波皇御

孫命乃同殿能裏尓塞坐豆參入罷出人能

選比所知志神等能伊須呂許比阿礼比坐

乎言直志和志古語云夜波志坐豆皇御孫命朝乃

御膳夕能御膳供奉流比礼懸伴緒乎手躓

足躓古語云麻我比不令爲豆親王諸王諸臣百官

二十六

人等乎己亦〻不令在邪意穢心无久宮進
進米宮勤〻弖之米咎過在乎波見直志聞直坐
弖平良氣久安良氣久令仕奉坐尓依弖大宮賣
命止御名乎稱辞竟奉久登白

御門祭

櫛磐牖豊磐牖命登御名乎申事波四方内
外御門尓如湯津磐村久塞坐弖四方四角
与疎備荒備来武天能麻我都比登云神乃

外衛門尓如湯津磐村久塞坐弖四方四角

与利疎備荒備来武天能麻我都比登云神乃

言武悪事尓古語麻我許登桐麻自許利桐口會食イ賜事无

久自上往波上護利自下往波下護利待防

掃却言排坐弖朝波開門夕波閉門弖参入

罷出人名乎問所知志咎過在乎波神直備大

直備尓見直聞直坐弖平良久氣安良久氣令奉仕

賜故尓豊磐牖命櫛磐牖命登御名乎稱辞

二十七

竟奉久止白

六月晦大祓　十二月准此

集侍親王諸王諸臣百官人等諸聞食止宣

天皇朝庭尓仕奉留比礼挂伴男手襁挂伴

男靫負伴男釼佩伴男伴男乃八十伴男乎

始氐官々尓仕奉留人等能過犯計雜々罪

乎今年六月晦之大祓尓祓給比清賜事乎

諸聞食止宣

今年六月晦之大祓尓祓給比清賜事乎

諸聞食止宣

高天原尓神留坐皇親神漏岐神漏美乃命

以弖八百万神等乎神集ヽ賜比神議ヽ賜

弖我皇御孫之命波豊葦原乃水穂之國乎

安國止平久知食止事依奉岐如此依志

奉志國中尓荒振神等乎波神問志尓問志賜神

掃ヽ賜比弖語問志磐根樹立草之垣葉乎毛語

二十八

止弖天之磐座放天之八重雲乎伊頭乃千
別尓千別弖天降依左志奉支如此久依左志奉
志四方之國中尓大倭日高見之國乎安國
定奉弖下津磐根尓宮柱太敷立高天原尓
千木高知弖皇御孫之命乃美頭乃御舎仕
奉弖天之御蔭日之御蔭止隠坐弖安國止
平氣久所知食武國中尓成出武天之益人等
我過犯氣雑々罪事波天津罪止畔放溝埋

我過犯氣牟雜々罪事波天津罪止畔放溝埋
樋放頻蒔串刺生剥逆剥屎戸許々太久乃
罪乎天津罪止法別氣氐國津罪止波生膚断死
膚断白人胡久美己母犯罪己子犯罪母与
子犯罪子与母犯罪畜犯罪昆虫乃災高津
神乃災高津鳥災畜仆志蠱物為罪許々太
久乃罪出武如此出波天津宮事以氐大中（師不讀）

二十九

従天津金木乎本打切末打断氐千座置座
尓置足波志天津菅曽乎本苅断末苅切氐八
針尓取辟氐天津祝詞乃太祝詞事乎宣礼
如此久乃良波天津神波天磐門乎押披（オシヒラキ）氐天之
八重雲乎伊頭乃千別尓千別氐所聞食武
國津神波高山之末短山末尓上坐氐高山
之伊恵理短山之伊恵理乎撥別氐所聞食
武如此所聞食氐皇御孫之命乃朝廷乎始

哉 如此所聞食弖波 已今私不讀 皇御孫之命乃朝庭乎始
弖天下四方國尓波罪止云布罪波不在止科
戸之風乃天之八重雲乎吹放事之如久朝
之御霧夕之御霧乎朝風夕風乃吹掃事之
如大津邊尓居大舡乎舳解放艫解放弖大
海原尓押放事之如久彼方之繁木本乎焼
鎌乃敏鎌以弖打掃事之如久遺罪波不在

止秡賜給比清給事乎高山短山之末与利佐
久那太理尓落多支津速川能瀬坐瀬織津比
咩止云神大海原尓持出奈武如此持出往波
荒塩之塩乃八百道乃八塩道之塩乃八百
會尓座須速開都咩止云神持可々呑弖牟如
此久可々呑弖波氣吹戸坐須氣吹戸主止云
神根國（五字師本無）底之國尓氣吹放弖牟如此久氣吹放
弖根國底之國尓坐須速佐須良比咩登云神

彼根國底之國尓坐速佐須良比咩登云神
持佐須良比失弖如此久失弖波天皇我朝庭
尓仕奉留官〻人等乎始弖天下四方波自
今日始弖罪止云布罪波不在止高天原尓
耳振立聞物止馬牽立弖今年六月晦日夕
日之降乃大祓尓祓給比清給事乎諸聞食
止宣四國卜部等大川道尓持退出弖祓却

上
宣東文忌寸部獻横刀時呪　西文部准此

謹請皇天上帝三極大君日月星辰八方諸
神司命司籍左東王父右西王母五方五帝
四時四氣捧以祿人請除禍災捧以金刀請
延帝祚呪曰東至扶桑西至虞淵南至炎光
北至弱水千城百國精治万歳々々々々　卅二字イナ

鎮火祭

高天原尓神留坐皇親神漏岐神漏美能命

鎮火祭

高天原尓神留坐皇親神漏義神漏美能命
持弖皇御孫命波豊葦原能水穂國乎安國
止平久所知食止天下所寄奉志時尓事寄
奉志天都詞太詞事乎以弖申久神伊佐奈
伎伊佐奈美能命妹妋二柱嫁継給弖國能
八十國嶋能八十嶋乎生給比八百万神等
乎生給比麻奈弟子尓火結神生給弖美保

三十二

止被燒弖石隱坐弖夜七日晝七日吾奈乎見
給比曽吾奈妹乃命止申給比支此七日尓波
不足弖隱坐事奇止弖見所行須時火乎生給
弖御保止乎所燒坐支如是時尓吾名妹能
命能吾乎見給布奈止申乎吾乎見阿波多
志給比津止申給弖吾名妹乃命波上津國
乎所知食倍志吾波下津國乎所知牟止申弖石
隱給弖与美津枚坂尓至坐弖所思食久吾

隠給弖与美津枚坂尓至坐弖所思食久吾
名妹命能所知食上津國尓心悪子乎生置
弖来奴止宣弖返坐弖更生子水神瓠川菜埴
山姫四種物乎生給弖此能心悪子能心荒
比波留水瓠埴山姫川菜乎持弖鎮奉礼止事教
悟給支依此弖稱辞竟奉者皇御孫乃朝庭
尓御心一速比給止波志為弖進物波明妙照

妙和妙荒妙五色物乎備奉弖青海原尓住
物者鰭廣物鰭狭物奥津海菜邊津海菜尓
至万弖御酒者甕邊高知甕腹満雙弖和稲
荒稲尓至万弖如横山置高成弖天津祝詞
乃太祝詞事以弖稱辭竟奉久止申

道饗祭

高天之原尓事始弖皇御孫之命止稱辭竟

高天之原尓事始弖皇御孫之命止稱辞竟

奉大八衢尓湯津磐村之如久塞坐皇神等
之前尓申久八衢比古八衢比賣久那斗止
御名者申弖辞竟奉久波根國底國与里麁備疎
備来物尓相率相口會事無弖下行者下乎
守利上往者上乎守利夜之守日之守尓守
奉齋奉礼止進幣帛者明妙照妙和妙荒妙備
奉御酒者甕邊高知甕腹滿雙弖汁尓母穎尓母

三十四

山野尓住物者毛能和物毛乃荒物青海原
尓住物者鰭乃廣物鰭狭物奥津海菜邊津
海菜尓至万弖横山之如久置足弖進宇
豆之幣帛乎平氣久聞食弖八衢尓湯津磐村
之如久塞坐弖皇御孫命乎堅磐尓常磐尓
齋奉茂御世尓幸閇奉給止申又親王王等
臣等百官人等天下公民尓至万弖平久齋

合部神官天津祝詞乃太祝詞事乎以弖稱

臣等百官人等天下公民尓至万弖尓平久齋

給部止神官天津祝詞乃太祝詞事乎以弖稱
辞竟奉止申

大嘗祭

集侍神主祝部等諸聞食登宣
高天原尓神留坐皇睦神漏伎神漏弥命以
天天社國社登敷坐流皇神等前尓白久今
年十一月中卯日尓天都御食能長御食乃

三十五

遠御食止皇御孫命乃大嘗聞食牟為故尓
皇神等相宇豆乃比奉豆堅磐尓常磐尓齋
比奉利茂御世尓幸閇奉牟尓依志豆千秋五百
秋尓平久安久聞食豆豊明尓明坐牟皇御
孫乃宇豆乃幣帛乎明妙照妙和妙荒妙尓
備奉豆朝日豊栄登尓稱辞竟奉久乎諸聞食
登宣

事別忌部乃弱肩尓太襁取挂弖持由麻波
利仕奉礼畄幣帛乎神主祝部等請弖事不落
捧持弖奉登宣
鎮御魂齋戸祭 中宮春宮齋戸祭亦同
高天之原尓神畄坐須皇親神漏岐神漏美
乃命乎以弖皇孫之命波豊葦原乃水穂國
乎安國止定奉弖下津磐根尓宮柱太敷立

高天之原尓千木高知弖天之御蔭日之御
蔭止稱辭竟弖奉御衣波上下備奉弖宇豆
幣帛波明妙照妙和妙荒妙五色物御酒波
甕邊高知甕腹滿雙弖山野物波甘菜辛菜
青海原物波鰭廣物鰭狭物奥津海菜邊津
海菜尓至万弖尓雜物乎如横山置高成弖獻
留宇豆幣帛乎安幣帛能足幣帛尓平久聞

食弖皇我良朝庭乎常磐尓堅磐尓齋奉茂御
世尓幸奉給弖自此十二月始来十二月尓
至万弖平久御坐所令御坐給止今年十二
月其月齋比鎮奉止申

伊勢太神宮
二月祈年六月十二月月次祭

天皇我御命以弖度會乃宇治乃五十鈴川

三十七

上乃下津石根尓稱辞竟奉流皇大神能大
前尓申久常毛進流二月祈年月次祭唯以（六月〻次之）
辞相大幣帛乎其官位姓名乎為使天令捧（撥）
持弖進給布御命乎申給久止申
豊受宮
天皇我御命以弖度會乃山田原乃下津石
根尓稱辞竟奉流豊受皇神。前尓申久常毛進

流
二月祈年月次祭唯以六月大幣帛乎集（月次之辞相換）
官位姓名乎為使天令捧持弖進給布御命
乎申給止久申
四月神衣祭九月准此
度會乃宇治五十鈴川上尓大宮柱太敷立
天高天原尓千木高知天稱辞竟奉留天照
坐皇太神乃大前尓申久脹織麻續乃人等

乃常毛奉仕留和妙荒妙乃織乃御衣乎進

事乎申給止申荒祭宮尓毛如是申天進止宣

祢宜内人稱唯

六月月次祭十二月准此

度會乃宇治五十鈴乃川上尓大宮柱太敷

立天高天原尓比木高知天稱辭竟奉留天

照坐皇太神乃大前尓申進留天津祝詞乃

太祝詞乎神主部物忌等諸聞食止宣祢宜内人

等共稱唯天皇我御命尓生御壽乎手長乃御壽

止湯津如磐村常磐堅磐尓伊賀志御世尓

幸倍給比阿礼坐皇子等乎恵給比百官人

等天下四方國乃百姓尓至万天長平久作食

留五穀乎豊尓令栄給比護恵比幸給止三

郡國々處々尓御調絲由貴乃御酒御贄乎

如海山置足成天大中臣太玉串尓隠侍天
今年六月十七日乃朝日乃豊栄登尓稱申
乎神主部物忌等諸聞食止宣 神主部共稱唯 荒祭
宮月讀宮尓毛如是久申進止宣 神主部亦稱唯
九月神嘗祭
皇御孫御命以伊勢能度會五十鈴河上尓
稱辞竟奉流天照坐皇大神乃太前尓申給

久常毛進流九月之神嘗能大幣帛乎其官
其位其王中臣其官其位其姓名乎為使天
忌部弱肩尓太襁取懸持（モチイヽ）齋波利令捧持弖進
給布御命乎申給止久申
豊受宮同祭
天皇我御命以弖度會乃山田原尓稱辭竟
奉流皇神前尓申給久常毛進留九月之神

四十

嘗能太幣帛乎其宮其位其主中臣其宮其
位其姓名乎為使弖忌部弱肩尒太襁取懸
持斎波利令捧持弖進給布御命乎申給久止申
同神嘗祭
度會乃宇治乃五十鈴乃川上尒大宮柱太
敷立天高天原尒比木高知天稱辭竟奉留
天照坐皇太神乃大前尒申進留天津祝詞

乃太祝詞乎神主部物忌等諸聞食止宣祢宜
内人等共稱唯天皇我御命尓坐御壽乎手長乃御
壽止湯津如磐村常磐堅磐尓伊賀志御世
尓幸倍給比阿礼坐皇子等乎毛惠給比百官
人等天下四方國乃百姓尓至万天長平久護
惠比幸給止三郡國々處々尓寄奉礼留神戸人
等乃常毛進留由紀能御酒御贄懸税千税

余五百税乎如横山久置足成天大中臣太
玉串乎隠侍天今年九月十七日朝日豊栄
登尓天津祝詞乃太祝詞辞乎称申事乎神
主部物忌等諸聞食止宣 祢宜内人等称唯 荒祭宮
月読宮毛如此久申進止宣 神主部共称唯
斎内親王奉入時
進神嘗幣詞申畢次昂申立辞別弖申給久

久今進流齋内親王波依恒例弖三年齋比

清麻波利弖御杖代止定弖進給事波皇御孫之

尊乎天地日月止共尓堅磐尓平氣久安久御

座坐志米武止御杖代止進給布御命乎大中臣

茂桙中取持弖恐美恐美毛申給久止申

遷奉大神宮祝詞豊受宮准此

皇御孫能御命乎以皇大御神乃太前尓申

給久常川例尓依豆七年尓一遍比大宮新
仕奉豆雜御裝束物五十四種神寶廿一種
乎餝備天秡清賣持忌波理豆預供奉辨官其
位姓名乎差使豆進給狀乎申給久止申
還却崇神
高天之原尓神留坐天事始給志神漏岐神
漏美能命以豆天之高市尓八百万神等乎
神集尓集給比神議尓議給豆我皇御孫之尊波

神集々給比神議々給弖我皇御孫之尊波
豊葦原乃水穂之國乎安國止平久氣所知食
止天之磐座放弖天之八重雲乎伊頭之千
別支千別弖天降所寄奉志時尓誰神乎先
進波水穂國乃荒振神等乎神攘々平止氣武
神議々給時尓諸神等皆量申久天穂日之
命乎遣而平止氣武申支是以天降遣時尓此

神波返言不申支次遣志健三熊之命毛隨
父事豆返言不申又遣志天若彦毛返言不
申豆高津鳥殃尓依豆立處豆身亡支是以
天津神乃御言以豆更量給豆經津主命健
雷命二柱神等乎天降給比豆荒振神等乎神
攘々給比神和々給豆語問志磐根樹立草
之片葉毛語止豆皇御孫之尊乎天降寄

奉支如此久天降所寄奉志四方之國中止
大倭日高見之國乎安國止定奉弖下津磐
根尓宮柱太敷立高天之原尓千木高知弖
天之御蔭日之御蔭止仕奉弖安國止平氣久
所知食武皇御孫之尊乃天御舎（ミアラカ）之内尓坐
須皇神等波荒備（アラヒ）給比健備（タケヒ）給比健給事无
志高天之原尓始志事乎神奈我良毛所知食弖

神直日大直日尓直志給比弖自此地波四方
乎見霽山川能清地尓遷出坐弖吾地止宇
須波伎坐世止進幣帛者明妙照妙和妙荒妙尓
備奉弖見明物止鏡翫物止玉射放物止弓
矢打断物止太刀馳出物止御馬御酒者甕
戸高知甕腹満雙弖米尓毛頴尓毛山住物者毛
乃和物毛乃荒物大野原尓生物者甘菜辛
菜青海原尓住物者鰭廣物鰭狭物奥津海

菜青海原尓住物者鰭廣物鰭狭物奥津海
菜邊津海菜尓至万弖尓横山之如久八物尓
置所足弖奉留宇豆之幣帛乎皇神等乃御
心毛明尓安幣帛能足幣帛止平久聞食弖
祟給比健備給事无巳弖山川乃廣久清地尓
遷出坐弖神奈我良鎮坐世止稱辭竟奉止申
遣唐使時奉幣

四十五

皇御孫尊乃御命以弖住吉尓辞竟奉留皇
神等前尓申賜久大唐使遣止佐牟為尓依船
居无弖播磨國与理船乗止為弖使者遣止佐牟
所念行間尓皇神命以弖船居波吾作止牟教
悟給支比教悟給比那我良船居作給部礼波悦
己嘉志美礼代乃幣帛乎官位姓名尓令捧賫
弖進奉久止申

出雲國造神賀詞　出雲国造者穂日命之後也

出雲國造神賀詞
出雲国造者穂日命之後也

八十日日波在止毛今日能生日能足日尓出雲國乃國造姓名恐美恐美毛申賜久掛麻久毛恐支明御神止大八嶋國所知食須天皇命乃手長能大御世止齋止（若後齋時者加後字）為弖出雲國乃青垣山内尓下津石根尓宮柱太知立高天原尓千木高知坐須伊射那伎乃日

四十六

真名子加夫呂伎熊野大神櫛御氣野命國
作坐志大穴持命二柱神乎始天百八十六
社坐皇神等乎某甲我弱肩尓太襷挂天伊
都幣乃緒結天乃美賀秘冠利天伊豆乃真屋
尓麁草乎伊豆乃席登苅敷天伊都閉黒益
之天乃甕和尓斎許母利志都宮尓忌静米仕
奉天朝日乃豊栄登尓伊波比乃返事能神

賀吉詞奏賜波久止奏高天乃神王高御魂神
魂命乃皇御孫命尓天下大八嶋國乎事避
奉之時出雲臣等我遠神天穂比命乎國體
見尓遣時尓天乃八重雲乎押別天天翔國
翔天下乎見廻天返事申給久豊葦原能
水穂國波晝波如五月蠅水沸支夜波如火
瓮光神在利石根木立青水沫毛事向天荒

國在祢利然毛鎭平天皇御孫命尓安國止
平久所知坐之米牟止申豆己命兒天夷鳥命尓
布都怒志命乎副天天降遣天荒布留神等乎
撥平氣國作之大神乎毛媚鎭天大八嶋國現
事顯事令事避支乃大穴持命乃申給久皇
御孫命乃静坐牟大倭國申天己命和魂乎
八咫鏡尓取託天倭大物主櫛𤭖玉命止名

乎稱天大御和乃神奈備尓坐己命乃御子
阿遅須伎高孫根乃命乃御魂乎葛木乃鴨
能神奈備尓坐事代主命能御魂乎宇奈提
尓坐賀夜奈流美命能御魂乎飛鳥乃神奈
備尓坐天皇孫命能近守神登貢置天八百
丹杵築宮尓静坐支是尓親神魯伎神魯美
乃命宜久汝天穗比命波天皇命能手長大

四十八

御世乎堅石尓常石尓伊波比奉伊賀志乃
御世尓佐伎波閇奉登仰賜志次乃隨尓供
齋若後齋（有加後字）時仕奉丘朝日能豊榮登尓神乃
禮自臣能禮自登御禱能神賀獻良久（登）奏白玉
能大御白髪坐赤玉能御阿加良毗坐青玉
乃水江玉乃行相尓明御神登大八嶋國所
知食天皇命能手長大御世乎御横刀廣尓

誅堅米白御馬能前足爪後足爪踏立事波
大宮能内外御門柱乎上津石根尓踏堅米
下津石根尓踏凝立振立流耳能弥高尓天
下乎所知食牟事志大米白鵠能生御調能
玩物登倭文能大御心毛多親尓彼方古川
岸此方古川岸尓生立若水沼間能弥若
叡尓御若叡坐須濯振遠止美乃水乃弥

乎知尓御表知坐麻蘓比能大御鏡乃面乎
意志波留加志天見行事能己登久明御神乃大
八嶋國乎天地月月等共尓安久平久知行
牟事能志大米止御禱神宝乎擎持弖神礼
自臣礼自恐美恐美毛天津次能神賀吉詞白
賜久登奏須

延喜式巻第八

延長五年十二月廿六日

従五位下行左大史臣阿刀宿祢

従五位上行勘解由次官兼大外記紀伊権介臣伴宿祢

従四位上神祇伯臣大中臣朝臣

大納言正三位兼行民部卿臣藤原朝臣

左大臣正二位兼行左近衛大将皇太子傅臣藤原朝臣

天文十一年二月廿日以南本見合之畢

此一冊唯神院兼右御真筆也
殊被加家點者也輙不許他見
敢莫出閫外矣
元文二年丁巳仲夏日耀
従二位侍従卜部兼雄

五十一

昭和廿一年十月六 受入
6265

昭和廿一年十月六日受入
6265
五十二

藤波家本　壽詞文

中臣秘書

壽詞文

祭主親定勤仕

現御神止大八嶋所知食須大倭根
子天皇我御前尓天神乃壽詞遠稱
辭定奉止長久申須高天原尓神留須皇
親神漏伎神漏美乃命於持天八百
万乃神等於神集メ賜天皇孫尊波
高天原仁事始天豊葦原乃瑞穂乃
國於安國止平久所知食天天都日

飼乃天都高御食尓御座天天都膳
於長御膳乃遠御膳止千秋乃五百
秋尓瑞穂於平久安久由庭尓所知
食尓事依志奉天天降坐之後尓中
臣乃遠都神天児屋根命止皇御尊
乃御前尓奉仕天天忍雲根神於天
乃二上尓奉上天神漏岐神漏美命乃
御前尓受給利申尓皇御孫尊乃

御膳都水波宇都志國乃水於天津
水夜立奉止申利事教給仁志天忍雲
根乃神天乃浮雲仁乗天天乃二上
仁奉上坐天神漏岐神漏美乃前仁
受給申波皇御孫尊乃天乃玉櫛於
事依奉天此玉櫛於刺立自夕月至
朝日照天天都詔刀乃太刀言於告
礼如此告波麻知波弱韮仁由都五

百篁生出牟自其天下天天乃八井
出牟此於持天天津水止所聞食止
事依奉波利此依奉志任任仁所聞
食須由庭乃臨穂於四方乃国乃卜
部等大地仁卜事乎持天奉悠紀近
江国甲賀郡主基仁丹後国水上郡
於斎定天物部乃人等酒造児酒波
粉走灰焼薪樵相作稲實公等大嘗

會乃齋場尓持齋利參來天今年
十一月乃中都卯日由志理伊都志
理持恐利弥世青麻波利仁奉仕利
月内仁日時於撰定天獻留悠紀主
基乃御膳里木白木乃大御酒於大
倭根子天皇我天都御膳乃長御膳
遠御膳斗知仁毛實仁毛赤丹乃穗仁毛所
聞食須豊明尓御座毛天都社國津

社稷辭定奉留皇神等母千秋五百
秋乃相嘗尓相宇豆乃奉利堅磐常
磐仁齋奉天伊賀志御世尓榮志奉
利自天仁元年始天与天地月共仁
照志明志御坐事仁本末傾茂檜
乃中執持天奉仁留中臣祭主正四
位上行神祇大副大中臣親定加壽
詞於稷辭定奉止申天申久天皇朝

廷尓奉仕親王諸王諸臣百官人等
天下四方國乃百姓諸集侍利見食
倍尊食倍歡食倍聞食倍天皇朝廷
仁茂世仁八桑枝乃如久立榮奉仕
留倍伎
禱事於恐美恐美毛申給波久申
私記
壽詞奉者祭主以黄紙書也於大
極殿讀近之從三家不被書下之

于時應永八年辛巳十一月三日書寫畢

日本紀鈔

日本紀鈔上　　大納言入道作抄

天部　天ノウキハシ　天岩座二　天サキリ　アラシノカセ　八平ヤ　天岩戸　天八重雲

地部　ヤヘシマ　ウナ原十　ミトモロハシルタ十二　ウナテ十三　イシノイチ　ゐノ池　天ノタツ

十五天村合田　ヒムロ十六　ハタムツモノ　タツナ由　アシワノ原　シヲノコロ嶋廿　ヨミナ　天香山、

ソモノミチ　イサラミツ　草部　サロシキ　天香山　イシツツノ　吉昊木　コノモト

サノカキノ　五ツカツラ　卅イホツヽタカムラ　廿一トコニツ　廿三タチノハナ　神部　書日見尊云

尊　大日孁貴　月夜見尊　素戔烏尊　河ノクトチ　長髄彦　四十[illegible]神

四十一瓊ニケス快　大己貴神　味耜高彦根神　事代主神　タチノ神　猨田彦大神

タテヌイ神　天ツミカ星　井光神　二尺五十　ハヤヒノ尊　天ヒワレノ尊五十一　ホノスソリノ尊五十二　ミチ

ミキノ神　シハツノシ　ソコツヽノシ　ミクラスミノ神　ウスメ　トカノカトノヘノ尊　イ

ハサクノ神ナカチハノ神ワツヒノ神アキクヒノ神タチカラシノ神天カミ
ノ命ツノクヒノ神カミコ子ノ命ハアカル玉ノ神ウケノミタマノ神御神
ナキサハメノ命アマノヨサツラワカムスヒウケシノモトミムロノシカノ神
一言主神クミイナタヒメミツハノヒメハニ山ヒメシキツミミヒメタコリヒメ
タキツヒメイスミヒメ玉依姫カアミツヒメイハナカヒメトヨ玉ヒメミシツヒメ
タクハタチヽヒメ下照姫人歡トリトリニスラシヒルコハミロノクミハヘイ
ワカムリトモカキウカラヤカラカツイロハタシメイノチタカヒメ
カヤノヒメカマハタスソヒチシモメシモイロ子イナセハキミシツノ翁
カナクミミシコノシチツチクモ天ノムラキミイヌ人ヤツツキアーシ
人クサカコ勢手力雄スカルソトヲリヒメワタモリミタマフリ

大ミヤワラハ（石廿七）ヤツコノマヘニ天瓊天ノウキハシ是ハ世ノ始天地開ミテ
時イザナキイザナミノ尊此ウキハシノ上ニ立玉テコトニ云ホコヲモテサグ
リシコヲ以テ青海ヲサグリエ玉タリケリホコヨリシタヽリ落ナリタ
ルシホノコロ嶋トニイザナギイザナミト云タリノ二神此嶋ニ降テミトノマクハ
ヒトテ以テ萬国ヲ生玉フ是日本ノ始也天ノイワクラ是ハ天ノ岩天降ル
所天岩ヲ押開玉フ也天ノサキリ是ギリ也イザナギイザナミノ尊所
天サギリ中始天下ト云コメハ国ヲサグリ玉ヒケリアマミノカセ是ハ織ニ
此凡世皇尊ト云神ノイサミ玉ヘケル時イノリ玉舟ヲ凡合タヲヒケリ
ハヤチ是ハトキ風也ホノスソノ角也海ヲ玉フ時海ノフカセ凡也天ノ岩戸
天ノハ是モ天ノ羨天降玉フ時押開玉ヘモ也地瓊ヤヘノクマ

彦ハ海シニモ此海底海ノ神ノ宮ニハ八尋ノタニシヘタテ一タリ慶太子ノ為ニ海宮ニ
玉ノ豊玉姫ト神ノ妻トシテ給ケル時海神ミケルヤラ返ラセ給タリ上ヤヘ
タマシヲワスレ玉フナトナン申ケル彦ハウナ原是ハ海ノ事ミトシロ彦火
作給田云之神功皇后中后ミトシロシ作給ケル時中河ノ多ノ五トシミ
ツケ給ヒ給ケルニウナテシホリテ一二トロキシカニ玉ノ子ヲケルニ大ナル
石ミソニフタキテホル才カタカリケレハキサキ神イノリ申給ケレハ在今トキ
ヒテイハシサキテケリソノ田シハサクタメウナテトソ云ケルウナテトハミ
ソシ云之ハ云也又彦ハ海宮之大和武尊東征相模国之走水へ
ワタリ給ケルニ海浪タカクテ船アヤウカリシニ大和武ノ尊ノ妻弟
橘姫吾ハ命ケル抗風吹浪タカキハ海神ノイカレルナリ我ハ神ノ為海ニ入へ
シトテ此海ノ令ナハイケントテ海ニ入ケリサテ浪ヤミニ気モヨリ吾カシハル多ト

権女ニ仰テ ハ祈ル ハ ヒケルチリ 予ハ我カ防祈ニ
冬ニ至ツテ氷ル所ヲ命シテイケントモ云テ掘入ケリ サテ後ヤニ氷ヲ見ヨリ出シハル冬ト
云ウナテ〇屯田ニカヽルヽ事ソ云フミトコロノ處ニテ為リ ナシイケトリ池〇
是ハ仁徳天皇御此門親ヲ此葬セサセケルニクニワニト云人此逆叛
アリケルニ天蒼王ト云反久ヘリニテ此門ハ此狼ハ久フカサリケルヲ神功
皇后トキサキヘクニカスルヲカト石云シ作セシルシノマワミウチカヘコニ
和美池者池作セ年マツリシハ后ミソナハシテムツカレ心ケシカケテ池ヲ
作ラ見名ツメタルトソ天ノ乞タ〇是ハ茨良鳥者作ル由之旬流月合ヤ
ケリ是ヨリ二天照太神此田ツコナハムトシケリ 天封合田〇是ハ天照太神
此田之日テリニモヤケス旬モ不流サリケリ 水室〇昔仁徳天皇ノ御時
大中臣義文子申人アリシカケルトキ山セシ見ルニハ野中ニ異アリシリ大山
守ト云人ニ石ハセケリシハ氷ヲサメ名室ハ中ニシハイカミカニサムル上宮

ケレハスミキシカリテ雲ニ乗シキテ天ツヒトヘ登リテ下シキタ掛シハ焼ナ
シモキヘスト申ケルハツキテ心又ハセヌケリハタケツモノ是ハ多ト
ミナスニタナツモノモハ田トミナスニアシウナハラモハ海トミナスニイサキ首
天ツキハミシエ天ノ五穀カキヌニアシウノ京シサクリ利リシノコロニ一花ノイ
サナキ苗ホコニツクタマリテ飛路ナリ日本始ニヨミナ是ハヨミノクニ
トミナスニ天ノカコ山モハ天照大神養蚕着ヲアミキ事ニムツカリ奉天ノ岩
戸ニ籠ル時ニ日ヲ中ニ有闇ナリ其時ニ天ノ見屋根ノ命ノ御取ヲ高山ニ御中非
天カコ山ノイホツノ見ヲ末ヲ子コモキテニ抜ヤサカ玉ナイホツノミスマ
ルシテ見ル付中ニ抜テ又ノカカミニ見シテ総下抜毛ニキシテモテニイノリ崇時キ
天照大神面白カリヌルナリケリ是中ニ始モソトモノ面モハ山陰ミナシ
モハ面ヲ見ル付ル御ハ
イサラ多　茅木動サツミキ
善景ヨリ天ヨリ申レハツウモノタカタノ安シロケルハ名也名也名也木シテアリケル

イサラ爲。是ハ爲ス何ノ所カ爲ル也 草木繁。サワニシキ處、タラシタラシ木シゲリ

草景ヲ天ニ覆ヘルハツクミノカクノ字シアシケル時、タラシタラシ木アリケリ

其ハ木長九百ナ丈之内ハ四方ノ木ヲ行トモ尽キハヒケル火燭ノ前中ナラコ乗

タ又キ三テ作首ヲ己ルハサリシ時ハ鶏ノ月ノ光キヲ鳴ト云鳴シ カクシテ久ヘノ月

アヲツイ山ト云山カクシテ作キ長十余丈ル天ノカコ山ニツノ大堅木ヲハ

天照大神天岩戸ニカクレ給テ國内暗ク園シ時タチアツマリテ宣ヲハ

カリホトニ天コヤネノ尊ト云神天ノ香山ノイホツノマサカキヲネコシニ抜テサカ

マノイホツノミスマル玉ツケ中枝ニ八咫ノ鏡ツケテ下枝ニ青ニキテシラニキテヲ掛テ

ネセ祈ル又天ノタスキ爲ト作テ手ニマキノホコヲ取テ天カコ山ノマサカキヲカツラ

ウミシテヒカケタスキシテホトコロヤキウケフミトカミカムカリス天照

大神是キコシメシテアシ原中国闇ナラント思テ天ノウスメノ爲ロ

ラヒサカエルハ何ソト思テ御手ヲホソメニ岩戸ヲ開時タチカラヲノ神取

年八柳葉中臣鎌足ノ御迎リヘ十八シリ臣申ケル詠又逢
ヘマスルタナカレ国々国ノヨミアルヘキ詠ナリト申テ詠ノ御タチ飛ジメサ
ノシノ飛テ詠テカミシメキテソ罷ジアカヒケリコノモトクサノカキハ云
本本草ノカキハトニスルル葛アル原中国天孝イエタ天降ニシ玉ヒ
コリコ何本ノ草ノ葦カキハ倉ミコトケリユツカツラ毛ハアルヘラ中国ニ
天飛孝上申御門茨雄名ホコイホツノ行ムラ毛ハ孝失ニ布児誓
云御ワタツウミノツラミシワセシミシホツノシキナト云翁黒櫛ヲ取ナテ
ケヤリレシシツノ櫛シイシツタ行林ナリニケリツノ行タ取テコシメシ
翁ノセタテニツテ御前ノ草ヤリトコテツモニ扇松ヲ云ヘ
タチ八十モ友臣天工マト申ル門尺千ノ家モ何タチ花井ノウチジ
チケリツノ此門ハナシタチ花トシ申ケルニシイタトリト云草ヲモテ決証ニ
尊ヲ才モ世世始テリニ天地始開名中ナアトニノツノ多ミタルアナル地ノ有ケリツ

チケリツノ氏門ハナシタチ花トツ申ケルニノイタトリト云草ヲ生シテ泥之
葦牙ヲ生セシ世始ニリ二天地始開名中アヒニノツノクミ名ルナル抱ノ有ケリツ
レカ神ニナリタリケルシ国常立尊トモ常立尊ヲ世ノ始神之大日
孁貴ヲ日神也イサナキイサナミノ尊議ノ草木山河海国ナシトシ然
ぬテ以日神生セ世手ヲ照シ天ノ授天アカめテ上リ天照大神ト申シ
月弓尊是二神日神生めテ次月夜見尊也めサノシノ尊是二神
蛭児生めテ次ニ無神生め也カクトチ尊火ノ神也二此神生めテ
シテ御ナリニシ又御サニシ又トハニシ二給シタニ素戔嗚尊神武天ニアヒタ
タカラ御也當見カヽヤク御蝿ニテ大御ヲ生ス尊皇霊尊氏然天尊シ
古ツトヘテ此ニ京中国不名ノ光カヽヤク御サハヘナス神ヲ尊ニハラヘト
ノめニヤ之大日貴神ヲ生シアニ京中国ヲ之皇孫云神中国ニ在テめス
ミニノ尊彦根ヲ以御天子彦ト云神ヲ之天子彦死シテカヘシシソラ

ヘモ千テノホリケリ是ヲ神ツラミノホリテ天ノ妻シトフラヒケルニ天
ノ妻ノ方ホ形似此ニ分一ヒタリケルニ依テ天ノ妻ノ父母妻子此神ヲトリ
カヽリテワカコハマダシナズシテケリトテナゲキケレハ死タル人ニ我ヲハイカニミ
タカフルゾト云テ大ニイカッテ又キモヤシキリタヲケリヤトハミタル人ノアルヤナリ
事代主神者大己貴此ノ子之モロタ船ニ乗テヘタリ牛ナトノ此是ハ大己貴
此ハ高皇産霊尊ノ中国ヘツカハシタル使之フツヌシノ神在之ヘ之
神之猿田彦大神者天照大神孫子天ツ彦々天降リ玉之時在之
神之タテヌイノ神者高皇産霊尊天目一箇神タテヌイトセラル之天ツ
ミカ皇産ハ名アフキ神之井ヒカリノ神者此武天皇吉野ニ至マシマス
河井ノ内ヨリ出テ光アリテ尾アリテナムトナンアリシヤニキハヤヒノ命者神武天
皇天ノ岩座ヲ捍開テ世ニ下シマセル時天ノ岩船ニ乗テアマクダリ下ル名神之天ノ
ヲ教高ヽ命モハ高皇産霊此エフスリナラハセサセサセタマヒケリ　ノスタ

寛天ノ岩屋ヲ拝併世本ニ弐ヌ所天岩戸ヲ示ス下名シテ天ノ
随雅為令モ、為皇ヲ為嵯エフスリナラクタセサセタマヘケリ淡ノ久タ
為モ、天ツ尊此子ニ令ヒキノ岐モ、イサナキノ尊ノミツシナケタマヘル
カミヒキノ神奴モ久ツナナリ ワハツミノシツコツミノシモ四年
花ノ小戸ノミナンコミ秋テミナハワカヤミイテ井ル神也 大倉主神
モ、中哀天皇中門観ミユキシタマヘル時山カシカミヲシカノウ
ラトテ云泉ヘ入タマヒキ崗ハクラカテアトヒ ハクマワニトラ人ヒトワセタマヒカ
ハ岡浦ノ千尋ヒコ崎ヒメ崎トテ神有男シ大倉主申ス崎太九十
ハ申セシハカチトリシ召悟奈セタマヘシ丹ハタラキケリ 細女命モ
天照太神天ツ尊天降マシシ時ソハタテ上ヘツラセタマヒル神也 モテニカトハ為
モ、カセノ神也 イハサシノ神ヒ天ノ河ノカタハラニミシマス神也 モ石磐
神モ イサナキノ為常ニトキニ出ケタマヘケリ ソノシヒケ孫ナリトテケリ

シヒノナニ之ワツラヒノ神ト云ハイサナキノ尊ノキタマヘル衣ヲヌキテナケ
ヤリ給ヒシハワツラヒノ神ナシ之ニケル也衣ノ名之アキクヒノ神ト云ハイサ
ナキノ神キタマヘル八カマシナケ給ヒシハアキクヒノ神ナリケリ綾ノ
名之手力雄神ト云ハ天照太神ソサノヲノ尊ヲ忌キラセ給シニ
ツカリテ天岩戸ニ入籠給ハ世ノ中闇テ国中暮ヤミニ之ケレハ天下ノ
思念神中ノ神心カシコク多ハカリアル神ト手力雄神ヲシテ天岩戸ノ傍ニ立
岩戸ノ前ニ若ヲモチテナキニ八為シナカサマノ口ヲ之ケレハヤハラホソ
天照太神岩戸ヲ
メニ開テテラシケル処手力雄神ソテヲ引アケ奉ケリ赤ミ之ニテ
リ天鏡尊ト云ハ世始神之国常立尊生給ヘルトソ角樴神ト云ハ世ノ
始ノ神ニ七代ノ内之惶根尊ト云ハ世ノ始ノ神ト羽明玉尊ト云ハソサノヲノ尊ニ
其神之倉稲魂ウケノミタマノ命ト云ハイサナミノ尊ノ飢シテ八世ヲ生給ヘル神
ワタツウミノ命ト云ハイサナミノ命生給ヘル神之ナキサハ又ノ…ナキサ

[illegible]
神云倉稲魂ウケノミタマノ命トハイザナミノ尊ノ飢テハセ給ヘル時生給ル神也
ワタツウミノ命トハイザナミノ命ノ生給ヘル海神也ナキサハメノ命トハイサナキ
ミノ尊ノウセ給ヘル時イサナキノ尊ノカナシミヒナキ給ケルナミタノ落テ神ト成ケ
ルニテナキサハメノ命トモ申天吉葛トハイサナミノ尊生給ル神也稚産靈
ト云ハ火神カクツチト土神ハニヤス山姫ト申神トヲメシテウマセ給ル神也此神
ヒタイニカイコトクワトナリホソノ中ニ五クサノタナツモノナリ（畝丘樹下神）ウ子ヲノコノ
モトニ居ナキサハメト云神ハウ子ヲシキノモトニ坐給ヘリウ子ヲモ名ル木之ヌモマシ
カノ神ニ三諸岳ノ神ハ雄（雄）略天皇ト申ル御門ノ御時スカルト云人ハチカラツヨカリ
ケリケレハ御門仰セ給ケルヤウ三諸ノ岳ノ神ノカタチキハメテユカシク思食ス
力人ニスキタリ汝カリテトラヘテ井サテキナンヤト仰セ給ケレハ蜾
又トテ大ナル蛇ヲトラヘテ御門ニミセタテマツリケレハ御門キヨマハラスメミ
タマヘ大タリケルニ御目光カヽヤキケレハ御門ハシテ目カクシヌテリケレ御

イカツイチニテ有条ナレ ヒトコト主ノ神ハ雄略天皇ト申カツラ
山カリシ玉ヘルニモ劣キ人智来テ其ツラヘ多キケリ其アヤシミ給ボメ
向出（会）ハ御名ヲ問ヘ先ツ名ノ者ヲ問ト云ヘハ御ツ名ヲ奏シ玉ヘハ我ハ一言
主神ヘトナン云ケル御カリニテ式神御ト者共遊ケリクシイナ名メ
是ハ色図ニ神ムスヽメソサノヲノ尊ノ妻ナリ父ハアシナツチト云母ヲバテナ
ツチト云ヤニタノシロチトヰクチナシ式クイナダ姫吞ミントシ給ヘハソサノ
ヲノ尊タチソノクチナハヲキリ給ヘリサテソサノヲノ尊クシイナダ姫ヲ
妻ニコメテエツノ此ニ給フ妻ニテ妻ニテ給ヘリミハノヒメ是イサナキイサナミ
ノ尊ノ神生給ソノ此ノ御ハノ姫申ハミ山姫是ハイサナミノ尊生給
（同）ち神也シキツヒコミメイケソサノヲノ世ノ世ヘル卯也多リヒメ（田心姫）タキツヒメ
是天照大神ノ御キ給ヘルイキノ神也ニ給ヘル干幡姫是ハ神ノ
天又ナリ玉依姫是彦火々出見尊ノ御メトヨタマヒメノシトヽワタツミ

是天照大神ノ子キタルイキノ神ト云ルニナリ給姫是ハワタツミノ神ノ
スメナリ玉依姫是彦火々出見尊ノ御メトナリ給姫ノシトワタツミノ
ノ神ノヲトムスメ也カアシツヒメ是ハ天ツ彦ノ孫也イワナカ姫ハカアシヒメ
ノアネトヨタマヒメ海神ムスメ也彦火々出見尊ノツリハリウシナヒテ海神ノ
宮ニ至テコトカタリメシ給フ海神ムスメ也三穗津姫是ハ高皇産霊
尊ノクナトノ神ト云神合セ給ヒメナリ又タクハタチヒメ是ハ高皇産霊尊ノ
ノムスメ也天照大神ノ子ノ妻也下照姫是天稚彦ノ妻也高皇産霊尊天ツ
彦々火々瓊々杵尊中比ツホ千之代ニ天稚彦ト云神ヲ葦原中国ヘ
キミミナサントシホメ是天稚彦ハ伏ツカハシテ国タヒラケサセ給ニ
天稚彦アシハラ中国ニ留下照姫ヲメシテ返ヲ不申依ニ皇産霊尊
名雉ツカハシテ見セ給キ天稚彦門ニ上タリテ一ノ矢ヲヱツノカツラノ
木末ニシリソノトキニ天サクメト云天稚彦ニツゲルヤウ悪鳥キテシリ

ト申ナ□ハ天若彦高皇産霊尊ノタヒタリシ天カコ弓天ノハヽヤシテ雉ヲ
イテコロシツソノヤキシノムネコヘリトヲリテタカミムスヒノ御マヘニ至ル尊付給ヲ
ソノヤシミ玉ハヤハ我昔天若彦ニタマヒシヤ也トテヤニチツキタリケレハ高皇産
霊尊此ウラシメシ給シテケル抛回ホトタカヒケルナメ利トシ給シテヤシテナ
ケノ多之胸ニ立ツノヤシチテ天若彦ノカタムネサキ高国死ケリ是世ノ
人返ヤイムトテ云事ノ娘之ソノメ下照ヒメナキカナシフ音天ニキコヘケリ其
時天国玉ト号神ソノコヘヲ聞テ天若彦死タリシ知テハヤ風ヲヤリテカハネヲ
天ヘ取ノ上セテリ鳥ヲシテハキリサテモトシ雀ヲハ舂メトシケリカヤノキシハ
ナキメトシケリ葬ノ終コノコトモミツカヒケリ人殺トリ如此葬仁天王ト
此人此子ノ父年此并ヒケハヤツコニテモコトモナントノヤフミタマイナキテイ
カミモ袖ノタモトハサリテニハ此コイミシクナケキ給ケルホトニソラ
ヒトヒワタリケル兄カ此ハナニ国トソ此ヲタリテソ此イミシク此ノ

カミモ神ノ父ニハサリテハ此ノイミシクタケキ神ケルホトニツ□ソラ
トニワタリケル兄カミハ此ニ為トソ云ヌタリケリ此イミシク云ヌ
ナル我ニコソ神ハノ父ニヒツヒ九シトラヘテ事ニ人シカナト作マケシハ
人アリテナル為トラヘテ相為本イミシク慎ザセ奉テ為人性シハ為
兄トナシヌ為中ニスラシ兄男シテイサナキイサナミノ為シノコ為天
降サセ付始マスラシニ私ヌケリ蛭児ニ神始合ソメヌ此蛭児セシテ
アシノ舟ニ乗流サセサリ此子教入メ流ヌケリ三年迄足立サリケリハ
シロイニウシ兄千カラツコソコハシテ為子有人名シクヤケシミコトニシタ
カハテ有為本此切字ヌケリ其右ヌ為本日此凡カサシ便シ
トシタリ為本ソコノ名ミカトナシ尤ル人カムリ我人ノ名之景所夫之中
此之総因凡筆ヌ附我人カシモチテタスキトシテ白ハ二クリツ十二スミメ今
ヒラセタリケリ此ホメヌサフラオホトモトアレフタメヌケリトモカキ兄朋友云

事之ミミ〔〕せる彦根帳ニ坐作天若彦ト人帳ニ坐カキ之ウカラヤカラ悉ニ
人コトニトハ父天稚彦父之天若彦之宮ニテナケシロヒめつや喪死ぬ時
香彦ウカラヤカラシナキテハチリカソイロハ父之母ヲシカ父之イロハト
云母之ヌシヤメ見ヘワカ君之ノハチモイサキイサニノ若国シヤ一傍
ヤシトセぬ若木ノシヤニセぬ香彦シクノ木ト云ニ多カヒメ紫仁天之申出ぬ無
人ヲ哀セント云死リケルミミメワル己ケ返ヲもケル名香彦死ケルを見ヨリ
香彦ノ婦シヤノ姫生ぬ人ヲ云之[illegible]カミハ多悉ニ玉仁天之申出ぬカニトニ云
香彦ヲシヤノ姫生ぬ人ヲ云之カミハ多悉ニ玉仁天之申出ぬカニトニ云
ぬケリ府ナホムも如多末人申ケルやつ無回吉女作名カミハタト申ヲ女し詠
つホコシトリチ祈ノ手ケル抵我若女アハ之し有ノ出ケル時ワ中ナル大ナルカ又
ぬ来ケリホコシヘ香方猶之ぬ流しハ白キ石ぬケリ吉キ注し
白めせサせぬケしハミコ猶せ行ケリ一角カ見ハ字仁天王ぬ
〔〕

於テ来ニケリ。ホコシヘテ[illegible]拾タツ[illegible]ヒ[illegible]ハ白キ石ニ如ケリ。吉事注シ[illegible]カニハ
召メセサセ給ケレハ、ミコシ出サセ給ケリ。一角カアリ。幸侯王[illegible]ノ
此時七月ニ、タイエニトミ云者、チカラツヨキ人有ケル。ツノシスシリケリ人ニ神
ケル抗和斗チカラツヨキ人ナシト云ケレハ、ワカ国ヘ只合作ラル抗カニ合セ
ツヘカラシ人シカナト作ヒケル。出雲国ハ、ノミト人チカラツヨキアリ。此ノ
ソモシ召テ至ル。チカラツヨキ人合セ給ケレハ、ノミトス人タイエニチカラ人ノコシシ
フミシ折ケリ。依テタイエカヘリケル国ヲ、ノミニロミタヒニケリ。當田名ツ
コレ御トナイヘル。又モノ節ハ召シリ始ル也。チシモエシモモ庚[illegible]高
此時ニスメトノ第二姫ノ腹ニ子生ニセ玉チシモエシモツケ出之。チシハ又ノトヨノ上
シモハエラハイロ子ヲ召レハ、アニチトミル。タハ之ケカミシモニコウ、イナセハキモ大
己英此[illegible]代ニ此[illegible]伏ヤリシモノ名[illegible]木ツニノ召給[illegible]庚[illegible]尺
者敬ヘ[illegible]此非宾やりシ人ニカナタク乏カチナリ者[illegible]宾[illegible]者

アモヒトノ神トテ神ガチミシ給ケリ。コノシケモノ、イサナミノ尊ノ子也
カサノミサキトテ云處ニ天降マシマス。此ニテ國ヲアヒ求ケル人ニツチノ毛ヲ神
武天皇ヲ号。髄處ニ折ノ時ニナカシハリノコトテ處ニツチノ毛トテ云柤有名ケ
ムクロハシカヾクシテ手足ナカシ、内ニシカヒ在サリケレハ、イクサ上シツ
カワシテクスノアミシツクリテシホヒテコロシテケリ。天ノムラキミ是ハ
天照大神ノ天村君ヲサメテ天ノサナタト云田ニ始テ稲ヲオサメ給人ノ稲也
内門ノツカハセ給ハヤトリツカサト云柤之處ヲ寮、為ニ舎ホミツ玉ソ取ノスリノ
寄セタメテ、アヲオホラシテ給シ寄ル大人トツ寄在ラシトナカヒニ
ムソハヤトリノ始也。ヤツカシト云舐ト云ハ也ハ八十連属也。子孫八十代ニテ
ト云ハ之處史ニ給ヘル為ホノスソリヒ為シセタメ給ミ付ワヒテヤツカヒ君ノ
イ又ノ人トメマソノツキニテ寄ラシトナカヒ給ケリ。アシヒトクサ君生
之タミシ云之名姓ハカコ多手毛ハフナユトテ云之ハ任施天子申ル皆子

ケイスヘトメヤソノツキニテ穿ラシトチカヒケリ。アマシヒトクサ蒼生
支タミツ云之石姓之カコ多手毛ハフナユトイフ之仁徳天皇ノ御子
韓ト云人ハ唐国ニ在ルヲ内門ニ内使ヲ遣テ召ケルシメミ返シニミツカストテカハチノ回天
人ナ人ヲカコミシテフチシコカセケリシムチメ蒔菜ヌシ、メトイフ蠶之允恭天王ト
申内門クサカヘノミコトイモトシ、ハツセノミコトニアハセントテコヒ給ケレハ
ワカイモトシオムスメノ叔ゾヘ、トリコヒ給イミシキコトナリトイフケリ蜾蠃スカル云脚毛
人ノ名之雄略天皇御時ニ后ゴカヒセサセ給ハントテスカルシメシテ
コモトメテエニヒラセヨトアリケレハアカコシ求ホソ井テエニヒリメリ給ケレハ内ワ
ラハセ給テシノ子トモシスカルニタヒテヤシナハセ玉ヘトイヘリ。ソノ子孫ノサウシハチ井
サコハノムラシトナンイフケリ。栲幡姫皇女允恭天皇ノ皇女ニ御門居ソトナリ
架秋雨皇勝手香キヌスゴリハタイトシリテ見ケレハ、ワトシリ姫云ニ内門ソ
トシ形見ニメシケレトアチノ后シホサ…ハ、カリテエニヒラサリシハ内門

作ルツトミ人ニシ白作ミシケルヤフモノトシリ姫シメイテキタラハタ
ニムモノアリツタセントアリケレハイカツシケル和キスノ中ニタヒモノシカシ
シテソイトシリ姫カ私ニ入テニヒラセカヘトラケレハ君心ニハイカニテヤフランシ
又ヒテヒラシトラケレハイカツカイケルヤウムナシク返リテヒリテシホヤケニツミ
セラレテヒラセンモ同シテ七月ニ中ニツミシテ抱クロスタノマセケレトノニスミテヒソカニ
兎中ニカテソクヒテアリケレハソトシリ姫ツイニヒリテ内ニシホエイミシク有ケリ
内ニ思ヒシテヒラセテ有リ桑ニ内門ニシ召セサリケレハソトシリヒメ奇ナシヨミケリ我セコ
カクヘキヨヒナリサカニノクモアルミヒカタテ也ルシモワタリモ其後船人ニ祭後ニ擲
渡守ハヒカル也著ウチワカイラツコ申ケル人ハ東ノ家ニシハシミミヒケルシ大臣
彦ト為申人ハ代ウチノ家コロシテ重代伝ニ付カントテイノサシテウチ泊ノ
ウタリノケルニ浅東ノ家是シカ子テキニテヒソカニヌノキスシ淳渡守

日本紀鈔下

雜部　地名

百サミ
ヒトロ　天鳥船　ハニワ　ウクノハ　カクノアアク

サノ宝　イツノタカヒ　ミワ　百廿二　チノリノユキ　ユツノツマクシ　トツカ

ノタチ　ムヒノカ子　モロタ船　ヒヒカタチ　クサナキノツルキ

ホムヒ　オホアトロ　ウナヤ　百四十一　チハタ　タカハタ　天ノ　アハヒラ　ナミツ

サヤタチ　ナミツノコノカミア　ヒホアツノタマ　ヒホヒルタマ　ミカユノ

ヤサキ　ソヒウ　百五十　イツノサノタチ　ナツモノ　ハエキタノタテ　ヤナ　ミユ

カソカ二三尺ニヒヒキチ　アツユカ　マヒサヒラカ　イツセハニヘ　アヘノ

ヒリ　ヒラテ　百六十　イタヤクヒ　ヒヒサホ　天岩船　ソラ名　名

□ヤヘノタヽア　チイロノタクノナハ　カケワナ　タフサキ　天カ
ナ□□百八ハヽヤ　オホチ　ミチ　ウツヘチ　スンアチ　ホロヒチ
シトロヘチ　ヤツメノカフラ　アヱノイハエキ　イツノカトモ　百十天ノハヽラ
天ノハヽヤ　アラヒ　ツルヘ　玉ノミリ　ミナヒカヽミ　ヤヘアヲフヒカキ　栄
ムヘ　フタミクフ子　ミリ　ヌリテ　百九十一ヒラタミ　天ノハエキリノツルキ　ウツメ
カラ　サキノ公氏　イホツノイハムラ　カシアノアカツラ　チヒキノイホ
天ノトホユ　二百イナタキアツラ　八咫カヽミ　青ニキテ　アセナハ　ツホカアリ
トラノハリ　ヒサユナハ　トツラカイヒロ　二百九ツム　品所名　二百十ハタトノ
ヲトノアハキノハラ　岩戸ノトワキ　タカトノ　イチユノシカ　モスノアヽハラ
アシノサキ　タカチナシノミ子　イスノ河上　菊邦家　二百三十天ノヤチ上ヽ　□

タカトノタカヒキヒメカキヨモツノニナラヤヽトヨアキツシニイトアハオホス
ヤス国クスハハシノカ 二百三十 詞 二百三十一 ヤツカホメクノシモロヒトワナツノワヽシクノサカヘシ
アヲキ神サリニシヌアトノミツリウイ 河石天皇大ト 二百四十一 アカツミヤヒトヨカクノニ
采女サツルムヘナフイーシキナキナリワヒヤサカアワサツキヽムカモミラアヌキ
二百五十 アメナフ心ヤソサミヤワシイサナアナミヘヤサカホカシクヒミウナケル玉
ニヤナアキヲシメス人メテモミフニウナタシクル 二百六十 ムツミカニアミツヒツキヲメ
ケルウヒタシキカナヒキミカナフイヤケマイサヨシイサケキツノモノ
イヤミヒミツルシメリノタス 二百七十 ツクラチカウスアエリイホカウヘシキエミキ
ミソナ友タコシスウナウヒシヤシメツノマタツフヒナルカヤシリト
少哭アツナシ 二百八十 ミカタチ
鳥獣魚虫 二百八十一 以ミナハセ名ヲナシノ

ヤヽアヱキ　シロシカ　アユ　タチサケニス　ナフツカア　カラスハ

二百九十
カサリクシ　ナクシカモイメシアハセノテンニ　アタラフシノムニリチ　ミツノナキ

ハタモノヒロモノ　ハタノセハモノ　天ノフチコニ　アチノ桜　アカメ　クチメ　三百 ヤイロ

ノワニ　オヲニ　カメ　金ノ文トヒ　サチモチノ沖　三百五 ヤタチカラス

物名　ヒトロ　是ハ儀子ッラニイルカノ大臣トラフ人ヲアヒカリケレハコロメ

庭ニシキテ毎ノフリケレハヒトロヨオホヒテ罵リメリケリ　天鳥ノ船 蓋

ミムスヒノ番大ニ考ス非作ラ名ニ冊之色ゴリ以ッ船之　ハニワ　埴輪是ハツケニテ

人ノ死ルノ地ニ死チリテ作ツカヤノウ人ニ立タルヲラ之古ノ人ハ死ル付ハ生タル人ヲ徴シメニ埋ケ

リシヲ垂仁ノ世ニ以テ門ヲアニトテカクハカヘテヌケリ　ウクハ　是ハサカツキ

ヲヨミ昔景行天皇筑紫ヘツハシニメイークハノ村トラ云地ヘ○ニケルニ以テ尉

天ノ人ノ益ワスレタリケリ彼ノソコシハウリノ木ト云ニ路ケル氣業ノ人ザカシ
キシハウクハト云之カクノア香菓是ヲリタ物ト云之垂仁天王ノ時ツタ田
千ノ二ホリト云人〔道間守〕ニ古ニ無キヲ国ツカハシテメツラシキカクノアワ取ツカハ
シケシハツウセヌテ後ニカクノアヤカチヨモテキタリケリヲ中ニアル
タチ花ト云物之者ヲ国トハ蓬莱之ミクサノタカラ三種宝是ニカ
リ玉ヤタノカヽアクサナキツルキ此ミクサノタカラハ天ニ孫天降ニシ時
祖父ニ高アムスヒノ尊ヲ寄セヌシ物ト云之イツノチカラ稜威高鞆是天
照太神此高トモシテカケテ箭取カタメ居アハ尊ノヤフニフアテソノミノ若
セメヌ之トモトハ弓イル時ウテクル物之ミワ神酒是ハ神ニ奉ル酒也
申奉ミワスト云之チノリノチユキ千箭靭也靭是ヤシナスチサシ

名ハヤナクヒコト云人ノ矢ヲ指負テ地之ソサノヲノ尊所ニ来ル大河トヽロ
キ山路ヲ来上ケレハソサノヲノ尊ノツアシクメソラニ昇トキヌニ我セナノ尊ノ昇
ハ吾弟ノ思アラシ我国ヲ心ニ取ラントスルナメリトテアクレシツアケウアツラニユ
ヒヌヒシラニツヒテ袴キヌヒソヒラニチノリノユキシオヒメヽムキニイツノタカ
トモシカケテフルヒ立テソサノヲノ尊ヲ下ニリ四跪ツミ蹴テ申セリ我アヽキヲナヒア
タツ等尺トテニヒリタルナリソヒラト云ハセナカヲ云ムキトハヒチヲ云ニライ
ルシリテニカクルモノナリ〈ユツノテクシ。湯津爪櫛。是ハソサノヲノ尊
ヅヒ出雲国ニ至ツテ御時国ツ神ノ女クシイナタ姫ト云ヲ娶ニ及ニ尾マツニリメテルシ
ロチノニシトヒケレハソサノヲノア、ユトクヽシ井ナタ姫ヲユツノツマクシトナシ
手我以蔵サシメケリ〈トツカツルキ。十握剣。是ハイサナキノミ

ハキツメル大刀也トツカトハトニキリト云也昔イサナミノ尊火神ヲ生マカレテウ
セ給ケレハイサナキノ尊イカリハラタチテ此トツカノツルキヲヌキ火神ヲ三
段ニ切給ケルソ火神ノカクトモトナシ云ケル　ムレノカ令叢金氏山ノ
クロカ令也ムレトハ山也　モロタメ給是モロテノ給ト云々タマフアスヒノ尊スヘ
ア孫ツクタレタテニツリテアレ原中国シラセ年トテヒノハヤヒトヲ神フ
ツ王神フタリ神ツ先アレ原中国ヘツカハレ給モフタリノ神本色国立
ナ小汀ニ十握大刀ヲ又キテ地ニ立其サキニ居テ大己貴神ニ問テ云ツ云アム
スヒノ尊天孫ヲ下シ給ハンテ此中国ニ立ラ給ハンスルニヨテ先ツ我等二人神ツ
カハシテ掃ニ来也給ヘサセハサリニテラシセニスル前イカントヽヒケレハ大己貴神申
サレハ我子ニ問テ返事申サントテ云ソノ時大己貴神ノ子ノ代主命国ヲサリノ

并キニアソヒテツリシケリ　サテ此姓モロツメ船イナセハキトラヘ人ヲ代
シ并舟ハヌキリニツルヘヒトヲケリ　我海中ニアラワレカキシツクリ
テ船路セラレケリ　ヒシカタチ　是チサトカツラ之玄仁天王ノ御時辰旨
神入ミツ傾ケラントシケリ　クサナキノ剣キ昭シ物是　甲ムシ鎗石
是石名之景ノ天シ御時飛葉アユキシタケルニ豊之国ノ山中ニツチクモト
ヲフ人アリケリ　チカラツヨクテミツ作シタカハサリケレハミツ是ヲコロサント
作テクサヒヲシテシハシケル石大キル石長六丈廣サ
三丈厚一丈サキ石ナシアリケルミツ其石ニ向ノ給ヒ投ケツチモニタカ
ヒ勝ナラハ此石ヲ蹴ケアケントノ給ヒテ次ニアケテケリ給ヘハ石カシハノ葉ノ如ク
テ空ニアカリケリ　サテツチクモ打ヌテケリ　才木アトコ　大床子　是ヲ工カ

ヲモミ大庫之ウナヤ檻是ハコメテノセタムルチイサキヲリニソツヒテ
トモ人新也国使ヒコメテ殺ケリ。千ハタ千繒ソメカハタ是ハ神印宮
斥戸斥侍ワメラヒ神祭ケル時ヒチハタカンハタヲ琴カミラ琴尾ニ
ヲキテ武内宿祢子キ申セシケリ天アハミラ天柱是ハイサナキイサナアノ
菱比程フメリメメクリ牧会ソメシケリナミツノサヤノタチナミツマノカア
是ハクシメラノ岡人ハツ年大刀鏡之ミホアツ玉ミホヒル玉鳴しかねニカ
コノヤサキ真床訶鉄是ハ矢之海信天之ツカメキシ杼シハントテア
ツノニウラトモ人ハ業作シ之ソヒラ背是セナカヤイツクサノタナツモ五穀也
如是ハヘキリ大刀ソサノヲノ蛇ヲ切ヤヤナ是ハ石ヲトルヤナリテユカノフスマ
真床覆衾是ハ高ムスヒノ皇孫ニホヒヌケルフスマ也ニイ

ミツノ上ヲカメ作テ天ツヒラテ天手ノ抉イツセニヘ厳瓮ニ尤タクノヒリ天手
抉○是ヲアクサ物ヲ以テ物祭ルウツハ物ノ神武天王ノ長髄彦ヲ打ントスル時
大和国ニキノ村ト云ニ於テヤソノタケル軍サアリ又メカシハリノ村ニアカヽネ
ノヤソノタケル帥アリテ皆以ツヨフセキ守トスル時ニ以ツテ是ヲ嘆キ玉フ
夕ニイノル夜夢ニ天照大神告テ云ヤフ天香山ノツチヲ取テヒケイ
ツセハニヘ天タクノヒリ八十枚ツクリテ天神地祇ヲ祭シンノツカラハラハレナントミ
夢サメテ後天カコ山ノハニヲ取ラントスルニ於ケルニ敵キノ軍モ路ヲ塞トシルヘキ
ヤフモナカリケルヲヒイタツヒイコトミヘセヒキ又ヲキセミノ笠キセテ翁ガツ
ツクリシトウケヒトミヘアソフキセテ女ガツクリテニ人ツカハシタリ其ハ長
髄彦ノイクサトモアテ皆アニニノ物サニヤトミテ皆フセクヘナカリケリ物思
山ノハニヲ取テミノサノ物作テ天神地祇ヲ祭給ケレハ道臣長髄彦ヲ打給ケリ○ヒラテ

○菜盤○是ハ神祭ル時ニ皇孫菜ヲ以テ使スト云キカイフリタル上ハ梁鳥長ヲ

山ノハニシ取テミソサシ〇作テ天神地祇ヲ祭ルナケレハ〇長鶏云人ヲ祈ナケリ　ヒラ手

〇葉盤〇是ハ神物祭ル時之皇器ニ以使トシキカイフリタル上ハ八咫烏長鳴テ

ヒラテ枚ニクテヒ物ヲ入テ祭ケリ此鳥ハ天照大神ノ下シツカハシテ神武天王ノ

先ヘツカハシケル）イクメヤソノ〇鳴矢〇是ハアフミ矢ヲシ之）神武天王長スネ彦ノ

タメカヒ給フ時神武天王ノ方イークサイーツセノ命ヒチ手ニ流矢之）中リ給フ

神武天王以手之）ヒイサコ〇椎櫓〇是ハイーメツクリメルサコ）アユイハフ子〇天

磐船〇是ハソラフ子之）ニキハヤヒノ命乗テ天下リシ舟之）シフ子〇小舟〇是ハ

千ヒサキ船之）クロクヒ〇玄櫛〇是ハクヒノ名之）云炭火ニヤク人兵ツリハリ先ニ

カキ海ヲ〇シハシテ立ヤスラヒ給テヒトリノ翁ニ給袋中ヨリクロキクシヲ

取出テナケヽレハイホツノ竹ムラニ成ケリモ竹取テカタマヲ作テ

カマシノ世ニツリテ海ヘ入ヌケレハ海ノ神ノ許ヘ至リ給ケリ）ヤエノタヽミ〇八重

席〇是ハ炭火ニ包入兵海神ノ許ヘ至リ給フ時シキテスヱシテニツ入リシ

又ハアヤリ　チイロノタクナハ　千尋栲縄ト云是ハ高ミムスヒノ神大己貴ノ神ニ云ヘシス
ミノ宮作ラセタマフ時千ヒロノタクナハモテアマリシテ作ラセタマフ
カリワナ　羂　是ハ彦火々出見尊ツリハリヲ失海濱ニアリキタマフ時彦
アリテ羂カヽリテタヽシナムシアルヲ見テイトヲシカリテトキハナチタマヘハ
リスナハチ翁ニ成テ失タマフハリヲタツネヘキアリサマヲシヘタテマツ
クリテ又手ニシツメテ　タフサキ　是ハホスソリノ尊ホアツ火カヲシテホ
アチテ死ナントシタマヘハタフサキシテヨトノ彦火々出見尊カウナ
コヒタマヘリソフミシテスリテスサミ成ツカヘテラントマウス　アヌカヌユミ
天鹿児弓　アマノハヽヤ　天羽々矢　ヲ給シミ手　大釣　ミチ　貧釣　ウルケチ　凝騃釣　ホロヒチ
戯釣　シトロヘチ　落薄　スノアチ　踉蹄釣　是ハ彦火々出見尊ホノスソリノ尊ノツリハ
リシカリテツリシ給ケル程ツリハリヲウセミケリホノスソリノ尊イカリテ
セメタマヒケレハ尊彦火々出見尊海神ノ許ニ行ミチメスヘ尊ノ手ヨリツリハリヲ

リシカリテツ之浣ケル後ニツリハリヲ失セミケリホノスソリ尓倉イカリテ
セメ給ケレハ翁哀之教人舟海神ノ所ニクチメラ豊玉ヨリツリハリヲ
求メテ給ヒ給トテ豊アニノ火ノスソリ尓倉ツリハリヲミヨセテノリ給フ事之
ミチミトハニツレキハリトテナ支之ウルケチトハシロカナルツリハリト
云言ルヤヤツメノカフラ　八目鳴鏑　アニノイハユキ　天磐石靫　イツノメカトモ　稜威高鞆
アニノハシエミ　天梓弓　アニノハヤ　天羽々矢　是ハ皆ツハモノノ名也　若尓ミムスヒ尊
ミトコノフスマニシテ天彦ノ国光彦火ミミキノ尊ツミアテ天宮ヨリノ押排テ
下ル。尊ラセ給時天忍日命天穂津大来目トヨリ二人非ツレ給友モセナ
カミシ。セテミトリツヘテ以セ下之アシヒ作ハ是作カツメナトヨリ之
コレニテムマ生ル名ル児ホノシキルセ首天彦ヨリ衆メカアイワツ
姫彦火ミ給ヘムヨヨリ中ニ生給ケルニホノシ竹カミテキリケリツノ
竹ノカツ投ス竹林ケリツル因竹ムトムスメトヨシ姫カメテノ

乃カムツノミニソアリ玉鉾モ玉ツルヘ目ニミヒカタニ元日望闇ヤヘアシフヒカキ
八重蒼石笑嬬　是ハ可代主神作レル也坂手舩泉アリシホヘム莒直此才
ホヤケ年ニエシヲ首仁極天王ノ時ハウチノ宮ニ入テ位ヲ我付ヌト
壊ヌケル經世中ノヲシハセテ三年也ケリト付ア二人ハミエヲモ千
テ内ノ宮ニ千タリケレハ我ハ昨ナンハイオホサキノハ石アリケリ
モ仁極天皇ノナンハニモチテ參リケル時ニエ夜々アサレミケリア
二人エキシ后クルシテナキケレハ云ヲ付人イミケル折アニナレヤ我モノエヘニ
行ナクト天シイシソメケルフタニタフ子　両岐舩　是ハ履中天皇ノ時ニ大ヨ底
京ヌ舩ノミキノ池ニウケテアソヒヌ云ヲ十一月ハ卫キメシケルニサ
カツキニ櫻花チリタリケレハメツラシクシホシテモトメヌケルニ
ナカニヒト云人ハ花ノ來年ケリハ奉ヌケリニテリ鏡　是ノ又ヘ手
迩ヌノ氣茶天皇ノ御宇ハ位ツカミト人ニヒヌケル時ニテツカラ四手

ナカニヒトヲ人付テ花求ヌケリヲツ此ヲケリテニテリ鉞モチ入テ手
位兆ノ先茶天王申ヲツ位ツカヒトノ人ニヒヲケル時ニ依テツヤラ四年
ヲ取入テヲ伴ヲヲ世中人モワヒ申ストク位付ヲアヲヒキハヲ年カセ
ヲハ太子リノヲアフレテタフサニ手ホリテシナントシヲケル時ニ
シトロキテキ入セヲケリヌリテ鐸是ハヤフナル犯乱家
王申ヲノシサナクシハヒケル時ニヤアヱシ破ヲ天王申ヲコロサレテ
媛位付ヲテ媛又カハ子ヲ求ヌケリシリシメリケル人ナカリケレハニ掲リ
サアリテモカハ子ノアリ所近江国ニソシハニセト申ケレハイミシ
ク悦ヒヲテワノ女モナシト召テノヲケルヤフラホシカラン今ヨリ後
ニ伴セトノヲテ人申ヲツカンモトコロセレ案内ツナシツヲナニヌリテ
シハワケテスリテノナラシヨキテノヒシヒカカリニキコヒメサレトナシア
リ先ハ女ニイリテヒキケリシテウスメニ頭躰是衣恭ノ首先茶天

ヱゝアハチノ峰ガカリシヽぬケルニ鹿ヲホフリ出シ旡ニトラヒサリケレハウ
ラヨヒケルニ神ノ久メリニテぬケルヤフアカシノ海ソコニアル白玉ヲ
我ニマツラハ麻ヱテントアリケレハ海人アマヲシメシツトヘテトラセケレト
海フカクシテトルヘキ人ナカリケルニアハノ国長邑ノアマニ人男狭磯
ミケルアマニノヨシナハシツケテ入テミケレハ大ナルアワヒオニ玉アリ
モアリヒシイタキテ出テ海ノ上ニイキタヘテ死ナリヨシニツケルナノ千
カサムシヒロニナンアマリケルアワヒシサキテアケレハ白玉モ有サ子ヲ
ホキサニテアリケリ帝感ケリアマヲシナ時ノ人カナシヒケルアヨヒハ
ハヒカ天ニヘキリツルキ時衆ウムメカラ宝邑船ソサシノ每ノ
ヒケシヌスノ木ナヒム多ノケシヌキテヒノ木ナヒミヒリケハ
マサカリニケノ木ナルカクソノぬハクソクスノ木ウクニツモ
サキハ衣鶺鴒羽神代イホツ公ラ五百箇ヒイサナミ

マキサリニユヘノ木ナルカクノツヘヌハツクノスノ木ウケムツノ也
サニキノ八衣　麁衣羽衣ナリ神代云イホツイハムラ　五百箇盤石　云イサナミノ命ノ
神生テウセ給ヰサナキ命イカリテ大刀ヲヌキテ火神ヲ三段ニキリ給ケル
ニ其ホスノチノナカレテ天ヤスノ河ノホトリノホツノイハムラトナリケリ
是石ヲカンアソ　神衣　云天照太神ノシリ給キヌヤ神ノキヌシラヌアカツキ
黒陽　云イサナキノ命云アカツラナケ給ケルニ野ニ生エヒトラ茸ナリニケリ
アカツラハカシラニ給カツラ　イヅキノイワホ　千引磐石　云ヒトチ人アツテリ
チリ石ヲ　イサナキノ命云石ツテヨミツミラサキテイサナミシラセ給
石ヲ天トホコ　天之瓊矛　云瓊図エトホコ　ヌ玉　イナタキアツラ　髪鬘　是イ
命ニキアツラフトニテ天照太神アツラヤツカニア　八咫鏡
大己貴命　タテナニキ千　青和幣　是アシニキキリシロニキ千トラハ神ヲ
アヽノヨアセナハ　絡縄　是天ノアヘ神ノ田作給時ツナノシノアコト

ノミトリアニキノツマリテ之由云セナハラハヘケリ。ホカフリ　冒是也
カフリノ名也。孝徳天皇ノ時ホカフリト云物アリケリ。クロキ文作タ
リケリ。ソノ冠ウシロニウスハタニシテカサリノクシハ。ソノ形作ニ花形アリケリ
トラノハリ　君針是也。ゴコク剣ヲ老人アリ。君女敦弟ノイタス呪ニケリシニヘ
ハテニ嫉ニ君ハリシテトラセテ是ニテ人ニ病ツクロヘハメテタキ物也トラ
ケルハソノ後ニシケレハ嫉シルアリテ弟ノ人ヘ病ナラリケリ。好志日
此人アリケレハ此国ヲ返ランシケルニ此君来ハリシ取返山ヘ入ニケリ
ヒサユハナ　東髮額　是也。ヒサナキ言里部十余六ホトヒタヒニカミシヲ上ヒタテ
先也。庭梅太子ノ守屋大臣ト云人ト合戦シ給ヒシ時カクノテシハヒケリ。トウラ
外男　是也。ヒトノ人ヲミカイヒロ　張　是也。チヤウシヤラ之。ハシメトノ服也　是也。天
皇大臣ノ文ノ外ナラハヒニス兼ラニ。オトノアラキハシ　ホシ　穂　是也
ナキノ義也。ヘカねヒシ家ノイハトノメハキ　要ハナ傳　此天皇ノ□ワキ世

堅大佛ノ〔…〕ナラハシニス家ヲトノアワキハラ　○ホニ穂石　○是ヲ

ナキノ蓋ヘヲシテ家ヲイハトノヤハキ　○般若ノ傳ニ　○此天竺ノワヽセ亥

タカトヒ是ハタカキウテナ也　仁極天ヨ此タカトノニセアタケニ國ノ

内ケブリタヘサリケレハ民ノマツシキヲセシメリトオホシメシテイカシクナ

ケキタマテミトセカアヒタノミツキヲ民ニユルシタマヘリ後ニ又タカキヤノ

ホリテツラシミケレハ國ノ内ニキヒテケフリナシトタチケレハ我トミタリト

ナン仰ラレケル　○イサシカ　○遠畳也　○是ハ河内國ニモスノアハラ　○百舌鳥耳原

○是ハ昔河内國イスノ原ト云所アサキシツキケルニ人申ニ鹿ハシリ入テキス

モナクテ死ケレハ人アヤシヒテ鹿ノ耳ヲワリモストミエトヒニナリタアケ

鳥ハ耳ヨリ出テサリケリ其ヨリソノ所ヲモスノミヽ原トハ　○遠ホノサキ　○三穂山

○是ハ筑紫ノ卵アツヒテツリシケル〔…〕國ニタカチホリシ

フトヽメケ　○高千穂槵觸峯　○是ハ天ツ〔…〕イスン河上　○五十鈴河上　○是

積穢彦トハ云ハ三家之伊勢ノ御宗ヲタメワツミノ也ヤサレワタツミノアノ也
家也 余家ニ云アリ アマノヤチマタ 天ハ達ノ衢 是也 天彦命天降コシ時
ゆアリテ サチニメニアヒ云ヒシリ也 御鼻七尺也 ナカサナイロアカ
クチヒリアキラカニ天ノ眼ヤメカヽアノコトクテリカヽヤキケリ タカ
トノ椿 是ロウラ也 タカヽキ 蟻 ヒメカヽキ 雉 タカヽキトハタカヽキヽ也
サカキトモハ此ノ字ナリ云々作ケリ コモツクニ 泉津國 是ヨアノ國トヲ云也
ナラヤニ 排羅山 是ハ崇神天皇ノ時武埴安彦ト云人メシトニ人ヘツカメフケ
ヲ云ウシトヒケリ人ワアイクサヲツカワシテフセキ給ケルハソノイクサヲ
サホツフミナラシケルハナラトヲ云也 ヒラサカノ京モ是也 トヨアキツヒニ 豊秋津州
サニ非ス云コト御生ヌ 是日本守也 イトミ河 桃川 是ハ崇神天皇ノ時
武埴安彦人ヲ以カタメフケ云トシケルヲ以イクサツカハメセキ給ケル
ニサ河ノ人ヲサ一人トミヌヘカヒケルハイトミ河トモ云也イツモ河ヲ
[illegible] 大安國 [illegible]

武頂ア義人ヲ切タフケ年シケルニ思ワイクサノツカハスセキ給ケル
二代ノ御ヘタテニ仲ナトミタヽカヒケレハイトミノ下ト云也ライツモノ正ツ
カハ是也才ヤクサスクノ里　大安国
是ハ日本紀ニクスハ麻祥
是ハ崇神天皇ノ時武
埴安彦人トタヽカヒ給ケレハ兵イクサトモニゲテトヒケル褌ヲクソニヒリ
カケタリケレハソノ所ヲ名ツクスハト云也今ノクスハノ里ニキ是也ハシノ台　箸墓
是ハ昔女アリケリオホエノ又ニノ神ト云昔ノ夫ニ嫁スミケルホトニソノ昔夜
ソミキテ命ニ寄スサリケレハ女ノ云ケルヤウヒルハ見給ハヌ子ハカホナントモ不見
又アカラン時ヨクミ奉ラムハヤトモ云ケレハ夫ノ給ケルヤウツトメテクシノ台
ノ中ニ入テイタランヲ見ミ給ベトロクマタカレト云ケルホトニツトメテ箱ヲ
見ケレハウツクシク小ソチナルアリケリ女ヲ見テチサハギケレハクチナハ
人ニ成テ女ヤウ我ハチツルヲツルカクノミミヌ身ニセムトテ見ヘ御諸山
ヘ登ニソヒテサハ女ナゲクホトニ箸ヲヒケル女ノ一ツヘツキトテウセニケリソノ

女嬲ツノミダル云ハシカトミセ也妾女ノ名[illegible]也人事ト云也詞部ヤツ奈
八梔德 ○此ドモヨコノアイイリテヤニキリアル云ウケモチノ中目ノ兎女ノメノヿ
愽發 ○是ハイトシシト云詞也言アムスヒ孫雅ムスヒ等ノ[illegible]シトシホスアル
アリモロコト 衆言 ○此ハ狂人ノ詞ト云ヌ言アムスヒ等アシ云ヘツカハスツカ
ヒノモロヲ伏地也ワクチ 經 ○是ハクヒルト云詞也古人ヒコロストテハクヒリ
コロシケリソレシツハワナキコロストナン云ケリワシク 令明 ○是ハ我カ分明ニ
トミヲ云サロナシ 不祥 ○是ハヨカラストミヲ云アシキヿ 令良 ○是ハヨウモ
ノテイラスルゾ云也首景ヲ天ニアシキ也ヌノコヽニトミフ言ヲハシテシテ
アシキセントシヌケルニ[illegible]ヲアナカツケレハ叱也人サハキテ中ノイノリケレハ
俄キヨシノ[illegible]ヨリ[illegible]ニケリ其ヨリ[illegible]モ[illegible]ト云也ミトノニワマイ
世母合 ○是男女合ト云二中出ヲ嫉之所ノイヒアニワホトトナル 伝[illegible]天皇
○是ハ郡[illegible]非印旨[illegible]年カコトシクテニツリシ詞也[illegible]

世嗣会
○是男女会スルニ非ス此ヲ始之ハイミアニツ木ニトナレ○是尊天皇

○是ハ都也國ニ非ス郡卯白ト孫申孫世ヲ千オカコトシタテニツリシ同也イ
ヒミテ祠也ハノ石並ニ天ツ星ナルトモ春秋アツキタシハカリシヲナ
ノ年テランド申シ也アヤツニヤ　吾妻　○是ハワカツニト同也昔大和武尊
メニシタヒテ上總國ウスヒ坂ニテ玉ヲアヤツニヤトミニ成ノ給ケリメトハ弟
橘姫也コレヨリ上野國アツマノ國ニ人トヨノヤクニ一夜シテ負是ヲトヨホト
ニトミ祠也昔カアシツヒメ巾天ニ辰会一ニ夜ヲ人子生給トシハ天ニ辰
会一夜ノカクノニハウミ給タリトノ給ヒシ之イサツル　泣　○是ナクト云祠之
目ナミノメオヒテナクシヘナフ　自服　○是シルヲシリメリトウケフス
サレイシキナキ　致果　○此ハメクノロハジメトミヨリナリヒテ　民菜　○是ハ丘
トミタナシトツクル宇ニヤサカミ　體ニ被　○是カスルトニ祠也スカメヤス
ルウサキ　徘徊　○此ハ天照大神ノサンシメ宮ニ常シキヲシ給依ムツ

カリテ天岩戸ニコモリヰ玉ヒケリ此時天ウスメノ命トテ神ニホコヲ取テ
其ノ前ニワザヲキシ玉ヒケリワザヲキトハカナデントスルヤウナルコト也カクノ
ヲノコリナリ合カモニヲニヌキ蹈脹此ハ天照大神イハヤ隠カクレ
ニハヲヨクフミ鳴シハモニアイリケリアハユキヲフムカコトクノニニワニア
ヒフミ入玉ヒケリアメチウヱコロ奸隠此ハ盗ミヤクサミネ乎此ハ
ヤム祠之天照太神ハワタカナハスルアリテナヤミ玉ヒケリモシヤソノサ
ミ玉トモヤ飢是ヲ被クワテマウレ玉ヒトラルヽウヘメル祠ヲ和サ
千坐臣此ハハクトラ祠之イサナキ尊イサナミノ尊ヲマツリシテ臣玉ヘ
アナ主ヤ奸武是ハアナウツクシヤナトラ祠之サカホカニ書是ハサカツキ
シ人トラサイトラ祠之非功皇后ト玉ヘルイフ人ニ人トヨアリノサ具
カヒシ玉フトクセニウケタル纓玉此ハヒニカケタル玉トラ玉フサノ
ヲノ尊ソヒニカケタル玉天照太神ノ尊ソノ玉ノ人ヲ生タルニ三十三キ玉

カヒシめしてクヒニウケタル瓔玖玉ムクヒニカケタル玉トイヘル也

ヲノ為ニカケタル玉天孫ノ為ニ作ル州ノ玉人ビタルニ天ナミキ玉

シメス天当新嘗時是天照大神アメノセキ地ニシソムルシテタヽモエラニト

玉玲瓏是ハ言ミムスヒノ為ヤヒロノトノツクリシめし時玉モユラニメテタテ

タカリテ虚空ニウナタレメクル注細是ハ彦火々出見尊アニミ

ノミコノツリ針ウナヒテワタツミホホリシウナタレメクリナケキ

めして ムツニカハ纏綿是ハメオトモフ之彦火々出見尊ワタツウミ神ノ

娘ヲメトヨタマヒメトヨタマ神トムツマシカニ思せめして アマツヒツキ基業

是ハ従容シタクケキ康詰世子タメシトテ詞ニ イツセノ命ノ長

スネ彦イクサニヒチシイラニテヤサントスル時子ノ名乗ウヒタキカ

ナ慷慨武是ハ学ノタメシトテ詞ニ イツセノ命トリヒニねテヒチシイラ絶ニテノ

大刀ヲヌキテカタキシウタメスタ死ナンスル所ソタキカナヤトノめして

日蓋ニカナフ〈欲〉此ラヲヒリ〈遣〉イヤチコ此ハイチシルト云詞也
イサホシ患耶是ハイサヲシツメニツサレヨリオシンコロナルヲイサラシ
キ人〈言〉也イサチキツノニ和輕兵此ハヤロクトキニツハ嗚呼詞也イヤ六
ヒツル敬祭此ハウヤマヒツル詞也神祭ニシメリクタス蹵望此ハ言ヲ家ニ
登之アヲウロスト云詞也ツクフ此ハ奠エソリト云詞也衣火んひ見ん是ツリ
ハリヲ赤目ト云奠シヒタリケシハワタツウアノ神イケルヤフ今ヨリハリクフ
ヲナカヒトイニシメケリ是ハ海路ユイヲミツリリナクヒソトあおつ詞也千
カウ〈アニリイ〉かみ〈千五百頭〉めれしキニキ童播是ハアサノシノ姦宄〈アーリ
テ天忽大非ツクリぬつアワシキニキハしぬしやしキニキトハ冬至ニキ尖ルウ〈ミ
又メ子ツニカヲ之忍也ミソナハス親此ハアルト云詞也メユトス補辞
此ハ咄申詞也アナウレシヤ喜哉此ハアナウレシヤト云詞也ニ中下竺娩アナウヒ
シヤトノ也シタツツフ是ハ此ヨリ下タト云詞也二弟天ウキ上タ七ぬマリ下國

此ハ押坂ノ申詞也アナウレシヤ喜哉 此アナウレシヤト云詞ニ申歎給テアナ白

シヤトノ給ヘセシタリソラ 是ハ此ヨリ下タトヨ云詞ニ非天ウキ上ヌセ給皆ヨリ下國

ナカシヤトノ給天トテ垂シ給下サタリ給フ ムフレ 是ハカフロキトヨ云詞ケシ

チタルニハ名ヲツフレナル鷄ナシトヨカヤシリキリトンノヘ石 是ハ仁徳天皇ノ申

ツフ民是アニ在国メクリムツハシケルニ女カトノニハカヤヲフキテカヤシリツメ

ニキリトンノヘ給ミツナシ 不侮 此ハワカアヅロシトヨ詞之ヲロカナルトヨツセニカ

タチ 盟神探湯 此ハ人ノ真ソラコトシ給ルヲユシアツクワカシテ非ゴトシテ。

手ヲクヽハ實ナルヲバ手タヽレスツラズ。ダヽルヽモ允恭天皇ノ时モ申ノ

ケナシトオボサルヘキ人モナリト名字ケレハニカタメテノ実ソラヲアラ

ハシメケリアニナシソカトヨ疑ニ給ケリトソ 鳥獣無畏之ツハタセ

リ 鵜鶘 是ハニハクナフリトヨ名ヲトツキテヘトリトモヨニ申給ケルハタメ

タシ及オホウヒテアトニノアヒシリメ給ケリカ男女給スルヲヌミキシ

無名雉ナキヽシ也高ミムスヒ差遣アシ原中国ヘツカハシケルキシ也此雉下
使天稚彦ノ門前ノ湯津杜ノ木ノ末ニヰタリケル時天サクメアヤシキ鳥アリト天
稚彦ニツケシカハ天稚彦天カコユミ天ハヽ矢トリテ雉ヲ射殺シケリ其ノ雉
ムスヒトシリテ高皇産霊尊イカリ給ニケリアユキ是往昔此犬名也昔
済陀国イハタノ郡ニトナスム人アリケリ犬カヒケリソノ名アユキトヨヒケリ其
犬山ニ入獣クヒコロシテケリケメ地ノ名ムナシトソヨヒケルケメ地ハラ米出ア
リケリ其玉イカシミニシテロシカ白鹿是日本武尊信乃国ニ入テ
山ニシヒル時山神アヤシクヽルシカラセタテニツウシト思シロシカミナリテ
来ケレハアユ見シテアテヒヽトヨシケリ殺シナケカケヽレハ鹿ノメニアタリテ
シカシ死ケリ信シ山ヌクル人シルヨシカアテヽ牛人ヌリケルアユ細辛
此郡卯自兵鏡ナンアユキソシカハトヨヒテ得ノヲフケテツリ
ニメイナ絵シトサテヽエシメアモノイトステツリノヲシメツリヽシナケノ

[illegible]
祇神印泉ヲ飲テ後ニアユキソシカハトヨ霊ニテ伏ソニフケテツリ竹
ニメイナクラトサテエシメアモノイトスチウツリノ目シメツリシナケノ如
ハクノ銭モ又カラノ国ヘハカハノ要ツリシ人トノ物ヲ鉄ツリアツメツラヒキ
物トテ人霊ニメツラトナンヨケルトノ松酒ヲ々ノタイサケニテヘ翻酔酒
比サ気天ヨリ時穀菓アユキヒ給フ又タトヨ衣カメシケル二時翻オホ比
舟カタハラ二条ケリノ神印皇朝ニキテ千テ翻ソキ如ケレハ翻酔ヲ
タリケリ時人ソノ要エテ悦テヒミリノ君ノメヒタル要トヨケリ今ニ六月
翻酔タルヤフニテウクトナン侍ヘタリナフツカミ翻是ヘウツヨ之カラ
又ハ烏羽比敏天皇ノ時ニ[illegible]ノ国中[illegible]カラスハニカキテ
アトヲ人ナシヨムヘキヤフナカリケル[illegible]ノフノアシヤ王辰尓トヨ人ニカハシ
コソカラスメハヲイスルケニムシテノ娘ニ[illegible]ツテカラスハニシヒツケテ
アケヒ[illegible]シケリ時[illegible]アヒホメ如ケリ[illegible]カサリシ釋是セアツヨ之孝

昔天子御時ツホカフリホラカフリシツクラレタリケル時ニ志カフリノウシロミ
キヌメカセリクシ人ハ子ノ紙ヅクリハタリナレシカモイヌノアハセノミヽ二
鳴牡鹿　夫随相云々　○此若人アリテ妹女ニ若戯ケルカタハラニフシタリノ鹿フシタリ
ケリ男鹿ノ女鹿ガカタリケリヤフレヌ夜ニ夕白ニ我我身ガフリカヽルトナンア
リルトミケレハメ鹿アハセケルヤフ淡カアルカシニ人ニイラレテ白キシホニメカニ
ヌラレムスルニコオトミケルホトニツトメテシウ此鹿ヲ井コロメケリイメ
トミハユメ也云時鳴鹿イメアハセノミニトイケル也昔仁徳天皇鳥羽
ニオハシマシケル時七月ヅツキノトミ姓ガ子ヽ鹿鳴ケレハイトアハレニ思ホ
シメシケル程ニツコモリカタニモ鹿ナカサリケレハアヤシクオホシメシケル程ニ
サヘキトミ人ガツヾ獵ヲ工手ケルシナニシトモ獲タリケレハ鹿ヲ申ケレハニウリノ
シホシメシテ志多人アキ囚處ニツカハシケリ　ミノメニテムニ　○此葦毛ナル
馬ヲ又タリムトミ又此馬ニ乗テ乃ケレハ赤ヘ馬ニノリタル人今ガヒノタリ馬イ

ヲ又タリタムトミエヨルニ家居シ衍ケレハ赤ク見エハリタル人金ヲヒメリモタルイ
アヱクトカハケレハ金ノムホシトシモヒテ大タラシノヲカヘテケリサテ我カ
ヘリテツナキテツトメテノアケレハ土ヲテソアリケルカヘタルヲモトメケレ
ハホンタノミサヽキノツカノヒノ土ヲニヨリノメリケリ本ノヤウニ取カヘテケリ
クチ　倶知　氏タカシラニ遠也仁徳天之御時アミシハリニテヲ取ハ網アリケリ
アヤシキ魚ヲ取ヽツキケレハクタラノ國ヘテナキミトミ人ノ見ケルニ
如シテアセサセヌケレハ見テクタラニハ千トナシ申ケレハカヒテニイラセ
ヨトヌハリタリケレハ是ヲミツケテシミスヽシツケテノメフサミスキミテ
アミタノキミシトラセヌケリニクナキ　蟒　氏　武名之起也悪彼オホナカ
ヒメト申ケムカルタニヒトテシセシ時ソノ蛇ケルニヲソリタル人ノ土キ
ケルカ氏ハヤケルヤウイテソノアスラキヒトモトミヒケレハ抓ソリテヒト

モトシメヒテ行ヒウソトヲ給ケレハ山ニ立ケハニミツチキハラハシレウトミケリ
ナメケレニモミ地カナトオホシテ援給ニ給アモ人我シテ給ケリハタノ
ヒロモノ、鰭廣ハタノセハモノ、鰭狭毛柔コ魚奥之ウケモチノ神ヨ給死給ヒ
アニノフチコマ、天斑駒毛天照大神ノ天サメヨツクリ給ヨメサノヨノ畜
春ニシキニキニシ秋天ノフチコマヲ放サタシフニス天照大神ノイヤリ給テ天ノ
見ヤニカクヒニシケリ胴内トユヤミニナリスミナノカハ海死陸ヒ海アル
アサラニトミ鹿ヤフナル陸セ海神茂火ニん火畜ツリツリヲ失給ヘ給ケ
ル時ミミチノ陸ヤヘシキテスヘテケリアカメ、鯛ノチメ、鰗ヒアカメト
ハタイセクチメナヨシ之茂火ニん火畜ツリツリニ見め乗ヤイロツワニ
八尋鰐海神ノ宮トヨ玉姫トミ神茂火ニん火畜子ハラミテせ給ケ
ル時八尋ワニ之給タリケルヲ畜アヲメリケレハ我ハチアツトテトヨ玉姫
ワタツ海之給ケリオホワニ鰐ト茂火火ニん火畜ワタツ海神宮ト
ト明ハシチテ見也余不入

ル時八尋ノワニニナリテハラハヒケルヲ見アラハシメリケレハ我ハ恥アリトテトヨ玉姫

ワタツノ宮ニ返ニケリオホワニ　鸕　此彦火火出見尊ワタツ海宮ニ

鈎ヲ返ニ時エノ大ワニノリテ返セニケリ　カメ　此鰐ハシチテノモ兒余不入へし

コカタノイロノトヒ　金鵄　此神武天皇甲寅ノ年長スネ彦ト云人打ヌ時ア

ナカチニテセメタヽカヒケルニ神ノ助ケ手神武天皇ノ弓ノハスニ此金鵄トヒ

キテ乗ケレハ彼長髄彦モヲチテツヰニケリシマシハトヒノ村トソ云ケ

ルサチモチノカミ　鋤持神　此ハ神武天皇ノ兄カミニオハシケル時海アレテ風吹テ船ヲ

メヨハシケレハ稲飯命ト神ナケキテノタマハク我カヲヤハ天神母ハ海神

海神ナニトテカアレシヲヘヒサスラントテ大刀ヲヌキ海ニ入ニケレハサチモチ

ノ神ニナリニケリサテモチトハサチ大刀ノ異名ニ也　三百五　ヤタカラス　八咫烏

此神武天皇ノ長スネ彦ヲ打ヌ時タヽカヒシテ兵ヲ失ニシ時天照大神ノ宣

此カラスヲ神武天皇ニ奉ニエメサセテ道ツカウマツリヤタカラスノタメリテト

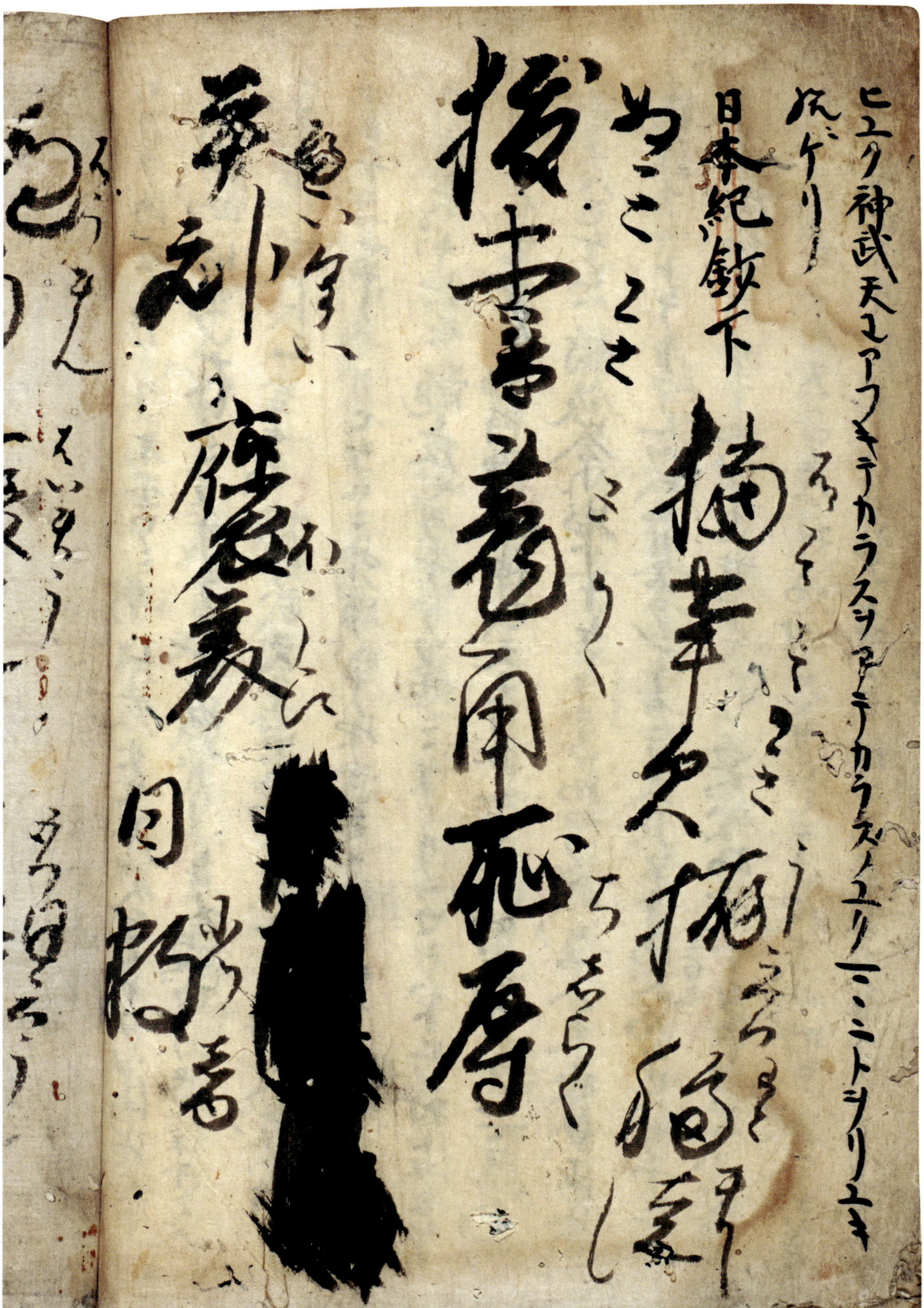
日本紀鈔下

蛇面廣足ニ眼赤
及唇振舞華色
赤光亮泣
兼門目𧈧

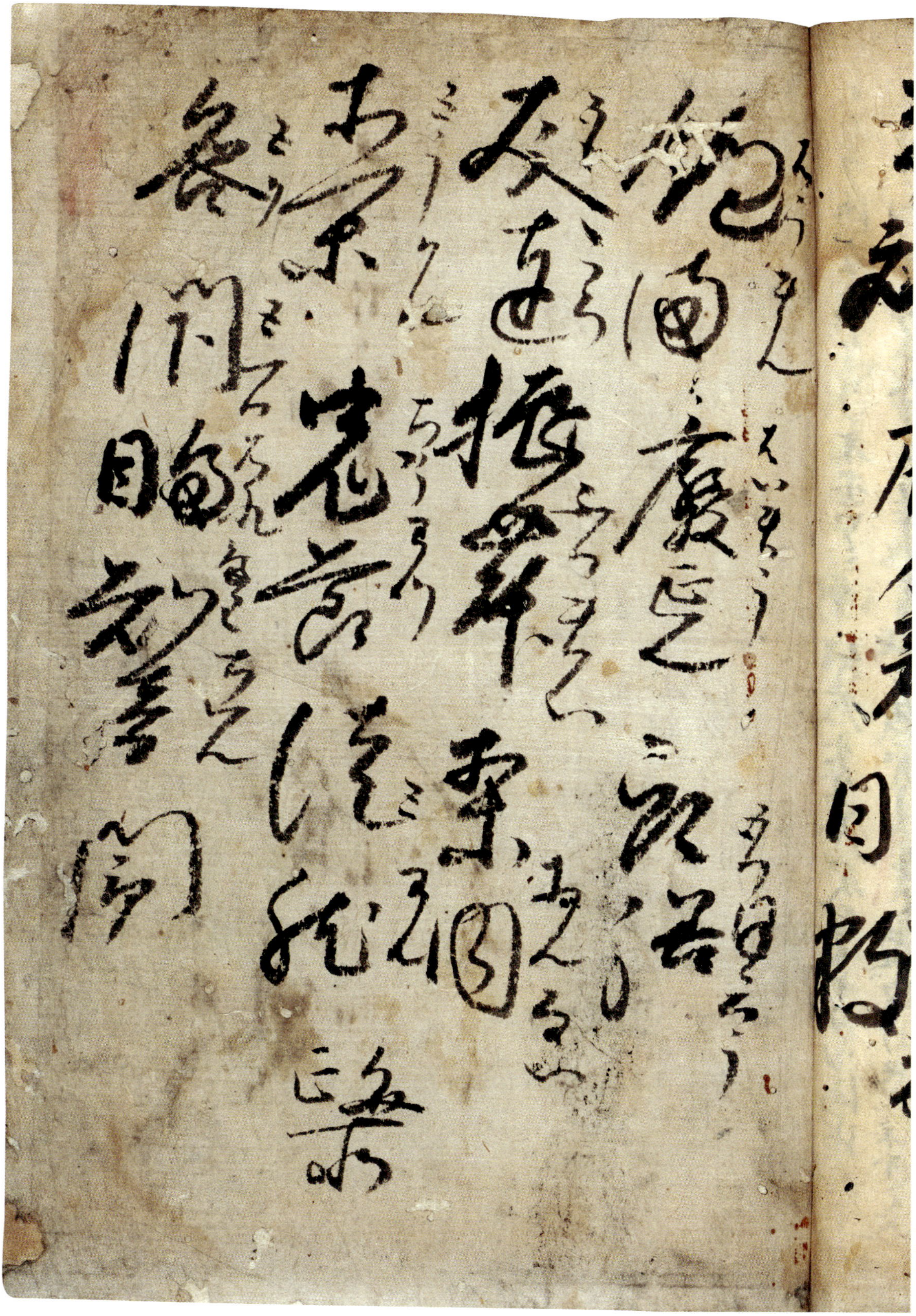

昭和卅八年十月三受

梵舜本 中臣祓記解・中臣祓義解

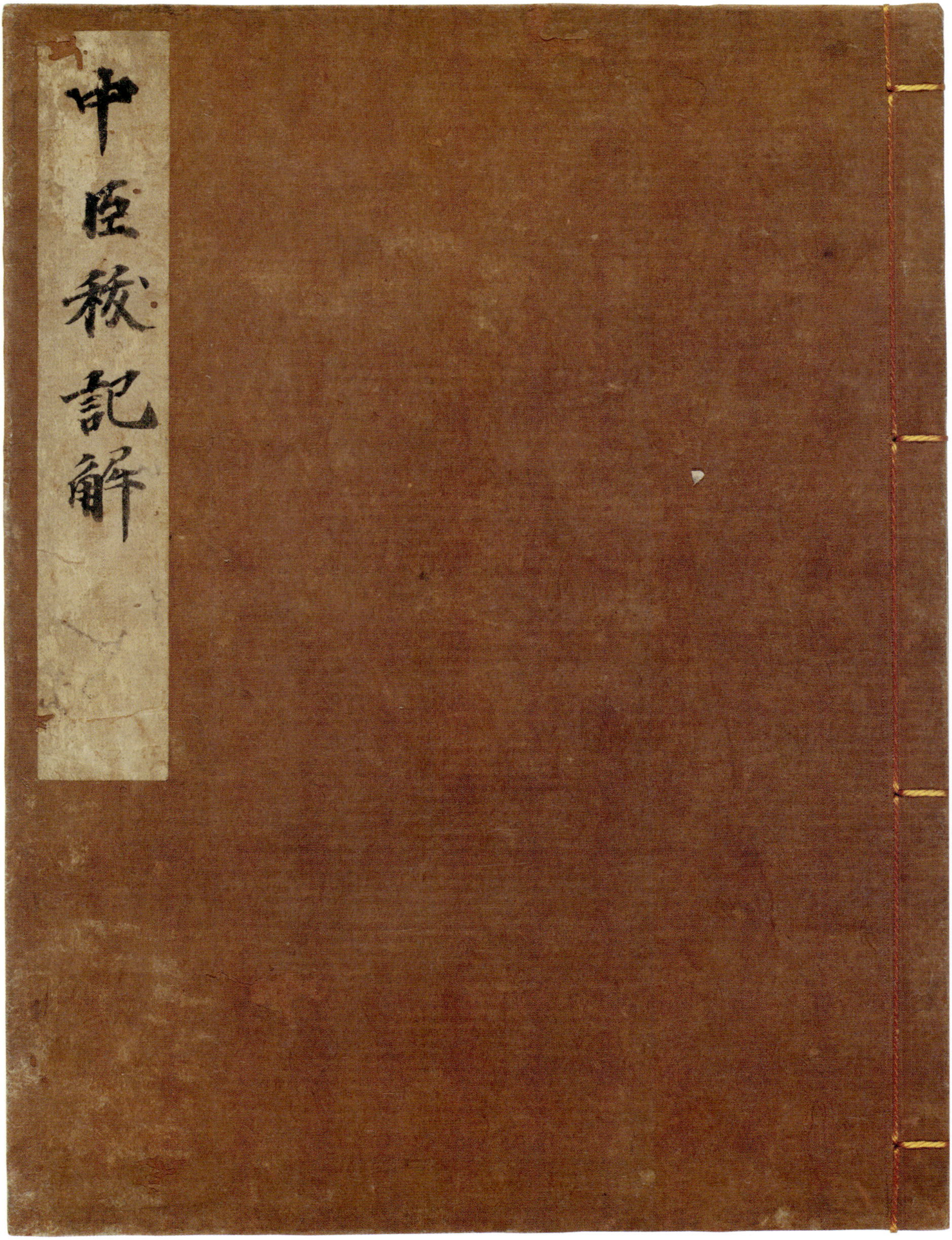
中臣祓記解

中臣秡記解

遺文云

惟垂跡本地頓成感應也神秘有験顕露被不信唯蜜教道理
祭大日經誠外異佛教内護佛法理大和先垂跡之起難載
國史家牒猶有所遺麁識本意聊記覚王之蜜教畧示地之
要路而已

蓋聞中臣秡天津祝太祝詞伊弉那岐尊之宣命也天兒屋根命
諄辞也是則己心清淨儀益大自在天梵言三世諸佛方便
一切衆生福田思源廣大智恵本来清淨大教无怖畏陀羅尼
深慚愧悔神呪是最勝寂大之利益無上尊道之済度世間出

世之救道、抜苦与楽之隠術也。信受者与天地以長存、将日月
而久楽矣。所為當天地開闢之初、神宝日出之時、法界法身心
王大日為度無縁悪業衆生、以普門方便之智慧、入蓮華三昧
之道場、発大清浄願、垂愛愍慈悲、現権化之姿、垂跡閻浮提、請
府璽於魔王、施降伏之神力、神光神使、駅於八荒、慈悲慈檄、領於十
方、以降伏大神外顕異仏、生威實勢敬之儀式、内為護仏法之
神兵、雖内外詞異、同化度之方便。神中諸仏魂、仏則諸神性也。肆
経曰、仏経不二門、常神道垂跡之、惟知以諸神通力令顛倒衆
生以所求願力令入於仏道、計則善巧方便大慈大悲之實智
色心不二平等利益之本願也。因茲、現即頼神祇之験、而施神

界契龍神真如妙理即證密厳花臺哉凡此祓祝詞最極大神
明之威消一期若愁亦快百年栄楽當亦離今生煩悩而出三
呪也滿一切願如疾風除所求圓滿如自在天然則十界平
等之大道諸尊大悲之法門法本成道之通相諸天三寶之秘
術也上智前則請尊瑜伽教法下愚前使縁覚声聞因乗
祓此神代上還逆之此云波羅賦云者枝其毎以智恵神力破
悲歎四魔祭文本紀曰三世悉歎者隔於境不近万人悉念
有越於境遠滅凡三災七難災湯如消霜百毒大境着悉求如
消火万悪千害以火如燒毛然則悪鬼引退万里之外七難不
延千里之内皇年催五寿万福速来生此以一座祓百日之難
除有過祭文千日之咎捨之大麻解相者自性清浄之三摩

邪普現三昧之形表也夫着見等祀祀正直為而拝三宝毎七難
済五濁八苦祭脈見鑑也作群賊於為則智劔也威衆歎其
形直其文枝美穢具世云波羅門都毋能也
贖物散米幣帛金銀人像弓箭大刀小刀類等皆是悪魔降
伏之神無具也諸神垂納受施方便神力給定悪心令常擁護之
歟力輪王秡梵侯駒来西天魔外道等迯南北日月五星十二神
六宿和光同塵利益衆生誓願合掌幣帛等人生に責者
天地具不過文世に参者伴神徳不残仍此具為報也
解除言文吹神秘祭文諸罪咎秡清即得河字本性之嶷清現自
性精明之寶智而於諸法者不生滓不滓之之故有為不滓之

實報也無爲清淨之實體也是則合心性也依稽定其心衛成
清淨自然謹請再拜也座宣之不穢無明住地之煩惱泥而流
吾敎七渡觸之能池水浪潔心源清淨也踈離十煩惱之綱無
纏三有之際也若云前除也則滅罪生善頓證菩提深祈也云ﾄ
聞敬祭天神地祇以潔清淨儀無善懷給故不淨物邪神所惡
也 天曰神地曰祇人魂号鬼所謂 天神地祇人鬼是也
聖朝勅語詳謹哀招福必遷幽冥其敬神事佛清淨爲先從是
心爲清淨諸佛在此心清淨則已心清淨之智由寂靜安樂
本性也不淨便生死輪廻之業因無間大城之業因也故不淨
中生死穢泥太深佛說言垂跡示識通諸佛顯戒通諸神之誠論

諸佛戒或勤齋月齋日精進或往詣道場書寫等経一花一香
奉供養三寶若以蘋蘩藴藻備奈神祇等如斯等者漸以之為
縁尊入于内法信心一淨土縁度生死之海令有涅槃之岸若亦
衆生無善我以善施衆生若亦衆生無信我以信施衆生内
證定知是人持三世諸佛智恵得三世所求圓滿不可説不可説
説從是東方過八十億恒河沙世界有一佛土今生之終今生之穢土倶生之先後生天照之
名大日本國神聖其中座名曰大日靈並貴當知受生此國衆
生承佛威神力与諸佛共遊其國是佛説不是我言
高天原色界初禪梵衆天也三界天也南閻浮樹下高庫藏是也五藏之中大藏也故納万宝之積神留座天照太神高皇産靈皇太神神皇産靈神

津速産靈神哉吾勝尊
伊奘那諾尊常住尊也
皇親神 天照太神 天御中主神 豊受神座也高皇産神 神皇産靈神 法身等天孫尊祖神也
漏岐神漏美 謂祖神 也高皇産靈神親言也 津速産靈神 左法命截識猛性德 命以 謂以皇親之勅命 召八百万神達也 八百万神
達 梵王帝釋人無量天子也四大天王無量 梵王天八万四千神也曼陀羅 我皇御孫尊 天津彦火瓊々杵尊也天照太神太子哉吾勝尊太子御
母高皇産靈神女万幡豊秋津姫命也鹿身尊 豊葦原水穂國 大八洲神傳国也陽合輪王所化之云 藻汻嶋之明預梓敵日之浦銘之曰
南閻浮提之水穂国謂肥饒豊富之国也 安國 謂日本浦安国也善隆 荒振神等 素戔嗚尊之子孫大己貴神其子
一
沙婆世界大日本國也
事代主神皇等 神問 香取明神 経津主命 鹿嶋明神 武甕槌命 磐根樹立草之片葉語止 言 能
類也無明
謗咸陪強暴故先遣二鹿嶋香取二神以天威遂誅邪神及草木之類 天之磐座押放天之
皆已平孚草神祖鹿屋野比賣神木祖久々能智神十如是相光明八殿
八重雲伊豆之千別千別而天降座 皇孫尊自天下座之間供御嬰久令時 御盃之十柱乗務命闇天水国水相務塞

日月等不得自見天下座今時天押雲命以中臣祓解除清浄而天八重
雲出之道別々天下座筑紫日向高千穂槵觸之峯一天降坐云

二

四方之國 大日本洲也大日言世界國土也 大倭日高見之國 在大八洲之中央地廣大也日本則倭国之別名也日月本国土也

下津石根 謂金剛寶座 宮柱太敷立 皇孫降臨時皇祖勅曰其造宮之制者柱則高大板則廣厚云々 高天原

千木高知 言其搏風峻持而穿雲摩上天之義也 義頭之御舍 義頭言饒之名也古語也元日神開天石窟戸以降火隣材木始造建

瑞之御殿 違屋宮者住吉春居衆生之殿者寶賀同縁覚

菩薩也鳥居宮違祓河者門也 天之御蔭日之御蔭

隠坐 諸天之御影是御影造奉仕

己上大殿祭不創造天種々命能除々々祓表自是也

三

天之益人等 謂一日一千人死一千五百人生是伊弉那諾尊伊弉冊尊誓願之故名
天益人也言天者大日宮世界国土一切衆生住故也皆是国土日月之

中住者也故曰天之益人也謂其本隆明其本際一切衆生續生入胎先住虚空其後
漸成成五輪躰次五輪久成人躰尊形常住不変也化世界自本本覚也自本元明
也本亦清浄本是
衆生本佛也
雜々罪事
以中臣祓解除諸罪則是爲宜許其正浄戒波羅蜜多於此浄戒波羅蜜多是世界不可得
也有爲妄執

四　**天津罪**　謂素戔烏尊爲天上所犯之罪也載本記其過失罪也
許々太久罪　言數多之謂以除己々波久是訛也替言也
法別
罪障懺悔文也血流清浄之

五　法益也謂辞也自性意觸法
國津罪　君臣上下現在所犯之罪也
生膚　傷人也又傷也　有穢気
死膚斷　殺人也又死人穢名也故爲穢
白人　白癩也又白癩
古久美　瘜肉也又云瘻瘡之類也又云黒癩也
己母犯罪　婚合也云不孝罪之惣祖父母父母伯叔父姑兄姉外祖父母夫妻等口含貪愛煩悩罪口三寶万徳阿字同躰遍照五輪也
己子犯罪
婚合罪也母胎内之時也謂陰陽遍満躰顕乾坤皆是無始之一念
己子犯罪
無明貪欲煩悩躰也故今見欲懺悔示永向佛菩薩矣
母与

犯父母罪　過云父母則現在夫妻現在々
妻子有過云父母也

上所贖罪　謂依煩悩愛之変易生死因縁或為父母妻
妻子或為兄弟姉妹或為天魔外道或為餓鬼畜獣有
始至今更生代死排煩悩塵労之門宿六道四生之闇轉
変無定因浄善行抜済四生懺悔帰一心唯仏
子無異（落脱抄）故則我心衆生心仏心三無差別我意自清浄也
我意自齋蘊也

畜犯罪　天皇之朝廟洪婚馬婚牛
鶏之類是也又天孤地孤等怪也
昆虫災　貴怪則大之青祥
定禁不厭之清也
高津神災　霹靂神業之所居
雷神怪也
高津鳥災　鳥類怪也
畜仆　牛馬等類怪也
蠱物　厭魅呪咀也

六

天津宮事 神宣命也祓詞也禰宜之所一心清淨常住宣明義益世是修淨波羅蜜多観之不可得妙無明即法性煩悩即菩提 天津金木
現在云人有犯科祓楠楉二枝是一名号白杖也是則如来 千座置座 以木為之長者二尺四寸
大智之宝威悪魔降伏之金輪也佛家云晨朝偈
以八枝為木八座置八束矣短者長一尺二寸也以四枝為木四座置八万四千諸股供
八葉花臺之三世諸佛宝座天神地祇宝器下天泰平吉瑞也 天津菅
麻 逈明年之一字金輪之義徳也摧魔死敵之三摩耶形之解相也法然理神術也
神代昔陽神子素戔嗚尊登天上而多有犯過之罪時群神科
之以千座置戸之解除令天児屋根命 河内国平岡 本地地蔵 以掌其八解除
謂祓辞以来天下四国中敬祭崇重門悪鬼更不寄誠除在舎
者物怪永不及有識身体者非時魔不害於此間天神愚
身夜守護

八
天津神天磐門押披　天照太神皇天子高皇産靈神高貴尊所以天津神号
豊受太神是也亦曰天御中主神皇天子應身尊法身常
住尊　國津神高山之末 須弥山　短山之末 七金山　伊惠理　宮殿謂国津神天神
等　大倭葛木鴨出雲大己
貴尊事代主神類也伊惠理　所聞食　有請必致有祈必應　故大日四種法身諸尊
是謂廣之信也　排聞光明心藏妙観察智之月照内外十方
之性須佛神命功是鬼家羅護明一如實相常住円照也然則天照太神諸大日遍
尊諸菩薩之家眷属也無二平等　諸神皆眷屬仕者也且天津神四処四州而照下界国
津神住八州而守国土此大悲大進之誓願也此衆生利益之方便也破折三惑
故三身尊頭現給也已上懺悔也謂自知可有罪常懺悔　即安楽不懺悔
罪益深無罪者常清淨　故心源安楽
伊勢太神宣託曰 天平年中　實相真如之日輪照生死長夜之闇本
有常住之月輪掃無明煩悩之雲　日輪則天照皇太神　両部 胎蔵界大日
月輪則豊受皇太神　金剛界大日
教令輪身不動方言形　金剛界大日
教令輪身降三世閻言形

九
科戸風　謂發八風神　剪無明之煩悩闇　晴常住月明　以開三明大覺　大津邊
将返二世業障　諸仏之使　此神明是海也　乾方ロ風神
居大船　生死大海也　大乗職海船也　謂解脱　可乗之船　般棹案波　繁木本
樹精之檀　奉静盧之骷頂　更経三祇　到登菩提岸　口生死海
焼鎌敏鎌以打掃　謂礎智恵刀　掃二百八煩悩數
口煩悩藪
右所謂都　四重五逆之業障　八雲排而無残　三業大罪之罪
治海水洗而不留　八百万鬼類等　浄無障碍之難　十魔四
魔大軍速推　万病之条宜哉　傳無上妙理　得一切種智
除内外障難　成二世悉地矣

十
速川瀬　謂筑紫日向小橘之檀原上瀬也　瀬織津比咩神　伊弉諾尊所化神　為八十枉
安内意　謂三途八難河也ロ　三途河也
神是也ロ　天照大神荒魂　荒祭宮　八百道　謂海原開之八百
除悪事神也ロ　随荒天子煩悩法王所化也　童是也　龍宮　速開都比咩

神　伊弉冊尊所生神也、水門神也、三柱座、一名速秋津日子神、天照太神別宮ニ与
瀧祭大龍宮天子ノ所化、難陀龍王妹、速秋津比売神、天照太神別宮ニ並
宮五道大神ノ所化　消滅　氣吹戸　橘小戸ノ何也　書曰　氣吹戸主神
一切悪事ノ所也、五道大神　泰山ニ宜道
伊弉那諾尊ノ所化神、名神直日神也　大直日神　患ヲ受テ言ヲ以テ魂ヲ多賀ニ言以テ言悪
不二之心智ヲ諸事ニ垂給ヘ、大慈悲ヲ開直見給フ神也、高山天子大山府君ノ所化也　泰山府君　大直日神

十二

根國底國　無間大火底也　無間地獄　速佐須良比咩神　伊弉那美尊其ノ子速須佐之男尊也、炎羅王也
司命司禄等神所化也
一切不祥事ヲ散失也
已上従天益人至速佐須良比咩神、天津祝詞、天上梵語言
世上ノ作明神等、冥道諸神也、為一切衆生施一子慈悲、以諸
尊願海洗生死穢泥、河子本不浄故、長寿延命也、本記云、膳

深司令頓悟而深魂名棲貧深廣七座秘明月轉世尊秘此不死
藥故能治万病然則雖決定業能轉之若不難遁逃道必代
吾永離三悪道即成佛無疑云云懐吾国者神国也神道初皇
天津祝詞天孫者國主也諸神臨從賞罰験威肆君臣宗
重奉幣帛黎下道等行致齋参不因茲龍圖運長寶
暦化遠海内泰平民間殿富矣所為保祚諸仁壽
真言密藏之本源天神地祇之父母也一切如來淨妙法身也
躰三世諸佛大進法門至也受未世衆生等懺悔為所以所
犯者甚也多廻方便巧智一度雖度衆生利益應道内外相
應徳不思議甚深也是則一乘無二法義益且最甚深也有

他薫利済誰之佛教乎

大師御書言　柳顯大教者諸佛秘蔵也、諸佛智恵者諸佛本源之妙覚

一智也、雖然論法花神力乎説盡矣

于時弘仁十三年仲夏廿五日　沙門遍照金剛之傳

本記曰　天和三年二月八日、於大峯東禅仙宮寺、為奉法楽

伊勢大神宮大仁王會之使、上津円蔵部神主河継奉遇

後至大僧都、於願寺法宮之稱学得之、爾時給大日定印、而轉

異性浄円明月内説、雖不聞以待師教、開悟内量離智

法、故為本有荘厳為垂跡納受之妙覚、下智奈爾久授之、吾願以

此妙業爾彼神威、和光天地敬爾一人、葉及後代、為参流来

葉矣河邉宿大神主小事之末孫神主人成之四男神主後河之
男也當浣鎮守伊勢大神宮社内蘭植美預稻荷寺大僧正
以去天平九年十二月所奈乃奉神宮始以後會致其祭之
勤以来執行日入神主毎年毎祭備進供祭物之例尋行沙
汰之間継當門園内之時茂主大僧都入唐帰朝以後以蜜
故被勘載被注本一巻被授之

従七位下神主後河記之　判

延長二年三月十日
神主晨晴書写之　判

建保五年四月八日
以美親神主證本権神主康房許自筆

書写之本朽損之間文字不書分天

建長七年九月十三日書写之　件本椎房神主秦食女　實法所帯之云々　最極秘
本也深自筆書写之　　権宜正四位上度会神主常良
吉津御厨者昔行基菩薩御建立之家御祈祷所大峯東禅
伽藍寺所摂別院庄園也而本家大臣殿祈師御房本寺長
吏兼別院検校（奏人）権相伝領掌既経四十余年也義本願主行
異朝天竺僧正請南天竺波羅門僧正菩提并北天竺僧仏哲改
造当院鎮守伊勢太神宮社御園植三角柏　云々也　義頭者富歳也言語
以去天平九年十二月十七日為奉太神宮始七種會致其御
祭之勤神主者従五位上成也同位中務従二位祭主奏
臣大中臣朝臣清丸以宝亀四年十月十八日改當庄舊樹

奉書太神宮鳥居文。月吉津院主大法師最澄傳教大師
以弘仁四年六月十五日為奉太神宮始蓮花會備進供
祭物也。次院主大僧都空海弘法大師為奉太神宮以承和
三年二月八日始大仁王會以嘉祥二年九月十七日月院
主大法師圓仁慈覺大奉為大神宮始鎮守會也 康房記云々
承和三年丙辰二月八日大仁王會次東禅仙宮三寶院主天
僧都授吉津所厨 執行神主河継浴傳記云神是天照不動
之隆元法性身也。故以虚空神為實相。名大元尊神。所現日
聖皇天。為日為月永懸而不落。為神為皇常以而不變
矣。為衆生業之樹于宝基。須弥般若之境。聖三界利万品故曰遍照尊

亦曰大日霊尊亦云豊受葦原中津国所居點其名謂其形
名天照坐二所皇大神是中道法身常住不変金剛不壊身
遍照智性火不焼水不朽無為無漏無垢清浄自浄光明
周遍法界亦遊法界是諸仏光明神通力不可思議言語道
断従用也故神者一気始生化也仏者覚悟者浄也霊者
無為者也凡者有為者也凡天神地祇一切諸仏惣三身即
一本覚如来皆是一躰無二也毘盧遮那者法身如来盧舎
那者報身如来遮那者応身如来也三諦三身即中諦
身亦空為報身亦仮為応身三智一切智空道種智照
仮一切種智照中三身三智亦在一心故一躰無差別是神之一妙

也。是皇天祀之故、則伊勢両宮者諸神之最貴、異于天下諸
社者也。
大方神在三等。所謂一本覚伊勢大神宮是也。本来清浄理
性常住不変妙体也。故名大元尊神。境界同不動。轉心海湛
然無波浪妄躰。一心外無別法。名本覚也。二不覚生死之義。振
神類也。遠離一乗理法、不生悪四劫、不覚仏法僧、不聞諸
仏梵音、生心神無明悪鬼類神是也。実迷神名為不覚也。三始
覚名清水広田社類也。依轉之後、依仏説、得放無明眠、帰本
覚理。帰是為始覚。亦名実悟神也。始覚成道者成仏外
遮之非本覚本初之神也。念心是神明之主也。万事者一心作

也神主人ノ須以清浄ニ為先不須穢悪事願専謹慎之誠宜
致如在之礼矣是則神明内證之蔵奥凡夫顕證之道者乎
正平廿四年十五月廿八日於伊勢国粥見所園従二位祭
主房綱卿宿所書写候已下同六月一日一交畢
金剛資範超歳次四十二戊也

中臣祓義解

河信朝臣真勝撰

中臣者主神事之宗源也藤氏家傳云夫誉高天原初而皇神之御中皇御孫之御中執持伊賀志桙不傾本末中良布留人称之中臣云天児屋令祓如着祓則已心清浄之義為罪障懺悔之神也神祇令義解云祓者解除不祥也舊事本紀云神武天皇令中臣神之子次大解除天罪国罪之事凡厥所住聟夏正等自識情而始号令棄祓三千縁義遂哉是昔陰神避生之時神避生矣謂之死語陽神曰吾当寝息請愛陽神以往落字欤追入黄泉而見之陰神脹満而高満太有八雷神陽神驚逃帰而乃悔之曰吾前到於汚穢之処今須時滌去吾身之汚穢矣則往至筑紫日向小戸橘之檍原而日上瀬甚速下瀬甚緩仍

於中瀬滌濯目鼻耳脱身所着之御衣物大穢除去其在穢除

之與盡是時也帝祓時所脱身衣物成化爲神其中有或諸咎之

神其名曰泉津事解男神船之神（謂之鬼神）千時又有矯諸枉事之

神其名神直日大直日神秡（ミソキ）也云禊祖欲見之脱也彼御衣之化

義也云云祓詞云漏落事（手直）神直日命大直日命直之

見之直手久所知食止白又於水底滌時所成神名云底津小

童命（小童云綿津見）底津筒男命於中滌時所成神名云中津小童命

中筒男命於上滌時所成神名云表津小童命表筒男命是

則墨江（スミノエ）之三前大神也又伊弉諾神之子素戔嗚尊登天而多有犯

過之罪（所謂天罪）時群神科之以千座置戸之解除而責其秡具云

抜髪抜爪以令贖之亦以唾爲白幣以洟爲青幣以令秡之中
臣遠祖之神天児屋命掌其解除之太諄辞而令之神詞爲稱
中臣秡遂此云波羅賦又有唾人形之故贖又有所贖物之具
皆依縁也
高天原　文上天之日神其光麗美治高天原天神即ヽ垂則
三光天宮也　神留坐　文天照太神高皇産霊神々皇産霊神
津速産霊神正哉吾勝速日天忍穂耳尊　皇親神　文天津彦
彦火瓊々杵尊之二神也天照太神高皇産霊神外祖也　漏
岐漏美　文謂此云年津祖天照太神高皇産霊神二柱爲皇孫
之二祖也　命　文謂以皇親之勅命集八百万神達也　八百

万神達神集集賜文　神議々賜文　神代云皇天之二祖高皇産
霊神天照太神　共欲降皇孫而為君於葦原之中国故先召集
八十諸神而問之曰吾欲令撥平彼地之邪鬼當遣誰矣僉曰
云々　古事記云二祖神之命以八百万神於天安河原神集々
而議之矣集此云都度比　我皇御孫之尊文　天照太神御
子正哉吾勝太子天津彦々火瓊々杵尊也母高皇産霊神女
栲幡千々姫　豊葦原之水穂之国文　神代上云天神勅陽神
曰底下有豊葦原千五百秋瑞穂之国矣　舊記云此美云之豊国
肴肥饒豊富之也　安国文　神倭国者陽神因此国曰浦安国
也　所知食事依奉文　天照太神勅曰葦原瑞穂国者我子

一 孫可爲王之地也。 荒振神等 文 素戔烏尊之子孫大己貴
神其子事代主神大己貴者大和國城上郡大三輪之神是也
神問々賜神掃々賜 文 初皇祖以皇孫欲天降於此地吾故先
遣二神 武甕槌神廣進 經津主神音取 通過及參來國中遂誅諸不順之鬼神等而報
命於皇祖矣而後皇孫降坐凡五月蠅如大矣光螢皆是惡神
也。語問磐石根樹立草之垣葉語止 文 能言語成皆堕是故
先遣香取鹿嶋二神矣爲使者以遂誅神及草木石類皆已平
畢矣是則大己貴神 子事代主神並皆奉避何以平國
受二神 天々磐座押放天々八重雲伊豆千別々々天降依奉皇
孫尊の離天磐座且排分天八重雲稜威之道別々々而天降於日

二
向國龍之高千穂峯〔稜威云伊豆〕四方之國　文大八洲當大日本洲
在中央地勢与他洲廣大也有餘氣紫作与伊岐佐渡古志
并大洲吉備子洲等七ヶ者皆在大日本洲之四邊方国中
大倭　文大日本豊秋津洲也大日本者大日靈貴神国也豊秋
津者是遠于神武皇之朝所加之名也此国猶蜻蛉之臀呫
為由是號有秋津洲之号也　倭国者和奴国言吾々音国人
通云山跡耶麻跡謂之土言登己ノ文謂居住為止言之止住據於
山也日本者倭国之別名也　日高見国　文景行天皇記云于
時以武内宿祢令察東方諸国之地形既還来奏曰夫東之中
有国其名曰日高見国土地沃曠也在大日洲之地下總国〔城郡式也〕

下津石根 文 神武天皇紀云 大敷立宮柱於底盤石之根 宮柱
太敷立 文 皇孫欲降之時皇祖勅曰其造宮之制者柱則高太
板則廣厚 高天原千木高知 文 千木云地木而構風也高知
者書其構風峨将而穿雲厨天察 美頭御舎 文 素戔烏尊
之子五十猛命 生紀伊国太神是也 天降之時多持八木種来
以播殖於大八洲 以可為瑞宮之材 美頭者 富饒之㒵也 古語
也 御舎者始起于上天而傳于此地也 皇孫天降之時始立之
於日向国矣 如天之儀也 厥後神武天皇東征之年適請風歷
以建帝都 天照太神開天岩戸以降以瑞材木始建瑞宮殿還
歷也 大倭国橿原之朝廷是也 天之御蔭日之御蔭 文 天之

御翳日之御翳隠造奉仕而御殿之南簷ニ比可久志也 隠座文 顧

三 座敬之至也 天之益人文 一日一千人死 一日一千五人生

四 天津罪文 是素戔嗚尊於天上而所犯之罪也 畔放溝埋樋

放頻蒔串刺文 天照太神之田於天上有三處 皆是良田也 素

戔嗚尊春則穴穢往其田而廢渠槽及埋溝毀畔又重播種

子以相争 秋則又穴穢往而作籤而挫籤又放馬而使伏其於田中也

生剥逆剥文 天斑駒剥而穿其織殿之甍以投入於其内矣

生剥或作逆剥 承當新嘗之日 氷㦄 蓮戸 己己太久文 言數多之

謂也 今俗人云己己保久是訛也 天津罪法別文 天神勅命宣

五 命也 是則神力被之 國津罪文 所謂国中人民所犯罪也 解

除神乎給也大己貴神事代主神宗像大神火命生膚
断文傷人也灸治名也死膚断文殺人也又死人摂名也
白人文白禿白癬胡久美文瘻瘤之類也癥由音良里
癩己母犯罪文雑々犯也婚合也過去母也懺悔也己子犯
罪文過去之父母也母与子犯罪子与母犯罪文過去現在未来
之父母兄弟等親類也又云胎内住之時也畜犯罪文六畜類
也昆虫災文虫類惣也裸虫三百六十以人為長甲虫三百
六十以亀為長大海神定其麻之高津神災文霹靂神
岩也八岐竜神高津鳥災文鳥類惣也羽虫三百六十也毛
虫三百六十以麒麟為長事主神解除也畜仆文六玄畜之

六

類伏所也、蟲物文厭魅咒咀也宗形大神解除也蠱格云蠱毒氏
云々天津宮事文祓詞也宣解除祈除之宣者布也祓者賛辞
也天中臣神代下日中臣者主神事之宗源也云々是則以中
臣神祖令解除天津罪国津罪事故人有犯科輸白校二枚
也槌也大守者神護景雲三年左大臣中臣朝臣清麿加賜大字
以解除号大中臣也其以後人載于神祇式祓詞也 天津金
木文科祓輸槌二枚是也掃退悪鬼于治天下日神宣也承根
也千座置座文以千座置戸之解除責其祓具矣此則号八
座置四座祭物是也言猶云百備千備也帝又八百四十神集
宮座也案上導幣祭天津菅麻以菅割截悪事大麻是也

八針　文。幣帛ノ八本ニ之高三尺五寸、短足一尺三寸、用八足机

七　案上也。天津祝詞事祝詞事　文。廣厚稱辞祈啓（ヒロク　アツク　タヽヘコトヲ　ノミ　ヲラサム）矣祈禱事也

八　宣　文。法刀言也。天津神　文。天照太神高皇産霊尊神等也。凢

伊勢ノ山城鴨住吉出雲国造斎神等之類是也。天磐門　文。日

少宮。天之八雲重伊三手別ヽヽ　文。冥在右重納受義也。国津

神　文。太神大和葛木鴨出雲ノ大海神事代主神等之類也

高山之末　文。須弥山高山天。短山之末　文。七金山。伊恵理　文

九　神離也。文云宮殿也。科戸之風　文。乾風也。風神石云級長

戸邊命。乾方出廣瀬龍田神是也。朝乃霧夕乃霧　文

朝夕ノ霧ヲ發於谷間也。大津邊　文。水戸。大船　文。ヽ之神宝也云

舳船　舳解放　文　聞法荘厳　艫解放大海原　文　解脱也岸
之嶺　押放事之如　文　諸仏智願之海大慈海證大菩提　彼
方　文　彼岸也　繁木本　文　扶桑樹也八万四千病林也或

十八

云麻郎射身不也　焼鎌之敏鎌　文　神刀釼也　高山末短山
之末　文　如前義　佐久那太理　文　青竜水之蔵水落流也八功徳
池也又云生死山也　速河瀬　文　筑紫日向小戸橘之檍原上
瀬也　瀬織津比咩　文　除諸悪事神　詞解云也祭言也
大海原　文　大八海也　荒塩之塩八百道　文　所謂滄原潮之八百
重也水之八　速開都比咩　文　水門之神也消滅一切悪事所也
解云龍殿並言也　可々呑　文　除不浄言也　気吹戸　文　日向

十一

小戸阿中下瀬也、気吹戸主 又神直日大直日神也 解己多賀言
也、気吹放 文 流失神也、也 根国底国 文 毎間底也 速佐
須良比咩 文 伊弉冊尊也 此神七代陽神 伊弉諾尊者根
国主也 天地陰陽不二 陽化為天 陽化為地 利象生所是則
広大慈悲之要願 寂滅云々 佐須良比咩 失八 文 一切不祥
事散失 八 古語云也 天上生也 底神 伊弉冊尊者
八足机則八百万神 集座大八洲縁也 幣帛八本上案上文
案下八本天神地祇等幣也

義解記

口伝曰 案上 机之上 案下 机之下也 於床上置八足之机 机、

謂謂上古處棚也神主登高臺而可申祓也

右一覧之次而令書写畢

于時慶長十二 仲秋初二

神龍院

梵舜

解題・難読箇所一覧

嘉禎本　日本書紀　巻二

〈請求番号　貴重図書六三〉

小林宣彦

【書誌情報】

「嘉禎本（鴨脚本）日本書紀神代巻」の題簽あり。

書写年代　鎌倉時代書写。奥書によれば、嘉禎二年（一二三六）。

巻冊　一巻。

装訂　巻子本。表紙は地代裂花田色緞子牡丹柄。見返は銀押紙。臙脂色の組紐あり。

寸法　縦：約二九・一～二九・五糎、横長：（上）約六六七・一五糎、（下）約六六六・七糎。

料紙　紙本。楮紙。

紙数　十五紙。

第一紙　幅（上）四五・七糎（下）四五・二糎、
縦（右）二九・一糎（左）二九・三糎、
上欄（右）二・七糎（左）二・六五糎、
下欄（右）二・八糎（左）三・〇糎、

第二紙　幅（上）四五・七糎（下）四五・四糎、
縦（左）二九・三糎、
上欄（左）二・五糎、下欄（左）三・〇糎、

第三紙　幅（上）四五・八糎（下）四五・四糎、
縦（左）二九・三五糎、
上欄（左）二・九五糎、下欄（左）二・五糎、

第四紙　幅（上）四五・九糎（下）四五・六糎、
縦（左）二九・四糎、
上欄（左）二・七五糎、下欄（左）二・六五糎、

第五紙　幅（上）四五・九五糎（下）四五・六糎、
縦（左）二九・四糎、
上欄（左）二・八五糎、下欄（左）二・六糎、

第六紙　幅（上）四五・九五糎（下）四五・六五糎、
縦（左）二九・五糎、
上欄（左）三・〇糎、下欄（左）二・五糎、

第七紙　幅（上）四五・八五糎（下）四五・七五糎、
縦（左）二九・三糎、
上欄（左）二・七五糎、下欄（左）二・五糎、

第八紙　幅（上）四五・七糎（下）四六・〇糎、
縦（左）二九・三糎、
上欄（左）三・〇五糎、下欄（左）二・二五糎、

第九紙　幅（上）四五・七糎（下）四五・八糎、
縦（左）二九・三糎、
上欄（左）二・八五糎、下欄（左）二・三糎、

第一〇紙　幅（上）四五・六糎（下）四五・八糎、
縦（左）二九・四糎、
上欄（左）三・〇糎、下欄（左）二・三糎、

第一一紙　幅（上）四一・六糎（下）四二・三糎、
縦（左）二九・一五糎、
上欄（左）三・一糎、下欄（左）二・一糎、

第一二紙　幅（上）四七・一糎（下）四七・一糎、
縦（左）二九・四糎、
上欄（左）三・〇糎、下欄（左）二・三糎、

第一三紙　幅（上）四七・二糎（下）四七・三糎、
縦（左）二九・四糎、

上欄（左）二・九糎、下欄（左）二・四糎、
第一四紙　幅（上）四七・〇糎（下）四七・二糎、
縦（左）二九・四糎
上欄（左）三・一糎、下欄（左）二・三糎、
第一五紙　幅（上）二六・四糎（下）二六・六糎、
縦（左）二九・四糎
上欄（左）三・一五糎、下欄（左）二・二五糎、

本文用字　墨筆　界線、傍訓、合符等。
朱筆　句読、ヲコト点、声点等。

一面行数[註1]　天地に墨界あり。その間に行を画す。行間は一定しておらず、特に紙継箇所は界線が無いため、大きく広狭あり。界線も直線ばかりではなく、特に行を画す界線は乱曲が目立つ。行間ごとに正文大書一行、注文・一書は小書二行。ただし、紙継箇所のうち、第三紙と第四紙、第四紙と第五紙、第五紙と第六紙、第六紙と第七紙、第七紙と第八紙は、各一書三行。

第一紙　十九行（一〜一九）[註2]
第二紙　十九行（二〇〜三八（一書一行目））
第三紙　十九行（三八（一書二行目）〜五六（一書二行目））
第四紙　十九行（五六（一書三行目）〜七四（一書二行目））
第五紙　十九行（七四（一書三行目）〜九二（一書二行目））
第六紙　十九行（九二（一書三行目）〜一一〇（一書二行目））
第七紙　十九行（一一〇（一書三行目）〜一二八（一書二行目））
第八紙　十九行（一二八（一書三行目）〜一四六）
第九紙　十九行（一四七〜一六五）
第一〇紙　十九行（一六六〜一八四（一書一行目））
第一一紙　十七行（一八四（一書二行目）〜二〇〇）
第一二紙　十九行（二〇一〜二一九）
第一三紙　十八行（二二〇〜二三七）
第一四紙　十九行（二三八〜二五六）
第一五紙　十一行（二五七〜二六七）

一行字数　正文は大書一行、十四〜十八字。注文・一書は小書二行、各十九〜二十三字

界幅[註3、4]　約二・三〜二・八糎。天地に墨界あり。その間に行を画す。行を画す界線は乱曲が目立ち、界幅は広狭あり。紙継ぎ箇所の多くは界線無し。

界高　約二三・六〜二四・一糎。

書き入れ　朱筆にて書き入れあり。

奥書　「嘉禎二年十月十八日筆寫終功畢
移點了（朱筆）」

箱　外箱　黒塗りの箱で、蓋には縞柄の紙が覆う。緑の組紐あり。
縦四〇・〇糎、横一〇・八糎、高一〇・五糎。
内箱　縦三六・七糎、横七・五糎、高七・〇糎。

箱書　表　神代巻下
裏　此神典一巻者賀茂社家鴨脚家傳来嘉禎二年舊鈔本也、昭和
廿四年七月念一日　田山方南　印（田山傳）　印（方南）

残欠箇所　『日本書紀』巻第二　神代下。巻首部分、第九段の「故吾亦當避如吾防禦者國内諸神必當」以前が欠損しており、これは、巻第二全体の約十分の一にあたる。

伝来　内箱の裏箱書によれば、賀茂社の社家であった鴨脚家に伝来したとある。その後東京、鈴木三郎助氏旧蔵。箱内に「國立博物館　調査課」からの預証あり。また、昭和二十四年（一九四九）に本資料が修補せられた際の修理設計書あり。

【解題】

一、本資料の伝来と特徴

本資料は、『日本書紀』巻第二の一巻である。その奥書から嘉禎本と呼ばれる。

また、箱裏書にある鴨脚（いちょう）家とは、京都の賀茂御祖神社（下鴨神社）の社司の一家であり、本資料が鴨脚家に襲蔵されていたことから、鴨脚本とも呼ばれる。

鴨長明が、後鳥羽院の後ろ盾によって、下鴨神社の摂社である河合社の禰宜に推挙されたとき、下鴨神社の禰宜であった祐兼（すけかね）は、長男の祐頼（すけより）を推し、結局、祐頼が河合社の禰宜におさまっている。「河合神職鴨県主系図」によれば、祐頼は建久二年（一一九一）に正五位下に叙せられ、下鴨神社の禰宜となった。後に、弟の祐綱（すけつな）、息子の祐継（すけつぐ）[註5]・祐俊（すけとし）も同社禰宜となっている。祐俊の時代の建長六年（一二五四）に下鴨神社に行幸があったとあるから、祐頼・祐綱・祐継・祐俊のいずれかが下鴨神社の禰宜であった頃に、本資料が書写されたと考えられる。

本資料の書写は一筆と認められるが、誤写がしばしば見られ、傍訓にも誤りがある。朱筆を以て句読、ヲコト点が付されており、傍訓の片仮名にも朱筆の声点が差されている。傍訓の仮名は古体のものであり、本資料が古鈔本であることを示している。また、神代巻の一書が正文（本文・本書）に続けて小書双行の形態が、日本書紀の旧態であることは、佐々木本の断簡などからも明らかになっており、本資料が貴重な一本であることが知れる。

図1

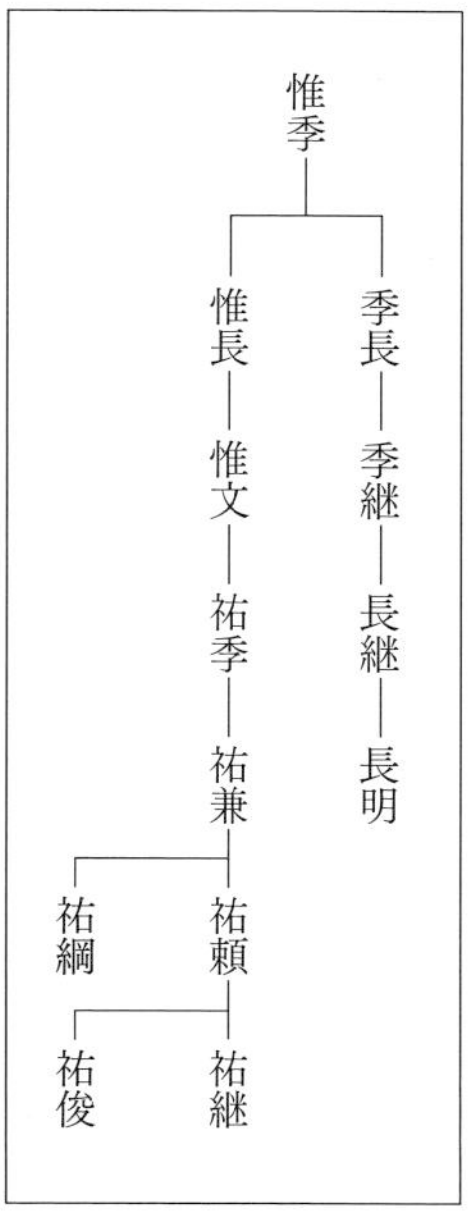

本資料は、十五紙を継いで一巻本としている。紙の継目には、文字がかかっているが、第二紙と第一二紙の継目以外は、行を画す界線が無い。しかも、本資料は、一書は本正文に続き小書双行の形態であることは既に述べたが、紙継部分は行間に一書三行おさめているのも特徴と言えよう。行間は広狭があり、界線も大きく乱れている場合がある。特に、一七五行目と一七六行目を画す界線は、引いている途中に指にあたって大きく乱れたものを、そのまま用いたと推測される。

本資料の系統については、丸山二郎氏が、「その傍訓には他本にて江家本の訓と注されているが注意されよう。而してこれを他本と比べると、図書寮本や熱田本と近いところも多いようである」と指摘する。

鈴木豊氏は、神代紀の声点に注目し、本資料の傍訓の片仮名に差された声点は、乾元本『日本書紀』所引の『日本紀私記』の万葉仮名訓に差された声点と注記箇所が一致する例が多いとし、両者の間に関係があることを指摘する。

内山弘氏は、その系統について、正文と訓点からそれぞれ詳細に検証している。正文からは、大江系統の流れを汲む本である可能性があることを指摘し、さらに訓点からも、「主要古写本の訓点の中では、最も色濃く大江家点の影響を受けている」とする。ただし、本資料の訓点には、大江家点と対立し卜部家点と共通するもの、また独自の訓点も含まれているとし、日本書紀古訓の影響を密接に受けており、「少なくとも鴨脚本の訓点を以て江師卿本の直系の子孫と見なすことは出来ない」とも指摘する。

近代以降の伝来については、大正九年（一九二〇）の日本書紀撰進千二百年紀念会において、無窮会の影写本を古本集影に載せた解説に、

「京都加茂御祖神社の禰宜鴨脚家本を、井上頼圀氏が影寫せしめたるもの、今原本の所在を詳にせざるを以てこゝに攷む、元來殘欽本にして神代紀下巻のみを存す、かつ其巻首は逸亡して「故吾亦當避如吾防禦者國内諸神必當」の行より殘存せり。原本は嘉禎二年書寫の巻子本にして、一書曰は本文に續けて割書となせる古體なり。訓點朱點を附す。」とあって、当時、原本の所在は不明とされていた。

しかし、山田孝雄氏によれば、昭和十三年（一九三八）に鴨脚光朝氏の蔵書から本資料の存在を確認したとある。しかもそれ以前に宮地直一氏が本資料を閲覧しており、宮地氏の勧めにより、古典保存会が複製を作成した経緯を述べている。

また、箱内には、国立博物館調査課から鈴木三郎助氏に宛てた預証があり、國學院大學以前の所蔵も知れる。さらに昭和二十四年（一九四九）に本資料が修補せられた際の「修理設計書」には、現況の装訂について記載されている。

二、日本書紀について

『日本書紀』は、日本において最初に編纂された公式の歴史書である。天武天皇の皇子である舎人親王が編纂を総裁し、養老四年（七二〇）五月二十一日に完成。元正天皇に奏上された。

七〜八世紀にかけては、日本に整然とした国家が出来上がる時期であり、それは、中国大陸の文化や法制を取り入れて、法律を以て国家制度を作り上げようとする時期でもあった。七世紀末に律令制度による国家が成立し、八世紀初頭に国家的国史編纂事業として『日本書紀』が完成する。『日本書紀』は、六国史の第二の史書である『続日本紀』には「日本紀」と記録されており、この名称が、当時から国号に「日本」が用いられていたことと、中国の史書に倣った歴史書であることを、それぞれ示している。

その構成は、国土の創始から、神代を経て、持統天皇十一年（六九七）八月までを、三十巻に著し、さらに系図一巻が作成された。巻第一と巻第二に神話や伝承がおさめられ、巻第三以降に神武天皇から持統天皇の時代の事項が記載されている。巻第一と巻第二は「神代巻」とも称され、「正伝」と呼ばれる十一段の正文と、各段に複数の「一書」が付されているのが大きな特徴である。一書は正文に対する異説・異伝であり、正文に続く小書双文が古写本の形態である。

一書は異説・異伝でありながらも、その後の正文とも関連する場合があり、例えば、第五段の正文では、伊弉諾尊と伊弉冉尊が三貴子を生み、一書では、伊弉冉尊は火神を生んだことにより黄泉国に住まうという大きな違いがある。そして、次段の正文では、伊弉諾尊は神功をおえて「霊運当遷」するとある一方、伊弉冉尊には全く触れられていないのである。神代巻の正文・一書の構成は、内容においても複雑なものであり、これが後の神道説の多様な解釈に繋がっていく。

『日本書紀』編纂の経緯としては、天武紀十年（六八一）三月丙戌条に、天武天皇が大極殿に川嶋皇子をはじめ文筆に巧みな皇族・群臣を集め、「帝紀」と「上古の諸事」を記定させることを詔したことが記されている。天武天皇が帝紀・旧辞の諸本の異同を整理させようとした理念が、それを基にした国家的国史編纂事業へと受け継がれ、八世紀初頭に『日本書紀』の完成を迎えるのである。

漢文の体裁で書かれた『日本書紀』が編纂されると、すぐの時代から平安中期ごろにかけて、朝廷で講書が行われた。その内容を書留めたものが「私記」であり、ことばの古い読み方や意味などを書き記した数種類の記録である「私記」が、注釈書の成立に大きく関係する。最も古い注釈書は、鎌倉時代に卜部兼方（かねかた）が著した『釈日本紀』である。

また『日本書紀』は古写本も多く、四天王寺本・佐佐木本・猪熊本・田中本・岩崎本・前田本（尊経閣文庫本）・図書寮本（禁中本・書陵部本）

などは平安時代の書写と推定されている。佐佐木本・四天王寺本・猪熊本は神代上の断簡であり、古写本の中でも、特に古態を示すものである。

本資料である嘉禎本は、神代下の最古の写本の一であり、誤字や誤脱が少なくないとは言え、佐佐木本・四天王寺本・猪熊本などの古写本と共通する書写形態を存しており、神代巻の正文・一書や訓点・声点などを研究する上では、極めて重要な資料と言えよう。

【参考文献】

・「賀茂神官鴨氏系図」「河合神職鴨県主系図」（『続群書類従』巻第百八十　系図部七十五）。
・日本書紀撰進千二百年紀念会編『日本書紀　古本集影』（一九二〇年）。
・山田孝雄『典籍雑攷』（寶文館、一九五六年）。
・丸山二郎『日本書紀の研究』（吉川弘文館、一九五五年）。
・小林芳規「日本書紀における大江家の訓読について」（『國學院雑誌』七一巻一一号、一九七〇年）。
・西宮一民「日本書紀「訓読」の論」（『国語国文』第四六巻第六号（通巻五一四号）、一九七七年）。
・鈴木豊「『日本書紀』神代巻の声点」（『国語学』一三六集、一九八四年）。
・内山弘「鴨脚本『日本書紀』の本文の系統について」（『国語国文　薩摩路』第四四号、二〇〇〇年）。
・内山弘「鴨脚本『日本書紀』の訓点の系統について――大江家点、万葉仮名私記との比較から――」（『国語国文　薩摩路』第四五号、二〇〇一年）。

【註】

註1　行間ごとに一行と数えた。ただし、第一紙と第二紙、第八紙と第九紙、第九紙と第一〇紙、第一二紙と第一三紙、第一三紙と第一四紙、第一四紙と第一五紙の各紙継箇所は二行と数え、第三紙と第四紙、第四紙と第五紙、第五紙と第六紙、第六紙と第七紙、第七紙と第八紙の各紙継箇所は、一書三行で一行と数えた。

註2　本書の行数と対応した。

註3　特に乱曲や広狭が目立つ行としては、左記の通り。
一七六行目　上：二・五糎、中：三・四糎、下：二・八糎
二二四行目　上：二・五糎、下：三・一糎
二三五行目　上：三・五糎、下：二・八糎

註4　紙継ぎの箇所の界幅は、左記の通り。
第一紙と第二紙　上：三・八糎、下：三・七糎
第二紙と第三紙　上：三・二糎、下：三・五糎
第三紙と第四紙　上：三・六糎、下：四・五糎
第四紙と第五紙　上：三・九糎、下：三・七糎
第五紙と第六紙　上：三・八糎、下：四・二糎
第六紙と第七紙　上：三・四糎、下：三・四糎
第七紙と第八紙　上：三・九糎、下：四・二糎
第八紙と第九紙　上：三・四糎、下：三・八糎
第九紙と第一〇紙　上：三・八糎、下：四・五糎
第一〇紙と第一一紙　上：三・八糎、下：四・八糎
第一一紙と第一二紙　約二・五糎
第一二紙と第一三紙　上：五・五糎、下：五・〇糎
第一三紙と第一四紙　上：六・三糎、下：六・三糎
第一四紙と第一五紙　上：五・五糎、下：五・九糎

註5　「賀茂神官鴨氏系図」には祐継に「禰宜」の記載はない。

難読箇所一覧

木村大樹
塩川哲朗
山口祐樹

【凡　例】

一、この一覧は、虫損や欠損等による不鮮明箇所を中心に、底本において読解に支障のある箇所を抜き出したものである。

一、最初に『日本書紀』の頁番号を漢数字で掲げ、次に行番号をアラビア数字で示した。一行が二段に分かれている場合は左右で示した。

一、19と20、146と147、165と166、237と238、256と257は紙継箇所であり、界線は無いが、各正行一行と数えた。

一、219と220は紙継箇所であり、界線は無いが、一書二行と数えた。

一、56、74、92、110、128は紙継箇所であり、界線は無いが、一書三行と数え、左中右で示した。

一、虫損・欠損等による判読不能な箇所は□で示し、判読に支障のある箇所は［ ］で囲んだ。

一、朱筆による書き入れ箇所は〈　〉で示した。

一、挿入符は○を用い、訂正・挿入字は（　）で示し、※にて指示内容を表記した。

一、特に注記が必要な箇所は※にて内容を示した。

一、旧字は、できるだけ底本のままに掲出した。

一、傍訓の異体仮名は通行の字体に改めた。

例：ヽ→キ　个→ケ　七→サ　し→シ　爪→ス　丷→ツ
　　チ→テ　尓→ニ　子→ネ　丅→マ　ア→ミ　上→ユ
　　禾→ワ　井→ヰ　シ→ヲ

一、ヲコト点・合点・声点等は省略した。

三・1　故［吾］亦［當］□□□［防］禦者
2　［今我］□［避］
3　平國(ムケシ)［時所］杖(リシ)
4　有［治功(ナセルコト)］
5　［當平］安［今］□當
6　言訖遂隱　※「言」の左傍に黒点あり
8左　二神□□［也倭文神］
四・9　于［時］□［皇］
11　［降］之
12　［排分(オシワケ)］

◆

15　平［處(タヒラニ)］
左　尒［摩］梨
五・18　［有］一人
20　任［意］遊之
［留住］
六・24　末(イツハリ)［信之(ナラムトオホシ)］
26　［汝所懷(ハラメル)］
七・36右　鹿兒(カコ)［弓］
左　［遣］之
37右　［八年無(ヤトセニナルマテ)］以報命

◆

八・38右　［天］稚彦
左　八年之間未(ヤトセコロカヘリコトマウセス)
39左　樹［上(スエ)］可射［之］
天鹿［兒］弓
40右　［便］射之
41左　還投［之］
42左　将柩上去(ユク)
43左　友［善(ヨシ)］
44右　與［天］稚彦
九・45左　喪［屋］

47右 欲令衆人
左 映丘谷
48右 多奈婆多
49左 阿弥播利
一〇・52右 未乎（サヤケリ）〈平〉矣
53右 問大己貴神曰
54右 何不奉歟
左 告之日
55左 皇孫
56左 媛女上祖
57左 可王之地〈也〉
58右 皇孫就（イテマシ）而
左 已而
一一・59右 背長（ソヒラ）
60右 且勝於人
左 於齊下而咲嘘（アサワラヒ）
61右 所幸（イテマスル）道路
左 今當 降（イテマス）〈ヘシ〉
63右 汝何處到邪
64右 故汝
65右 皇孫
一二・66左 皇孫勅
68右 武甕槌神
69左 神（〇「号＋帝」）齋（イハヒノ）之大人（ウシ）
一三・74中 造又於天安河亦造打橋
74左 於是
75右 吾所治

左 治幽（カクレタル）事
77右 逆命（シタカハヌ）者
一五・89右 取舎随勅（トモカクモオホムコトノママ）　※傍訓は上欄にあり
92中 詛（トコヒ）之日
一六・95左 誓（ウケヒ）之日
必不（サイハヒナケム）　※傍訓は下欄にあり
96右 必當全〈生〉則
一七・106左「子」而
一八・110左 天神之〈子〉名
113左 威（カシコサ）
一九・115左 尾張
117左 天稚彦
118左 縁也
120右 而排披
左 尊于時
穂添山峯（〇ソホリノヤマタケ）
二〇・122右 然今乃
123左 磐長姫
125右 皇孫
126左 比五月
128右 天火耳
左 命次〈火〉※下欄に書き入れあり
二一・129右 夜（ヨリ）織
130左 女子
132右 云左
135 鈎（チ）
訪覓（マタ）

二二・137 鈎雖
138 復
140 勿復憂（マタナウレヘマシソ）
為汝計（イマシミコトノタメニタハカラムトシ）
141 之乃
籠中（カタマ）
142左 汀此云
二三・143 雉堞整頓（タカ、キヒメカキト、ノホリ）
144 臺宇（タカトノヤ）
149 問其來意（イテマセルミ心）
二四・150 大小之（トホシロクチヒサキ）
157 從容（オモフル）
二五・160 潮涸瓊（ヒ ニ）
二七・176 後久〈之〉
177 崩葬（カミアカリマシヌハフリマツル）
二八・181右 患「於」
183左 尋汀（ハマノマ、ニ）
184左 群（ムレ）〈◦従〉自
185右 驚〈◦還〉而白
左 天降■■
天垢（アメノカホアカ）
二九・186右 妙美（マクハシ）
187左 至此（イテマセル）
188右 言来（ノタマフミタセル）
左 奉慰（ツカマツル）
191左 飢饉（ウヘ）
193左 壯日出

三〇・195右　透虵(モコヨフ)
海郷留(ワタツミノ)
左　稱彦(マウス)
197右　一好(シミツ)「井」
198右　驚而墜
左　[鋺]々既
破砕(ワリクタケヌレトモ)　不
199左　坐定(シツマヌル)
三一・201右　立[得於是海神]
左　呑　餌(ツリクフコト)
202左　欣(ヨロコヒ)「慶」
203右　[以思]
204左　勿以向授(ムカヒテナサツケマシソ)

205右　求　愍者(コハ、メクミタマヘト)
左　[以救]
207左　[平][復](タヒラキヌ)巳而
三二・208右　邪弟　※上欄に〈耶弟〉の書入れあり
潮溢(シホミツニ)
209左　請　哀(カナシヒタマヘ)
210右　徳遂([イキヲヒ])
212右　[有風]雨
214右　[故別]作
故（〈〇釣〉）云云
三三・216左　[八重]
218左　[巳經]三年
219左　〈汝〉兄　※上欄に書入れあり

三四・222左　可[作]高田
224左　田[妾]巳有
226左　孕(ウミカ)　月([ツキ])
三五・230左　他（〈〇婦〉）似
232右　[玉]依姫
234右　火[折]尊
三六・237右　故[今]我
240右　曰[吾]謂
241左　見[之]乃
三七・243左　兄[入]海
246左　不[與]共言
三九・265　〈移點了〉

三嶋本 日本書紀 巻一・巻三

〈請求番号 貴重図書六四―六五〉

小林宣彦

【書誌情報】

見返にそれぞれ、「日本書記（ママ）（紀カ）巻第一 神代上 残簡」と「日本書記（ママ）（紀カ）巻第三 神日本磐余彦天皇 残簡」の題簽あり。

書写年代　三嶋大社所蔵本の奥書によれば、応永三十五年（一四二八）（口絵12参照）。

巻冊　二巻。

装訂　巻子本。継紙は黄麻紙。薄緑色の組紐あり。

表紙　茶表紙。

寸法　「巻第一」縦：約二八・二～二八・六糎、横長：約四三三・八糎。
「巻第三」縦：約二八・四糎、横長：（上）約二〇九・七糎（下）約二〇九・二糎。

料紙　紙本。楮紙。

紙数　「巻第一」十二紙。巻首に「東」の黒割印、三箇所あり。継目に八角形「東」の黒印あり（印縫）。

第一紙　幅　三六・二糎、
縦（右）二八・二糎（左）二八・五糎、
上欄（右）二・三糎（左）二・五糎、
下欄（右）三・〇糎（左）二・九糎

第二紙　幅　三六・一糎、縦（左）二八・五糎、
上欄（左）二・五糎、下欄（左）三・〇糎

第三紙　幅　三六・三糎、縦（左）二八・五糎、
上欄（左）二・三糎、下欄（左）三・〇糎

第四紙　幅　三六・二糎、縦（左）二八・五糎、
上欄（左）二・三糎、下欄（左）三・〇糎

第五紙　幅　三六・二糎、縦（左）二八・四糎、
上欄（左）二・三糎、下欄（左）三・〇糎

第六紙　幅　三六・三糎、縦（左）二八・五糎、
上欄（左）二・二糎、下欄（左）二・九糎

第七紙　幅　三六・〇糎、縦（左）二八・六糎、
上欄（左）二・三糎、下欄（左）三・〇糎

第八紙　幅　三六・〇糎、縦（左）二八・四糎、
上欄（左）二・三糎、下欄（左）二・九糎

第九紙　幅　三六・一糎、縦（左）二八・五糎、
上欄（左）二・三糎、下欄（左）三・〇糎

第一〇紙　幅　三六・二糎、縦（左）二八・六糎、
上欄（左）二・四糎、下欄（左）二・九糎

第一一紙　幅　三六・〇糎、縦（左）二八・六糎、
上欄（左）二・四糎、下欄（左）二・九糎

第一二紙　幅　三六・二糎、縦（左）二八・四糎、
上欄（左）二・三糎、下欄（左）三・〇糎

「巻第三」八紙。巻尾に「東」の黒割印、三箇所あり。継目に八角形「東」の黒印あり（印縫）。

第一紙　幅（上）三六・五糎（下）三六・五糎、
縦（右）二八・四糎（左）二八・四糎、
上欄（右）二・四糎（左）二・四糎、
下欄（右）二・九糎（左）三・〇糎

第二紙　幅（上）一六・八糎（下）一六・八糎、
縦（左）二八・四糎、
上欄（左）二・三糎、下欄（左）三・〇糎

第三紙　幅（上）一七・二糎（下）一六・八糎、
縦（左）二八・四糎、
上欄（左）二・四五糎、下欄（左）二・八五糎
第四紙　幅（上）三六・一糎（下）三六・〇糎、
縦（左）二八・四糎、
上欄（左）二・四糎、下欄（左）二・八五糎
第五紙　幅（上）一七・〇糎（下）一六・七糎、
縦（左）二八・四糎、
上欄（左）二・二糎、下欄（左）二・九糎
第六紙　幅（上）一四・五糎（下）一四・七糎、
縦（左）二八・四糎、
上欄（左）二・三糎、下欄（左）二・九糎
第七紙　幅（上）三六・一糎（下）三六・〇糎、
縦（左）二八・四糎
上欄（左）二・三糎、下欄（左）二・九糎
第八紙　幅（上）三五・五糎（下）三五・七糎、
縦（左）二八・一糎
上欄（左）二・三糎、下欄（左）二・八糎

本文用字　墨筆　界線。
朱筆　なし。

一面行数　十六行、巻第三の第二・三・五紙は八行、巻第三の第六紙は七行。天地に界線あり。その間に行を画す。行間は約二・三〜二・五糎。行間毎に正文一行、注文・一書は小書二行。

「巻第一」
第一紙　十六行（一〜十六（十六行目は半行））、
第二紙　十六行（十六〜三一）、
第三紙　十六行（三二〜四七（一書一行目））、
第四紙　十六行（四七（一書二行目）〜六二）、
第五紙　十六行（六三〜七八（七八行目は半行））、
第六紙　十六行（七八〜九三）、
第七紙　十六行（九四〜一〇九（一〇九行目は半行））、
第八紙　十六行（一〇九〜一二四）、
第九紙　十六行（一二五〜一四〇（一書一行目））、
第一〇紙　十六行（一四〇（一書二行目）〜一五五）、
第一一紙　十六行（一五五〜一七一（一書一行目））、
第一二紙　十六行（一七一（一書二行目）〜一八六）

「巻第三」
第一紙　十六行（一〜十六（十六行目は半行））、
第二紙　八行（十六〜二三）、
第三紙　八行（二四〜三一（三一行目は半行））、
第四紙　十六行（三一〜四六（四六行目は半行））、
第五紙　八行（四六〜五三）、
第六紙　七行（五四〜六〇（六〇行目は半行））、
第七紙　十六行（六〇〜七五（七五行目は半行））、
第八紙　十六行（七五〜九〇）

一行字数　「巻第一」　正文は十六〜十九字。[註1]　注文・一書は二行、各十七字。
「巻第三」　十四字。[註2]　二三行目は十五字。

界幅　約二・三〜二・五糎。

界高　約二二・九〜二三・四糎。

書き入れ　なし。

奥書　巻第三の見返奥に「慶長十四年己酉五月十二日総州府中、牛伏寺憲康法印参拝読砌、書誌之者也」の奥書あり。

箱　縦三三・八糎、横七・五糎、高七・五糎。

箱　書　（表）日本書紀巻第一第三殘簡
（裏）昭和十四年十二月十一日題　辻善之助（花押）

伝　来　静岡県の三嶋大社に襲蔵する書写本から流出した断簡が、守屋孝蔵氏を経て、國學院大學に所蔵される。

切断部分　「巻第一」

第五段、第六の一書「畢則更追伊弉諾尊又投湯津杭櫛此即化」と「成筍醜女亦以抜噉之噉了則更追後則伊」の行間が切断部分。後行が本資料であり、巻首に「東」の黒割印三箇所あり。

第七段、第二の一書「倶之祓具此云波羅閇都母能手端吉棄此」と「云多那須衛能余之岐邏毘神祝々之此云」の行間が切断部分。前行が本資料だが、文字の損傷あり。

「巻第三」

神武天皇即位前紀戊午年六月「来自叶祥夢大哉赫矣我皇祖天照」と「太神欲以助成基業乎是時大伴氏」の行間が切断部分。後行が本資料。

神武天皇即位前紀戊午年九月「〈破毘〉用汝爲齊主授以厳姫之號而名」と「其所置埴瓮爲罔象女〈罔象女此云淤菟破廼毘〉」の行間が切断部分。前行が本資料であり、巻尾に「東」の黒割印三箇所あり。

【解題】

一、本資料の伝来と特徴

三嶋本は静岡県の三嶋大社に襲蔵するもので、大正九年（一九二〇）に日本書紀撰進千二百年紀念会が開催された当時は、旧態のまま三嶋大社に伝存していたが、その後、巻第一と巻第三の一部が切り出されたという。さらに、昭和十二年（一九三七）ごろ、京都の守屋孝蔵氏が所有する断簡が、三嶋本の欠脱部分であることが判明したという。これは、継目の八角形の「東」の黒印（印縫）などから判断された。欠脱の時期や切り出した人物、また、三嶋大社から守屋氏に至る経緯については一切不明である。この断簡が昭和三十二年（一九五七）ごろに國學院大學に収蔵された経緯は、中村啓信氏の解説に詳しい（以降、三嶋大社所蔵を「三嶋本」、國學院大學所蔵を「本資料」とする）。

三嶋大社所蔵の書写本の奥書によれば、応永三十五年（一四二八）に良海・快尊・重尊・真尊が「三嶋宮」を参籠した折に書写したもので、同本の箱蓋裏書によれば、三嶋宮への奉納は応永三十五年六月一日であった。

本資料の慶長十四年云々の奥書については、中村氏が、「慶長十四年以前に三嶋大社から流れ出た断簡を、慶長十四年に憲康法印が拝読した際、別紙を接いで奥書した」ことには「決定的な矛盾がある」と指摘している。そして、本資料の表側に捺してある「東」印を持ち出した人物が三嶋本を切り出した者であり、本資料の奥書は、大正九年以降に「古態を偽装した付加物」と結論付けている。

三嶋本は首部に朱筆の訓が見られるのみで、本資料には訓点などは無い。

また、三嶋本は、巻第一・二・三が伝存する。この三巻をおさめた書写本としては、他に京都の北野天満宮が所蔵する「一峯本」がある。一峯本は神代巻上・下と神武紀を三冊本とし、各冊子に「天」「地」「人」の文字をそれぞれ配している。この一峯本・三嶋本ともに正文（本文・本書）に続き一書が小書双行されている。

他本との関係については、丸山二郎氏が、「巻第二彦火々出見尊高屋山上陵下に「矣治天下六十三万七千八百九十二歳」の文字がある」ことから、三嶋本と東京国立博物館所蔵の「玉屋本」とが近いことを指摘している。[註3] 中村氏も両本を詳細に比べて「血縁関係が非常に濃い」とし、さらに、三嶋本は『類聚国史』の伝本であると指摘した。

前述したように、本資料の一書は、正文に続いて小書双文という古態の写本（猪熊本・四天王寺本など）と同様の形式である。ところが、本資料の巻第一・第五段・第六の一書は、ほとんどが正文と同様の大書一行で書されている。一云や注文は小書双行であるのだが、同一書でも、二五行目右一二字目から二六行目の「然後洗左眼、因以生神號曰天照大神太神、復洗右眼、因以生神號曰月讀尊、復洗鼻、因生神號曰素盞嗚尊、凡三神矣、已而伊弉諾尊勅任三子曰」(註4)以上の箇所も細書二行で書されており、本資料の巻第一・第五段・第六の一書すべてが大書一行というわけではない。以上の点から、本資料の巻第一・第五段・第六の一書は、複雑な構成をとる箇所であることが指摘できる。

三嶋大社所蔵の書写本を確認しても、同じ第五段・第六の一書は、やはり大部分が大書一行である。また、第五段・第二の一書の一部も大書一行となっている。さらに、第五段の正文は、伊弉諾尊と伊弉冉尊が海川山木草を生むところから始まるが、三嶋本の正文では、出だしの「次生海原、次生川、次生山、次生木祖句々廼馳、次生草祖草野姫、亦野槌神、一書曰、既而伊弉諾尊伊弉冉尊、共議言」までが小書双行であり、大書一行は「吾已生大八洲國及山川草木」から始まる。「亦野槌神」の後に「一書曰」の文字があることが三嶋本の特徴であるが、このために、この箇所が正文ではなく一書と解釈された可能性を指摘しておきたい。

以上のことから、三嶋本では、巻第一の第五段において、特筆すべき点があることを指摘できるのであり、これは、三嶋本の伝来を考える上においても重要であろう。この第五段の特徴は、他の諸写本では、玉屋本にのみ確認できることから、やはり三嶋本と玉屋本とが近しい関係にあることは確かであろう。

また、三嶋本の第五段において大書一行された箇所を以てつなげてみると、ある程度、矛盾無く話が再構成されていることが分かる。すなわち、

・イザナギノミコトとイザナミノミコトによる三貴子の誕生。
・三貴子の分治とスサノヲノミコトの根国への追放。
・火神カグッチの出産。
・イザナギノミコトとイザナミノミコトの黄泉国神話。
・イザナギノミコトの禊と九神の誕生。
・三貴子の新たな分治とスサノヲノミコトの根国への追放。

以上の通りである。これは玉屋本でもほぼ共通している。(註5)

さらに、同箇所を一峯本で確認すると、正文は大書一行、一書は小書双行であり、三嶋本と玉屋本のように、一書が大書一行とされた箇所は確認できない。しかし、一峯本には書き入れ、擦消、見消などが多数見られ、朱の線と○も多数付されている。特に朱の線と○については、一峯本の所蔵者が注目すべきと判断した箇所に付されたものと推測できる。そして、巻第一・第五段では、第二の一書の「火神カグッチの出産」の箇所に朱○が付されており、第六の一書では「黄泉国譚」の「伊弉諾尊」と「伊弉冉命」(註6)、「三貴子の分治」の「月読尊」と「素戔嗚尊」に朱線が付されている。中世後期における『日本書紀』研究において、同箇所が注目されていたことが推測できる興味深い資料である。(註7)

また、三嶋本と関係が近いとされる玉屋本も傍訓や書き入れなどが多いが、巻頭に、「大初大始大素太一古」の一行があり、その横に五つの梵字、さらにその梵字ごとに「意識精」「天御中」「天照太神」「阿閦普賢」「炎魔愛染」が当てられているなど、仏教側による『日本書紀』解釈が特徴である。これは、中世の『日本書紀』研究や神道説の伝播の特徴を示している。

そして、三嶋本においても、中世神道説や『日本書紀』研究の解釈・成立・伝播などを考察する上では非常に重要な資料であり、特に巻第一・第五段・第六の一書を含む本資料も、貴重な資料と位置付けられるだろ

う。

付記　「一峯本」と「玉屋本」の観覧におきましては、北野天満宮ならびに東京国立博物館に多大なるご配慮を賜りました。ここに御礼申し上げます。

【参考文献】

・國學院大學日本文化研究所編『校本日本書紀』（角川書店、一九七三年）。
・三嶋本日本書紀影印刊行委員会編『三嶋本日本書紀』（國學院大學、一九八二年）、解説担当は中村啓信。
・飯田武郷『日本書紀通釈』上篇之二（大八洲学会、一八九〇年、後、『増補正訓日本書紀通釈』第一冊（日本書紀通釈刊行会、一九四〇年）に所収）。
・日本書紀撰進千二百年紀念会編『日本書紀　古本集影』一九二〇年。
・丸山二郎『日本書紀の研究』（吉川弘文館、一九五五年）。
・丸山林平『定本日本書紀』（講談社、一九六六年）。
・大島信生「日本書紀巻第一、第五段（四神出生章）一書第二をめぐって」（『皇學館大学神道研究所紀要』第二十輯、二〇〇四年）

【註】

註1　正文と注文とがある行は、正文と注文一行の字数で数えた。
註2　注文は二行。
註3　玉屋本は、巻末の奥書に良海の署名と花押がある。ただ、奥書や署名の筆は、同筆と別筆が混在しているため、応永から永享の時期に良海の手によって書写されたとは断定できない。
註4　句点は適宜付した。以下、同様。
註5　玉屋本では、「三貴子の新たな分治」の箇所は小書二行となっている。
註6　一峯本では、伊弉冉の「尊」が見消で、小字の「命」が右に付されているため、伊弉冉命とした。
註7　他にも、第五段では、「泉津平坂」に朱線が、住吉社の祭神である「底筒男命・中筒男命・表筒男命」の箇所に朱○と朱線が、禊によって生まれた「天照大神・月読尊・素戔嗚尊」に朱線が、それぞれ付されている。

難読箇所一覧

木村大樹
塩川哲朗
山口祐樹

【凡　例】

一、この一覧は、虫損や欠損等による不鮮明箇所を中心に、底本において読解に支障のある箇所を抜き出したものである。
一、最初に『日本書紀』の頁番号を漢数字で掲げ、次に行番号をアラビア数字で示した。一行が二段に分かれている場合は左右で示した。
一、虫損・欠損等による判読不能な箇所は□で示し、判読に支障のある箇所は[]で囲んだ。
一、特に注記が必要な箇所は※にて内容を示した。
一、旧字は、できるだけ底本のままに掲出した。

◆

巻第一

四三 6 愛[也]
8 [将千]五百
四四 9 謂[岐]神也
11 [又]投
道[敷]神矣
12右 不[復]別
13 伊弉[諾]尊
16 身之[所汚乃]興言
20 生[神号]曰
四五 21 生[神]号曰[中]筒
22 潮[上]因
24右 [底]筒男命
四六 25左 [右]眼
26右 素[盞]烏
左 凡[三]神
27 月[讀尊]
30 [常以啼泣]
四七 34左 又[曰]
35右 五[百筒磐]石
左 磐[筒]男
36左 [都美]
37右 麻苦羅[陛]
38右 阿[我]儺勢
39右 多儺[枳]
醜[女]
左 云[余]母都
40右 絶[妻]
四八 41右 伊弉[諾尊]斬[軻]
43左 含火[之]縁
云[簸]耶
44左 欲[見]
45左 吾夫[君]尊[請]
47左 大桃樹[故]
48左 [退]去
四九 49右 [投]其杖
岐[神]
左 本号[曰]
[在]首
50右 日[稚]
53右 [諾]尊
左 [号]曰
54右 [凡]二
左 神[矣]
五〇 58左 磐[土]
[又]入
59右 底[土]命
60左 三[子]
61左 滄海[之]原
62左 [保]食
63左 海[則]

五一　65右　以口吐之物
67左　生稲
68右　生麦
70左　然甚快也
得抽糸
71左　阿烏比等久佐度
72　於是
五二　76　亦伊弉諾尊
登天
77　仍留宅
80　吾弟之
五三　81　來豈
奪國之志
84　其髻髪
85　及腕
左　知能利斗
87　握劒柄
88左　籤邏、筒
88　稜威之
五四　89　嘖讓
93　問曰
五五　97　素取
十握釼
100　市杵嶋姫
101　凡三姫神
天照太
五六　105　天穂日命

105右　出雲臣土
105　次天津
105右　是凡
106右　山氏代
109　神悉是
五七　113右　奪我
劒九握
左　臂着稜
114右　弓箭親
左　無悪心
116右　先食
号瀛津嶋
左　八握劒
117右　已而素
其頸所
五八　121右　天孫所
124左　与姉共立
五九　132左　天安河
133左　男矣如
六〇　139左　知素戔嗚尊
赤心
140右　使治天
141右　宇佐嶋
左　筑紫
143　素戔嗚尊
六一　150　八十万神
152　長鳴鶏

六二　157　其祈祷焉
遠祖
159　天香山
160　焼覆増
六三　167　幸然
皈罪過
六四　169　其手足
170左　織神之
素盞嗚
171左　尊乃驚
172右　天照太神
左　天石窟
173左　天高市
174右　兼神者
左　神之象
175左　皮以作
六五　177右　素盞嗚尊
178左　日神恩親
181右　天糠戸
左　遠祖
183左　開磐戸
185右　手端吉
六六　186左　倶之祓

巻第三

六九・3　烏
8　使徴

七〇	14	殿内施機
七一	20	陳其屍
七二	25	藝
	26	波
	27	波麼佐
	31	奏此歌者猶有
七三	36	属井光

七四	41	天皇
	44	彼苑田
七五	49左	志
	50	天皇
	54	地祇
	55左	伽
七六	60	天香山埴

七七	65	勅之曰
	70	禦
七八	75	厳瓮
七九	82	無大小
	87	上
	88	有
八〇	89	作

梵舜本 古語拾遺

〈請求番号　貴重図書九七九〉

藤森　馨

【書誌情報】

表紙に「梵舜御筆古語拾遺」と打ち付け書きの書名あり。

巻頭に「古語拾遺」（表紙を除く墨書第二紙本文）という書名あり。

巻　冊　一帙一冊。

装　訂　四ッ目線装本。

寸　法　縦：二七・二糎、横：一九・六糎。

料　紙　楮紙。

丁　数　二十六丁。

一面行数　毎半葉七行十七字詰。

一　行　十七～十八字詰め。双行注文あり。

字　高　二二糎。

本文用字　漢文体。

　墨　筆　返り点、ルビ、音読符・訓読符等。

　朱　筆　於乎止点、句読点等。

帙　紺色無地「古語拾遺」と鉛筆書きの題簽有り。

書写年代　自署や年付はないが、その筆跡や吉田兼雄（かねお）の奥書によれば、吉田兼見の弟神龍院梵舜の筆跡であると考えられる。したがって、梵舜（ぼんしゅん）が活躍した桃山時代から江戸初期に書写されたものと推測される。

奥　書　二十四丁目表から二十五丁目裏にかけて本奥書並びに書写奥書・伝授奥書などあり。二十四丁目表冒頭に「御奥書云 一見了、卜　御判」とあり、続いて「嘉禄元年二月廿二日以左京権大夫長倫朝臣本書写畢。翌日校點畢。□□□祠部員外郎□御判。比校證本畢同二廿六。累祖相傳本聊示霊異、輙難披閲、仍細々為了見以他本所書写也。卜兼—直」という本奥書がある。ただし、嘉禄本の奥書を忠実に書写したものではない。「嘉元四年八月廿一日取目録訖。凡此書朝夕所練習也。祠部員外郎卜兼—夏」（嘉禄本裏書き末尾にあり）という兼夏の奥書がある。続いて読合や修補・伝授の奥書が続く。以下に記す。「延文元年中歳四月十七日修補之。雖片時不可出他處、仍餘本一両所令用意者也。正四位上行神祇大副卜部兼—豊」（嘉禄本裏書き末尾にあり）・「應安第六之暦仲春十一之夕、重讀合。従四位上行左京權大夫卜部兼—熈」（嘉禄本裏書き末尾にあり）・「至徳二年十月三日重讀合畢。正四位上行神祇大副弾正大弼卜部朝臣御判」（嘉禄本本奥書に続く継紙にあり）・「同三年六月二日一見畢。従三位卜部朝臣兼—熈」・「明徳元年後三月廿三日抄出畢。侍従卜部朝臣　御判　拾遺之官者一巻之名也、有興事也」・「應永三年六月二日以累家之秘讀授兼敦畢。侍従卜部朝臣　御判」・「應安六年兼熈授申　二條故殿下良—畢」・「應永二年十二月十四日授大内左京大夫入道義弘畢卜部兼—」・「應永四年四月十五日千度御祓勤修之中、此巻讀合之畢。神祇大副兼治部卿右馬頭卜部朝兼—敦」・「應永五年十月十七日為御祈始千度御祓修中、此一巻讀合之畢。卜部兼—」・「康正三年二月十三日一見之訖。正三位行神祇權大副侍従卜部朝臣兼—名」・「文明元年六月廿七日一見畢。正四位上行神祇權大副兼侍従卜部朝臣兼—」・「文明十九年二月上旬課或人書写焉、同五月廿五日為備後代之證本、以累家之秘説加朱墨両點讀合之畢。蔵人神祇少副卜部朝臣兼致」（嘉禄本無し）・「同六月十一日加首書訖。卜部御判」（嘉禄本無し）・「右龍玄筆跡也。加證明了。花押（兼雄）」（嘉禄本無し）・「梵舜御筆也。加修補畢。弘化四年十一月廿九日従三位侍従卜部良芳」（嘉禄本無し）。

印記　一丁目「隠顯蔵」（吉田家蔵印）・「寶玲文庫」（フランク・ホーレー）・「幽顯」、二丁目「幽顯」、二六丁目「朝陽臺」・「月明荘」（反町茂雄）。「隠顯蔵」を除き陽刻。いずれも朱印。

事書　三丁目裏「稚子之縁」（嘉禄本裏書きにあり）四丁目表「入天石窟閉戸給事」（嘉禄本裏書きにあり）、六丁目表「注連之縁事」（嘉禄本裏書きにあり）、六丁目裏「太玉命子」（嘉禄本にあり）、六丁目裏「於茂志呂事」（嘉禄本裏書きにあり）、七丁目表「草薙剱事」（嘉禄本裏書きにあり）、七丁目裏「恩頼事」（嘉禄本裏書きにあり）、八丁目表「葦原瑞穂國」（嘉禄本裏書きにあり）、八丁目裏「神璽事」（嘉禄本裏書きにあり）、八丁目裏「神籬事」（嘉禄本裏書きにあり）、一〇丁目表「猿女本縁事」（嘉禄本にあり）、一〇丁目裏「掃部之根源」（嘉禄本裏書きにあり）、一一丁目表「八咫烏事」（嘉禄本裏書きにあり）、一一丁目表「千木事」（嘉禄本あり）、一一丁目表「皇居事」（嘉禄本裏書きにあり）、一一丁目表「宮柱事」（嘉禄本裏書きにあり）、一二丁目表「安房國安房社為太玉命事」（嘉禄本あり）、一二丁目裏「八神殿事」（嘉禄本裏書きにあり）、一三丁目表「天璽鏡剣事」（嘉禄本裏書きにあり）、一三丁目表「鏡剣奉安正殿事」（嘉禄本にあり）、一三丁目表「大殿祭事」（嘉禄本裏書きにあり）、一四丁目裏「用熊鹿皮角布等祭神祇本縁事」（嘉禄本にあり）、一五丁目表「以弓矢刀祭神祇事」（嘉禄本にあり）、一七丁目表「御躰御卜始事」（嘉禄本にあり）、一八丁目表「草薙剱在尾張國熱田宮事」（嘉禄本裏書きにあり）、二〇丁目表「御巫事」（嘉禄本にあり）、二〇丁目裏「蝗事」（嘉禄本裏書きにあり）、二一丁目表「御歳明神獻白猪等事」（嘉禄本裏書きにあり）。

頭注　二丁目裏から三丁目表「一本、天中所生神、名曰天御中主神、其子有三男長男高皇産霊神、古語多賀美武須比、是為皇親留伎尊、即伴・佐伯等祖也、次津速産霊神、是為皇神神留弥尊、即中臣朝臣等祖也、次神皇産霊神、此紀直祖也、其高皇産霊神所生之女子名曰栲幡千々姫命云々、」（嘉禄本裏書きにあり）、四丁目裏「舊事本紀曰令津咋見神種殖穀木綿作白和幣、復令粟忌部祖天日鷲神造木綿者」（嘉禄本無し）、五丁目表「古事記ウスメ」、五丁目表「舊事本紀云、天鈿女命以香山之真坂樹為蔓云々」（嘉禄本裏書きにあり）、八丁目裏「咫釋氏云、咫尺近也、孫伸云、説文中夫人手長八寸謂之、咫周尺也、孫愐云、賈達云、八寸為咫」（嘉禄本裏書きにあり）、一〇丁目裏「日本紀云、日臣命有能導之功、是以改汝名為道臣」（嘉禄本にあり）、一一丁目裏「延喜神祇式曰、出雲國所進御富岐玉六十連（三時大殿祭料卌六連、臨時廿四連）、毎年十月以前令意宇郡神戸玉作氏造備、差使進上」（嘉禄本裏書きにあり）、一二丁目裏「延喜神祇式云杵木千二百卌四竿讃岐国十一月以前差綱丁進納」（嘉禄本裏書きにあり）、一三丁目裏から一四丁目表「日本書曰、崇神天皇紀云六年百姓流離、其勢難以徳治之、是以晨興夕惕、請罪神祇、先是請罪神祇先是天―大神倭大国魂二神並祭於天皇大殿之内、然畏其神勢、共住不安、故天―太神託豊鋤入姫命祭於笠縫邑云々、日本大國魂神託渟名城入姫命令祭云々」（嘉禄本裏書きにあり）、一四丁目裏「日本紀云、（垂仁天皇）廿五年三月丁亥朔丙申、離天―太―於豊耜姫命、託于倭姫命、故隋太神教其祠立於伊勢国、因興斎宮于五十鈴川上、是謂磯宮云々」（嘉禄本裏書きにあり）、一四丁目裏「日本書紀曰、垂仁天皇廿七年秋七月癸酉朔己卯、令祠官卜兵器為神幣吉之故、弓矢及横刀納諸神之社、仍更定神地戸、以将祠之、蓋兵器祭神器始興於是時也」（嘉禄本裏書きにあり）、一五丁目表「日本書景行天皇紀云、卌年秋七月癸未朔戊戌、天皇詔群卿曰、今東國不安、暴神多赴、亦蝦夷悉叛、遣誰人以平其乱、群臣皆不知誰遣役也云々、冬十月壬子朔癸丑日本武尊発路之、戊午枉道拝伊勢神宮云々」（嘉禄本裏書きにあり）、一八丁目表「軍防令曰凱樂也、軍帰之時獻功樂也」（嘉禄本にあり）、

付　箋　二一丁目に「九龍化骨神隻身」という蓮台に書かれた付箋あり（口絵10参照）。

【解題】

本書は一丁目表に斎部浜成や『天書』と『古事記』の関係、『古語拾遺』の由緒に関する卜部兼文の注記があり、裏に卜部兼直の注記が見られる。飯田瑞穂氏によれば、嘉禄本に元来存在したものであろうという。石井正敏氏は、飯田氏の見解をさらに進め、巻頭の兼直注記の余白の右側に兼文が注記したとしている。また、二三丁目に「裏書云」として、大同元年八月の奉幣使に関する『日本後紀』の中臣氏と斎部氏との争論記事が書写されている。なお、嘉禄本の裏書きにも中臣氏と斎部氏との争論の記事が見られる。裏書きには七月と見えるが、八月が正しい。

一、成立

本書は我が国最古の国書目録である『本朝書籍目録』の神事の編目に分類されているように、古来より神道関係の書、すなわち神書として尊重されてきた。斎部広成により、中臣氏と同様古くからの神祇氏族斎部氏の古伝を伝えるものとして撰進された。

その成立は、大同元年（八〇六）八月十日に、中臣・忌部（斎部）両氏を奉幣使に平等に用いよ、という勅裁が下されるが、奉幣使任用争論の証拠書類として撰上されたと考える立場から、大同元年成立とする研究もある。しかしながら、「方今、聖運初めて啓け、…宝暦惟新たに」とあることから、平城天皇の時代に撰進されたと考えるべきと西宮一民氏は指摘している。そうすると大同元年二月十三日は、改元前であり、延暦二十五年であるから、大同二年（八〇七）二月十三日に成立したと考えるべき、と西宮氏は指摘している。したがうべき見解であろう。

本書は序・本文・跋に該当する部分から構成されているが、明確に「序・本文・跋」と記されているわけではない。序・跋に当たる部分には、本書撰進の理由が記されている。本書が「序・本文・跋」により構成されているため、元々『古語拾遺』を書名とした書物として上奏されたとする見解もあるが、定かではない。『古語拾遺』という書名の初見は、延喜十年（九一〇）代から天慶元年（九三八）頃成立といわれる惟宗公方撰の『本朝月令』の「十日奏御卜事」条である。『旧事本紀』にも、天暦三年（九四九）に神祇官より村上天皇に上奏された『神祇官勘文』の鎮魂祭条にも、書名こそ見えないが、『日本書紀』や『古事記』とともに本書が参照された可能性が高い。また、長保四年（一〇〇二）成立の『政事要略』や、熊野神社の本地に関する争論を載せる長寛年間成立（一一六三〜一一六五）の『長寛勘文』にも、書名を付した引用が見られる。中世の神道書にも、本書の引用が多く散見するが、取意に至っては枚挙に遑がない。

さて、本書撰進の目的であるが、必ずしも忌部（斎部）氏の古伝を後世に伝えることのみを目指したものではなかった。跋の部分に「若し此の造式の年に当たりて、彼の望秩の礼を制せずば、竊に恐るらくは、後の今をみむこと、今の古を見る如くならむ」とあることから、その背景には、もっと大きな古代国家の格式編纂事業があったものと考えられる。桓武天皇の延暦二十二年頃から令の施行細目等を定めた格式の編纂が開始され、こうした式編纂の資料として伊勢神宮からは「両宮儀式帳」が提出されたという。前の一文は、こうした式編纂の資料として、『古語拾遺』も撰進されたであろうことを類推させる。『古史徴開題記』の中で平田篤胤も指摘しているが、桓武天皇朝に解申された「両宮儀式帳」

と平城天皇朝に成立した『古語拾遺』は、どちらも「弘仁式」編纂の一環の流れの中で神祇式編纂のための連動した資料収集事業の中に位置付けられる文献といえよう。そうした中で、採用の如何を問わず式編纂に斎部氏の古伝も、一助になることを広成は望んだのではなかろうか。

奈良時代には、令に依拠して各官司は行政や儀式を執行していたが、令はあくまでも大綱であり、具体的な政務や各官司が連動して執行される祭祀や儀礼は、例とか、記文などにより執行されていた。しかしながら、こうした状態が不便であったことは、贅言するまでもないことである。各官司を網羅した体系的な令の施行細目である式の編纂が俟たれていた。こうした式の編纂に着手したのが前述のように桓武天皇であり、平城天皇を経、嵯峨天皇の弘仁十一年（八二〇）に「弘仁式」として結実した。このような式の編纂に当たって、国史や家牒に遺漏した伝承や故実などを、広成は上聞したのである。中臣氏（大中臣氏）に比較して劣勢に立たされていた斎部氏の広成としては、勢い「蓄憤を攄べまく」という結果となったものも肯ける。

叙述内容は日本書紀を下敷きにし、その中に斎部氏独特の古伝をたくみに加筆したものである。たとえば、崇神天皇の時代に神鏡が皇居外に遷座するに際し、斎部氏が石凝姥神・天目一箇神の末裔を率いて、新たに鏡剣を製作したという伝えや、諱部首作斯が孝徳朝に祠官頭に補任された等の伝承は、本書独自の伝承であり、注目すべきものである。この他にも、本書にのみ見られる伝承は少なくない。

二、伝来

本書は、卜部兼直が書写した嘉禄本の系統のものを、

　　文明十九年二月上旬課或人書写焉、同五月廿五日為備後代之證本、
　　以累家之秘説加朱墨両點讀合之畢。蔵人神祇少副卜部朝臣兼致、

という兼倶の子卜部兼致の書写奥書に明らかなように、兼致が文明十九年（一四八七）五月二十五日、後の代の證本として或人に書写させ、累代の秘説を朱墨両点で自ら加え、読み合わせたものである。このとき裏書に記されていた嘉元四年から応安六年までの書写奥書を嘉禄元年の奥書の次に書写し、それ以後の奥書と結合させたものと思われる。奥書によれば同年六月にさらに兼致が首書を加えたという。その兼致加点本を時期は不明だが、梵舜が書写したものと思われる。天理図書館所蔵の嘉禄本と比較すると、事書や首書の位置が裏書きから料紙表面に転写されているものや、一箇所増補されているものがあるが、それは兼致により行われたものと推考される。なぜ兼致は裏書きを料紙表面に転写させたのであろうか。兼致は当初から写本の装訂を線装本で仕立てようと考えたのではなかろうか。線装本に仕立てると裏書は可視不能となる。そこで料紙表面に転写させたものと推測される。その写本を梵舜は正確に書写したのではなかろうか。この兼致加点本については、梵舜以前に書写されたものが存在する。それは宮内庁書陵部蔵智祐本（谷―三二六）で、兼致加点本成立後間もない明応元年（一四九二）に書写されている。

ところで、梵舜本を嘉禄本の系統のものとしたが、嘉禄本の奥書と梵舜本の奥書を比較すると、同様の奥書でも内容に精粗がある。嘉禄の兼直奥書も省略されているが、たとえば、応永五年（一三九八）十月十七日の兼敦の書写奥書は、嘉禄本には、

　　為御祈始千度祓吉田社宝前、修中此一巻讀進了、卜部兼敦

とあるが、梵舜本には、

　　為御祈始千度祓、修中此一巻讀進了、卜部兼敦

とあり、「吉田社宝前」が記されていない。したがって、兼致は、嘉禄本を書写させた際に、一部内容も省略させ、裏書きされていた事書や首書を料紙表面に転写させたものと推測される。梵舜本に限っていえば、永正十一年（一五一四）三月十九日の嘉禄本に見られる卜部兼満の書写奥書を掲載していない点が、嘉禄本そのものを書写したものではないこ

とを裏付ける証左となろう。すなわち、梵舜は嘉禄本そのものではなく、兼致加点本を書写したものと考えられるのである。江戸時代に書写されたと推測される静嘉堂文庫所蔵の西大寺旧蔵の兼致加点本系統の『古語拾遺』（架蔵番号一九一・三三、一〇八‐八）はもちろん梵舜本とは異なるが、それも梵舜本と同様永正十五年の兼満奥書を持っていない。こうした点からも、梵舜が嘉禄本ではなく、兼致加点本を書写したと考えた方が良いように思われる。

さて、嘉禄本奥書によれば、卜部氏には累祖の相伝本が伝来していた。しかしながら聊か霊異を示し容易には披閲しがたいため、嘉禄元年（一二二五）二月二十三日、兼直が藤原長倫（ながとも）本『古語拾遺』を書写したものである。ただ嘉禄元年の改元が四月であること、藤原長倫の左京権大夫任官が嘉禄二年であることなどから、この奥書に疑問を向ける向きもある（西宮一民氏は嘉禄二年の書写と推考している）。この長倫本の祖本は、梵舜本の奥書には見えないが、さかのぼれば長倫の曾祖父藤原敦光本であると、嘉禄本の奥書には見られる。

それでは、嘉禄本ではない卜部氏に伝来した霊異を示したという卜部氏相伝の『古語拾遺』とは、どのような系統のものであったのであろうか。『山槐記』治承三年（一一七九）三月十五日条によれば、この日、高倉天皇の平野神社行幸が行われた。その際、平野神社神職への叙位があったが、

従四位下斎部明友、縣社禰宜、
正五位下卜部兼衡、預、同兼行、権禰宜

とあり、斎部氏と卜部氏が同じ平野神社の神職であったことが確認される。推測の域は出ないが、両氏が古くから平野神社の神職を勤め親密な関係にあったとすると、斎部氏相伝の『古語拾遺』が卜部氏に伝来していた可能性も否定できないのではなかろうか。

【参考文献】

・石崎正雄・廣瀬文雄解題『天理図書館善本叢書和書之部第一巻　古代史籍集』所収「古語拾遺嘉禄本」（八木書店、一九七四年）。
・西宮一民校注『古語拾遺』（岩波書店、一九九二年）。
・山本崇解題・木田意義訓読解説『新天理図書館善本叢書第四巻』所収「古語拾遺嘉禄本・暦仁本」（八木書店、二〇一五年）。
・飯田瑞穂『古語拾遺附註釋』（『神道大系』古典編（神道大系編纂会、一九八六年））。
・鎌田純一「古語拾遺諸本概説」（『國學院大學日本文化研究所紀要』一三、一九六三年）。
・虎尾俊哉『延喜式』（吉川弘文館、一九六四年）。
・所功『平安朝儀式書成立史の研究』（国書刊行会、一九八五年）。
・石井正敏「『古語拾遺』の識語について」（『日本歴史』四六二、一九八六年）。
・藤森馨「『古語拾遺』解題」（中村幸弘・遠藤和夫著『〝古語拾遺〟を読む』（右文書院、二〇〇四年）。
・藤森馨『改訂増補平安時代の宮廷祭祀と神祇官人』（原書房、平成二〇〇八年）。

兼永本 **延喜式** 巻八

〈請求番号 〇九一・二 三二二・一三五〉

加瀬直弥

【書誌情報】

表紙の左肩に「平野三位兼永卿筆　延喜式」と打ち付け書きの書名あり。

巻頭に「延喜式巻第八神祇八」（墨書第一紙一行目）という書名あり。

書写年代　巻末識語より大永三年（一五二三）四月三日書写と考えられる。

巻　冊　一巻一冊。

装　訂　四ツ目線装本。

表　紙　刷毛目表紙。

寸　法　縦：二七・二糎、横：二一・三糎。

料　紙　楮紙。

丁　数　表紙・墨色紙（原表紙か）・遊紙の他墨付け四九丁。

一面行数　毎半葉八行十五字詰。

界　線　毎半葉四周単辺の匡郭。

界　高　二一・五糎～二一・七糎。

界　幅　一七・七糎～一八・二糎。

本文用字　漢字万葉仮名交じり。

書　入　墨筆　返り点、傍訓、音読符・訓読符等。
朱筆　於乎止点、句点、傍訓、音読符・訓読符等。
朱書による書き入れあり。

奥　書　四八丁裏　「大永三年四月三日書寫訖
正三位卜部朝臣兼永」（平野兼永識語）。
四九丁裏　「右平野三位兼永卿筆也
加修補訖
弘化四丁未歳十一月五日
従三位侍従卜（花押）」（吉田良芳識語）。

印　記　四八丁裏、奥書左下に「平野卜部朝臣」（平野兼永）の朱印。
同右中に「月明荘」（反町茂雄）の朱印あり。

【解題】

一、『延喜式』祝詞の特質

『延喜式』は、先行の『弘仁式』『貞観式』の整理を目的に（『延喜式』序）、延喜五年（九〇五）、醍醐天皇の命により編纂が始まる。延長五年（九二七）に一応の完成を見るが、施行は康保四年（九六七）のことである。全五十巻のうち十巻が神祇式で、そのうちの一巻、巻八がいわゆる祝詞式である。祝詞式は『弘仁式』にもあったと見られる（『本朝法家文書目録』。なお、『貞観式』に祝詞式は存在しない）が今に伝わらない。したがって、両者の祝詞式の対応関係は不明といわざるを得ない。だが、『本朝月令』（六月、神今食祭事）に引かれた「弘仁祝式」の月次祭祝詞は、『延喜式』の同祝詞とほぼ同文であることから、『延喜式』の祝詞式については、全体と違わず、『弘仁式』を受け継ぐ基本方針で編纂されたと考えられる。

『延喜式』祝詞は全二十七編。これらは当然ながら、朝廷の神祇祭祀で用いることを原則とするが、外来の宗教に由来する東西文部献横刀時呪がある上、大祓や出雲国造神賀詞のように必ずしも祭祀にカテゴライズできない儀式のものがある。また、神社祭神に対し神主が読むものとして、春日祭（大原野・枚岡両祭に準用）・平野祭（久度古開を含む）の各祝詞が載録されている。しかし、これら神社祭祀の祝詞は、基本的に神祇官人が神主となって用いるもののみである。

祝詞の対象は神祇と考えられがちだが、文末が「宣」で結ばれる宣読形式の祝詞は、宮中に参集した祝部もしくは百官などに対して内容を告知するためのもので、神祇に対しては用いない。また、出雲国造神賀詞は天皇の治世を寿ぐためのもので特定の神祇を対象とせず、他の祝詞とは一線を画す。

このように、『延喜式』祝詞は、形式のみならず、それが用いられる局面や対象についても一貫性を欠いているように見える。しかしながら全ての祝詞は、恒例祭祀等十五編、伊勢大神宮の祭祀等九編、その他神事等三編に分類され、恒例祭祀全てと伊勢大神宮七編は式日順に配列されている。

律令との対応関係を見ると、神祇令祭祀十三式のうち、鎮花・三枝・相嘗の各祭の祝詞は『延喜式』に載録されていない。これらが典型的な委託形式を取る祭祀だとする藤森馨氏の指摘を踏まえると、祝詞も神社神職の差配のもとにあったと推察される。この点は、「なぜ一部の祭祀で宣読形式の祝詞が載録されているのか」という問題の解にもつながる。これら諸祭の対象となる神祇へ直接奏上する祝詞も、個々の神社の預かるところと考えられるからである。また、鎮魂祭自体の祝詞はその祭儀の性格上もあってか存在しない。だが、同祭で用いた御衣などを神祇官に納める鎮御魂斎戸祭の祝詞は載っている。

表1 『延喜式』祝詞の分類（恒例祭祀）

文体	奉読形式		祝詞名（冒頭数字は配列順）
宣命体	「白」で文末を結ぶ（奏上形式）	宮中ないし京中で、神祇官の者が神に用いる	（八）大殿祭（九）御門祭（十二）鎮火祭（十三）道饗祭（十五）鎮御魂斎戸祭
		神社で、神祇官の者が神社神職として神に用いる	（二）春日祭（五）平野祭（六）久度古開
		神社で、朝廷から遣わされた祭使が神職等に用いる	（三）広瀬大忌祭（四）龍田風神祭
	「宣」で文末を結ぶ（宣読形式）	宮中で、神祇官の者が幣帛を受け取る神社神職に用いる	（一）祈年祭（七）月次祭（十四）大嘗祭
		宮中で、神祇官の者が祓をする者に用いる	（十）六月晦大祓
漢文体		宮中で、東西文部が天皇の祓の際に用いる	（十一）東文忌寸部献横刀時呪

個々の祝詞の成立年代は確実にし難い。ただ、祈年祭・月次祭祝詞のように、大和盆地およびその周辺の御県・山口・水分の神々を対象とした理由について、天皇の食や宮殿用材の宜しきのためと明確化している例がある。さらに、大穴持命の意により、飛鳥の地を取り囲むように神々が鎮座するさまを描写する、出雲国造神賀詞が存在する。したがって、一部の祝詞は、奈良時代以前の朝廷の実情を勘案して制作されたと見られる。他方、公祭化が平安遷都後と考えられる平野祭の祝詞もあるので、奈良時代以前の祝詞のみを採ったということにはならない。

祝詞式冒頭の祝詞条にもあるように、神祇官において祝詞を奉読する役目は原則中臣氏が負っていた。そのため、制作に同氏が携わった祝詞が少なくないと見られるが、例外的に斎部氏が読むと祝詞条に明記される大殿祭・御門祭の祝詞も採録されている。大殿祭祝詞は、斎部広成の『古語拾遺』にその存在が示唆されている。

以上の点から、『延喜式』祝詞は、広い意味でいうところの、朝廷の神事にかかわる祝詞を多く採録したあとをうかがうことはできる。ただ、『延喜式』編纂着手時点で数多く執り行われていた公祭の祝詞が、先に掲げた春日（大原野・枚岡）・平野の諸祭のみである点は際立っている。春日・平野両祭の祝詞載録は前述の通り、対象となる神社の神主を神祇官人が担っていた結果に過ぎず、神職組織が整っていた他の神社の祝詞はそもそも載録され得ないので、ある意味当然とはいえる。ところで、これら公祭においては、天皇からの祭使により、宣命が神社で読まれることを基本とする。呪を祝詞として載録しているような『延喜式』の融通無碍さを踏まえれば、これら宣命が『延喜式』祝詞として存在しない点を疑問視することもできよう。ただ、祝詞自体の定義をうんぬんする以前に、祭祀斎行の基点が天皇の御意、すなわち律令の外にある公祭において、その宣命が、律令の施行細則である『延喜式』に載録されないのは必然と了解できる。

二、兼永本の特色

『延喜式』の原本は伝わっていない。現在知られた中で巻八の最古の写本は、平安末から鎌倉初期写とされる九条家本（東京国立博物館蔵）である。ここで紹介する兼永本は、『延喜式』の巻八の写本としてはこれに次ぐ古さであり、九条家本の少なからざる欠損部を補う位置付けにもある。

兼永本一冊は巻八のみを収め、脱漏はない。ただ、錯簡があり、七・八丁の前後が逆となっている。その特徴としてあげられるのは、傍訓と訓点が付されている点である。ただ、傍訓については、「レ」を「ネ」、「カ」を「ハ」とするなど、を旧来の古訓の字形を誤って解釈し写した箇所や、仮名遣いの混乱を、青木紀元氏が指摘している。字形の誤りは、逆に古来の訓を忠実に写そうとしたあとともいえるが、祝詞の慣用的な語法や文意の面からも、兼永本は、九条家本等で改めるべき箇所がいくらかある。これが底本に由来するか、書写した平野兼永の誤写かは不明だが、時代の推移により、祝詞の意味理解に困難が生じた可能性もあろう。

九条家本との異同は各所に認められる。九条家本が万葉仮名「乃」を基本とし、兼永本が「能」を多用するのはその端的な例といえよう。また傍注などの場所も一致しないため、ひとつの系統として結び付けることは難しい。

なお、六月晦大祓条には、読法に関する傍注ないし頭注が朱で付されている。これは別に紹介する兼右本とも対応するので、詳細は兼右本の解題に譲る。

奥書により、弘化四年（一八四七）、修補されたとある。それでも修補されていない虫損に少なくないが、極端なものはない。國學院大學出身で文学部教授であった国文学者武田祐吉の旧蔵で、同人校注の日本古典文学大系『古事記　祝詞』（岩波書店）の底本に用いられた。没後母校が受贈、現在に至る。

三、平野兼永

平野兼永（かねなが）は応仁元年（一四六七）の生まれ。吉田神道の大成者吉田兼倶（かねとも）の四男だが、山城平野社の預の門流に属する平野兼緒（かねお）の養子になった。兼緒が罪科に処せられたことにより、同氏の兼倶が平野社を奉行したことによると考えられる。だが、その後兼倶と義絶。さらに、平野神主職をめぐり父子間の訴訟が起きるまでに至った。この時は幕府が裁定し、兼永に軍配があがっている。兼倶の没した翌年の永正九年（一五一二）、平野流ではじめて従三位に昇叙。その後、兼倶没後にその吉田流の跡を継いだ兼満（かねみつ）とも神主職をめぐって対立したが、このときも幕府のとりなしによりその地位を維持した（以上、『宣胤卿記』永正十四年十二月二十二・二十三日条、『公卿補任』）。永正十五年（一五一八）に神祇権大副に任ぜられ、その翌年には正三位に昇叙。大永三年（一五二三）には神祇大副に補任。その後、兼満を継いだ兼右とも対立していたが、天文五年（一五三六）、法華一揆（天文法華の乱）に伴う洛中の混乱の中で横死した（『公卿補任』）。

兼永本が書写された大永三年は、前述の通り兼永の神祇大副補任の年に当たる。より厳密にいえば、筆写を終えたとされる日は、補任日三月十三日の直後である。卜部氏にとって神祇大副は到達点に当たる官である。当時の神祇行政および神道説をリードする卜部氏の正統な継承者として、『延喜式』祝詞を写し所持することは必要だと、兼永は少なくとも考えたと見られる。

兼倶の神道説を凝縮した神道書として『唯一神道名法要集』があげられる。兼永は、この中の系図を平野流のものにした写本を制作していたことが明らかになっている。つまり、関わりの絶えた実父兼倶の説を、超克するのではなく真正面で受け止め、それを継承しようとする志向性が、兼永にはあった。兼永の真の望みは、兼倶が一方で確立した社会的地位の継承であったと推察される。兼永本は自らの地位を確実に高めようとする意欲の産物といえよう。

【参考文献】

・西田長男「『唯一神道名法要集』諸本解説」（宮地直一監修、官幣中社吉田神社編『吉田叢書　第二編』内外書籍、一九四二年（『日本神道史研究　第五巻』に再録））。
・青木紀元『神道大系古典註釈編六　祝詞・宣命註釈』解題（神道大系編纂会、一九七八年）。
・虎尾俊哉『訳注日本史料　延喜式　上』解説（集英社、二〇〇〇年）。
・藤森馨「鎮花祭・三枝祭の祭祀構造」（『神道宗教』二一一、二〇〇八年）。

難読箇所一覧

◆

【凡　例】

一、この一覧は、兼永本『延喜式巻第八』にある、虫損等により判読困難な箇所を示したものである。

一、不鮮明な箇所は字を□で括った。

一、便宜のため、難読箇所の前後の字も示した。

一、難読箇所につき、他に適切な字がある場合はそれを括弧書きで傍注した。

一、字の適切さの判断に当たっては、九条家本『延喜式』巻八（平成二七年七月末現在、国立文化財機構運営ウェブサイト「e国宝」〈http://www.emuseum.jp/〉上で本文写真を公開）を参考にした。

一、字体は極力底本に従った。

一、訓点・傍訓等は省略した。

一五二	三丁ウ	8	日能守[尔守奉]故
	四丁オ	5	皇神能神敷坐嶋[能]
一五四	四丁ウ	6	滿都都氣弖[自]陸往道
一六〇	七丁ウ	6	辞竟奉[久]皇御孫命能
一九三	二四丁オ	2	齋[玉]作等我
一九四	二四丁ウ	8	己[乖]く
一九七	二六丁オ	2	集[侍]親王
	二六丁ウ	6	磐座[放]天之八重雲乎
二〇二	二八丁ウ	1	朝[之]御霧
二二四	三九丁ウ	1	如横[山]久[置]足成天
二三三	四〇丁オ	8	皇大御神[能][太前]尔
二二六	四〇丁ウ	1	廿年[尔]一[遍]比
二二七	四一丁オ	8	是以[天]降遣
二二八	四一丁ウ	1	次遣[志]健[三]熊之命毛
二二九	四二丁オ	8	神奈我良毛所知食
二三〇	四二丁ウ	1	[自]此[地]波
二三二	四三丁ウ	1	住吉尔[辞]竟奉留
二三三	四四丁オ	8	日真[名]子
二三四	四四丁ウ	1	櫛御気野命[國]作坐志
二三五	四五丁オ	1	神[王]高御魂神魂命能
		7	神在[利]石根
二三六	四五丁ウ	8	櫛磤王命[登]名乎
			大御和[乃]神奈備尔
二三七	四六丁オ	1	己[命]乃御子
		6	八百丹杵[築]宮
二三八	四六丁ウ	1	佐伎[波]閇奉登
		2	供[齋]（[若]後齋時者加後[字]）
		3	豊栄[登]尔
		7	御横刀[廉]（廣）尔
		8	白御[馬]能後足爪[踏]立事波
二三九	四七丁オ	1	大宮能[内]外御門柱乎
二三九	四七丁オ	1	下[津]石根尔
二四〇	四八丁オ	1	行[左大史]臣阿刀宿祢

兼右本 **延喜式** 巻八

〈請求番号 貴重図書六二〉

加瀬直弥

【書誌情報】

表紙左肩に楮紙の「延喜式祝詞」という題簽あり。

巻頭に「延喜式巻第八神祇八」（墨書第一紙一行目）という書名あり。

書写年代　巻末識語より天文十一年（一五四二）二月二十日と考えられる。

巻　冊　一巻一冊。

装　訂　四ツ目線装本。

表　紙　茶色艶出表紙。

寸　法　縦：二七・四糎、横：一九・〇糎。

料　紙　斐紙。

丁　数　表紙・遊紙の他墨付け五十丁。

一面行数　毎半葉七行有界十七字詰。

界　線　毎半葉四周単辺の匡郭また毎半葉七行の界線。

界　高　二二・九糎～二三・〇糎。

界　幅　一五・三糎～一五・八糎。

本文用字　漢字万葉仮名交じり。

墨筆　返り点、傍訓、音読符・訓読符等。

朱筆　於乎止点、句点、訓読符、丁数等。

書　入　朱書による書き入れあり。

奥　書　四九丁裏「天文十一年二月廿日以両本見合之　書写了(花押)」

（吉田兼右識語）。

五〇丁表「此一冊、唯神院兼右御真筆也

殊被加家點者也、輙不許他見

敢莫出門外矣

元文二年丁巳仲夏日曜

従三位侍従卜部兼雄」（吉田兼雄識語）。

印　記　一丁表、一行下に「寶玲文庫」（フランク・ホーレー）の朱印。

四九丁裏、右中に「月明荘」（反町茂雄）の陽刻長方形朱印。

【解題】

『延喜式』巻八の成立事情と、祝詞の特質については、兼永本の解題を参照されたい。ここでは、兼右本そのものの特質を中心に紹介する。

一、兼右本の特色

巻末の奥書は吉田兼右（かねみぎ）の自筆と見られる。またここから、書写年代と、二種の写本がもととなったことも分かる。実際、異本による校合を行ったあとは、主として本文左側に振られた次の傍注より確かめられる。ただ、それらがいかなる本であるかは判断しがたい。現存しかつ先行する九条家本や兼永本とは対応しない。

表1　「イ」字のある傍注一覧

該当箇所	本文	傍注
四丁オ三行	皇○御	御鳴能イナ
一〇丁ウ三行	尔	イ无
一一丁ウ七行	事○以弖	出牟イナ
一四丁ウ七行	尔	イ无可也
二〇丁ウ六行	自	白イ
二六丁オ二行	會	食イ作
二七丁ウ一行	頭	豆イ
三〇丁ウ五行	渕	イ関
三〇丁ウ六行	ゝゝ	此二字イナ
三二丁オ五行	留	曽イ
三三丁ウ六行	王○王	等イナ
三八丁オ二行	命	舎イ
四〇丁ウ一行	太	大イ
四一丁オ四行	臣○茂	トイナ
四二丁オ五行	進	遣イ
四二丁ウ五行	降○給	降イ
四六丁オ一行	神魂	以下二字イ无
四六丁ウ一行	ゝ	イ无

傍注の付し方は特徴的である。たとえば一〇丁の傍注「イ无」は、「楯戈」と「至万弖」の間の万葉仮名「尓」に対するものである。異本を採れば助詞が抜けてしまうので、本文に「尓」を配したのは妥当である。他方、四丁の「御鳴能イナ」のように、祝詞文を記し、その下に「イナ」と付した傍注もある。異本の表現を勘案し、本文により適切な「皇御孫命」という表現を採用したと推定される。いずれにせよ兼右は、祝詞の内容を良く考証して写していたと見るべきであろう。この点からすれば、青木紀元氏の「兼右の見識の良く表れた善本」という評価も首肯されよう。他にも「大」の名の異本による校合のあとが確かめられ（一三丁裏四行）、本文も総じて丹念に仕上げられている。

朱点については、すべてには付されていないが、句点などは比較的多い。また、完全に一致はしないが、出雲国造神賀詞など、兼永本と類似する箇所は多い。いわゆる卜部系の写本の存在を推測させる。また、墨書の傍訓については、こちらは九条家本ほど多くはないが、冒頭部分に多く振られている。ただ、大嘗祭（新嘗祭）祝詞など、既出の表現が多く見られる後半部分の祝詞にはあまり見られない。もっとも、これは九条家本でも同様である。

この兼右本の価値は、吉田兼雄（かねお）による元文二年（一七三七）の奥書から明らかとなる。これは、家点を加えていることからといった理由で、他者の披見と、おそらくは神楽岡文庫からの帯出をいましめたものである（家点については六月晦大祓条の冒頭の段に傍注がある）。累代の書籍の書写や修補をした兼雄の識語であるところに、吉田家におけるこの本の重要性が理解できる。

二、六月晦大祓条の傍注について

兼右本の六月晦大祓条には、興味深い「不讀」という傍注が付されている。同じく傍注のある兼永本と、吉田兼倶自筆中臣祓（天理大学付属天理図書館蔵）の、対応する箇所とを比較することにしたい。

表2　六月晦大祓条の「不讀」と付された傍注一覧

兼右本該当箇所	『延喜式』本文	兼右本	兼永本	兼倶中臣祓
二九丁オ三行	我皇御孫之命波	師不讀	師不讀	吾皇御孫尊乎波
二八丁オ七行	大中臣天津金木乎	師不讀	師不讀	天津金木乎
二九丁オ一行	皇御孫命之乃朝庭乎始弖天下四方國波尓	此分私不讀	（注記なし）	*（なし）
二九丁ウ七行	根國底之國尓	五字師不讀	件五字師不讀	（なし）
三〇丁オ二行	天皇我朝庭尓仕奉留（終端不明）	私不讀如左讀之／遺罪波不在止祓給清奉止良久申	（「官官人」に「私不讀」の傍注、「罪波不在止」の行に「私ニハ遺罪ハ不在止祓給清奉止良久申」）	遺礼留罪止云罪咎止云咎波不在物於止祓賜伊清賜登申事乃由於八百万神達諸共仁左男鹿乃八能耳於振立天聞食登申寿

＊…中世初期の中臣祓である『朝野群載』中臣祭文も、当該箇所は存在しない。

兼右本と兼永本が示した傍注は、いずれも私的な祓として読むときの注意として受け止められる。『延喜式』の六月晦大祓祝詞は、天皇の言葉として表される大祓に関する言葉を参集した百官に告げる、いわば説明文である。傍注は、それを公でない祓の形に改める役割を有している。

公でない祓ということになると、当時は中臣祓が基本となろう。兼右の祖父で平野兼永の父でもある吉田兼倶（かねとも）も、表に示したように、中臣祓を用いていた。ただ傍注は、中臣祓とは対応しない。最後の部分の傍注の「祓給清奉止良久申」と読むというものは、吉田流祓の特徴でもある他力祓の形式にはなる（対する自力祓は、先行する伊勢流祓に見られるが、「祓へ申す」とし、読み手自身が祓をするという姿勢を取る）。ただし、兼倶自筆の中臣祓は「祓賜伊清賜登申」となっており、厳密にはやはり相違する。さらに、八百万神に対する祈願もなく、大きな違いとなっている。数ある祓の一つとして、改変された六祓も用いられていた、当時の状況をうかがうことができる。

興味深いのは、兼永本と兼右本との一致度である。傍注の箇所も、注記内容はほぼ同じであり、傍注をするために用いた本が同じだった可能性は高い。ただ、兼永本は、「皇御孫之命乃朝庭乎始弖天下四方國波尓」の注記がなく、最後の部分も、兼右本と兼永本とで注記の仕方が相違する。底本の傍注の場所や、あるいは、兼永・兼右の解釈の相違などが原因として想定される。

三、筆写時期における吉田兼右

吉田兼倶の没後、吉田流はその孫の兼満（かねみつ）が当主となる。だが、大永五年（一五二五）に自邸に火を放ち出奔した。兼永との相論が原因とされる（『二水記』大永五年三月十九日条）。このことで跡を継ぐことになったのが、兼倶の子である清原宣賢（のぶかた）の実子兼右である（『公卿補任』）。時に十歳。西田長男氏が紹介しているように、当初は、宗源行事の兼右への返し伝授を段取るなど、宣賢がその後見になっていた。

先代と同様、兼右の前に立ちはだかったのは平野流の兼永である。岡田荘司氏の研究によると、兼右・兼永の相論は宗源神道の行事管掌をめぐってのものであった。結局、天文二年（一五三三）、公武双方の裁定により、いったんは兼右の吉田流の継承が認められた。しかし、その翌年も争いは続く。武家は再び兼右に軍配を上げたが、公家がこれを却下するなど混迷した。先述した兼満の「一言語道断儀」（『二水記』）により決定的な苦境に陥った吉田流を、若年で継ぐことになった兼右にとって、唯一神道の本流を争う兼永は憂うべき存在であったに違いない。

もっとも、兼右本を書写した天文十一年（一五四二）には、当人は壮年の域に足を踏み入れようとする二十七歳となっており、兼永はすでに没していた。ただ、そうした中での、複数写本を見合わせながらの書写は、さらなる知の集積整理が必要だった、当時の兼右の境遇を表しているようにも受け止められる。

【参考文献】

・西田長男「『唯一神道名法要集』諸本解説」（宮地直一監修、官幣中社吉田神社編『吉田叢書　第二編』内外書籍、一九四二年（『日本神道史研究　第五巻』に再録））。
・西田長男解題校訂、吉田神社編『中臣祓・中臣祓抄』解題（叢文社、一九七七年）。
・青木紀元『神道大系古典註釈編六　祝詞・宣命註釈』解題（神道大系編纂会、一九七八年）。
・岡田荘司『神道大系古典註釈編八　中臣祓註釈』解題（神道大系編纂会、一九八五年）。
・岡田荘司「吉田・平野の相論」（『神道大系月報』四七、一九八五年）。

難読箇所一覧

【凡　例】

一、この一覧は、兼右本『延喜式巻第八』にある、虫損により判読困難な箇所を示したものである。

一、不鮮明な箇所は字を[　]で括った。

一、便宜のため、難読箇所の前後の字も示した。

一、字体は極力底本に従った。

一、訓点・傍訓等は省略した。

二五五　一丁オ　7　[經]二[處]分一

二五六　一丁ウ　1　[祈]年祭

二五七　二丁オ　7　[甘]菜

鰭能[狭物]奥津藻葉

二五八　二丁ウ　1　明[妙]照妙

◆

二五九　三丁オ　6　御名者[白]弖

7　宮[柱]太知立

二六一　四丁オ　7　[敷]坐嶋能八十嶋者

塩沫能[留]限

二六二　四丁ウ　1　嶋能八十[嶋]墮事无

◆

二六三　五丁オ　7　茂御[世]尓

二六四　六丁オ　6　知食我須[故]皇御孫命乃

二六五　二五丁ウ6　内[外]御門尓

◆

藤波家本 壽詞文

〈請求番号 神宮祭主藤波家文書―二一〉

藤森 馨

【書誌情報】

表紙に「中臣秘書」と打ち付け書きの書名あり。

巻頭に「壽詞文」（墨書第二紙本文）の書名あり。

書写年代　巻末の私記から応永八年（一四〇一）十一月三日に書写されたものと考えられる。西田長男氏は、大中臣祭主藤波流三十代伊忠本を荒木田守晨が書写したものを紹介しているが、本書は大中臣祭主家に伝来したもので、その祖本を同じにする。むしろ、荒木田守晨本の祖本となった可能性も否定できない。荒木田守晨書写本は鼠害のため解読不可能なところがあるが、本書はそうした部分はなく、良好である。ちなみに本書書写時期の祭主は、藤波流第二十七代大中臣清世である。

巻　冊　一冊。

装　訂　紙縒り仮綴じ。

寸　法　三〇・八糎×二二・二糎。

料　紙　黄色に染めた斐楮交漉の生紙。

丁　数　前裏表紙の他墨付け四丁。

一面行数　毎半葉八行十四字詰め。

字　高　二一・二糎～二一・五糎。

本文用字　宣命体墨筆、朱点・音読符・訓読符・返り点・傍訓等。

奥　書　「私記。

壽詞奏者祭主以素紙也於大極殿讀近之従公家書下也」

「于時応永八年辛巳　十一月三日書寫畢」

【解題】

一、成立と伝来

この壽詞文は、神祇令によれば、天皇即位に際し、奏上されることになっていた。すなわち、司令には、

凡そ践祚の日には、中臣天神の壽詞を奏せよ、忌部神璽の鏡剣を上れ。

と、規定されている。『令義解』には、その意義について、

いふこころは、神代の古事を以て、万寿の宝詞とするなり。

と、記されている。壽詞奏上の初見は、『日本書紀』持統天皇四年（六九〇）正月一日条で、持統天皇の即位に際して、

物部麻呂朝臣大盾を樹つ。神祇伯中臣連大嶋朝臣、天神壽詞を読む。畢りて忌部宿禰色夫知、神璽の剣鏡を皇后に奉上る。皇后即天皇位す。

と、神祇伯中臣大嶋が、奏上したと見える。神祇令の規定は、前年六月二十九日に「浄御原令」が班布されているので、その規定による施行と考えられている。こうした事実は重要で、壽詞文の成立時期を示唆してくれる。

続いて、翌五年十一月二十四日に斎行された大嘗祭にも、

大嘗、神祇伯中臣朝臣大嶋天神壽詞を読む。

と見え、神祇令とは相違し、大嘗祭にも奏上されていたことがわかる。この大嶋の壽詞奏上は、制度成立の過程で起こった試行錯誤の一つなのであろうか。どうも、そのように考えられない。奈良時代の光仁天皇の大嘗祭にも、右大臣大中臣清麻呂が天神壽詞を奏上しているからである。この清麻呂の壽詞奏上の事実から考えると、忌部の神璽の鏡剣の奉上とは別に、奈良時代、神祇令に規定はないが、大嘗祭に中臣の天神壽詞奏上が行われていた可能性が強い。

神祇令に規定のある即位の日の中臣の壽詞奏上は、即位式の儀式・整

備過程の中で、平安時代初頭に大嘗祭翌日の辰日に行われるように変更された、と指摘されている。中国的儀礼で執行される即位式に、伝統的な中臣と忌部の奉仕の儀礼が不調和ということで、大嘗祭に移行されたらしい。明文化はされていないが、それまで大嘗祭にも壽詞奏上が行われていたため、儀式の改変は混乱なく順調に行われたものと推測される。そして平安時代には辰日前段行事として定着し、以後江戸時代末まで、その日取りは改められることなく続けられた。ただし、場所は平安時代後期まで原則として国家的饗宴を行う豊楽院を使用していたが、康平六年（一〇六三）の焼亡後同院が再建されなかったため、大極殿へと移った。本書奥書に見える「壽詞奏者祭主以素紙也於大極殿讀近之従公家書下也」は、大極殿移行後の儀式次第を僅かに伝えているものと思われる。

天神壽詞が「延喜祝詞式」や儀式書に書載されていない理由について、鈴木重胤は『中臣寿詞講義』の中で、

倭此天神壽詞の全文は中臣の家にこそ傳はりけらし、所以に儀式以下の書共に其名目は有りながら、祝詞式などにも被載ざるは、神代より以降彼氏の職掌と定まりて侘より競望む事にて非れば、其家の物の如く成れるが故なる可し、

と、きわめて至当な見解を述べている。実際、重胤がいうように基本的に天神壽詞奏上が他氏の介入を許さない中臣氏の独特な職掌であり、また壽詞そのものが秘密性を尊ぶという性格であったため、公開が前提である諸書には記載されなかったのであろう。

天神壽詞は、右のような性格を有しているため公的記録には残されていないが、私日記には記録され、今日その全貌を眼前にすることができる。『台記』別記康治元年（一一四二）十一月十六日条に見える近衛天皇の大嘗祭辰日前段行事に際し、大中臣清親が奏上した天神壽詞がそれである。この『台記』別記書載の天神壽詞は、本居宣長が寛政六年（一七九四）十二月版行の『玉勝間』で校訂・紹介し、世に広まった。以後この本で鈴木重胤以下が研究を進め、今日に及んでいる。

この『台記』別記本に対し、藤波家に伝来した本書は、近衛天皇の父で二代前の天皇に当たる鳥羽天皇の天仁元年（一一〇八）十一月二十二日の大嘗祭に際し、藤波家の先祖である大中臣親定が奏上したものである。天神壽詞最古の内容を伝えるものであり、極めて貴重である。近衛天皇の大嘗祭に清親により奏上されたものと比較すると、かなり用字その他に異同がある。何故このような異同が生じたのであろうか。天神壽詞奏上は祭主にとって極めて重要なため、祭主職を望むものの家に壽詞を相伝しているか、否かで、その任命が決定されることもあった。他氏族には非公開であるため、相伝の有無が、祭主任免を左右したのである。同族内でも祭主職補任を巡って競望が活発になると、各流派が壽詞を秘匿し、本意を損なわない程度に文章を改め一家の秘伝として、子孫に伝えた。その結果、後世壽詞文には異同が生じたのであろう。藤波家の祖先親定と清親は、同じ二門の出身ではあるが、親定は祭主輔親の子孫であり、清親は神宮大宮司茂生の子孫である。清親は親定の子息親仲と祭主職を争い、補任されている。こうした大中臣二門でも流派の違いが、本文の詞章に異同を生じさせたものと考えられる。なお、『台記』別記本と本書との文字の異同に関しては、粕谷興紀氏が詳細に検討している。

ところで、壽詞は天都水に関する部分と大嘗祭に関する部分、以上大きく分けて二段から構成されている。特に地上に降臨した皇孫の食膳に供するための天都水を、中臣氏の祖神天児屋命の子天押雲根神が、神漏岐・神漏美命の教えに従い、天の二上で祈祷を行い得たという伝承は、宮廷の神事を司る中臣氏にとって意義深いことである。

それでは、こうした天神壽詞は何時頃成立したのであろうか。初見が持統天皇四年であること、前にも触れたように持統三年に成立した「浄御原令」に依拠すると考えられる点、そして「大倭根子天皇」という表現が、持統天皇の和風諡号と似ており、「現御神止大八嶋所知須大倭根

子天皇我」という文言が、文武天皇の即位の時の宣命と類似している点などから、持統朝に中臣大嶋によって作成された可能性が強いと土橋寛により指摘されている。

【参考文献】

・西田長男「中臣壽詞攷」（西田長男『神道史の研究 第二』理想社、一九六七年）。
・粕谷興紀『延喜式祝詞（付）中臣壽詞』（和泉書院、二〇一三年）。

の歴史』（続群書類従完成会、一九九三年）。
・加茂正典「大嘗祭〝辰日前段行事〟考」（加茂正典『日本古代即儀礼史の研究』（思文閣、一九九〇年））。
・高森明勅「中臣氏の天神之寿詞奏上と忌部氏の神璽之鏡剣奉上について—その変遷をめぐって」（『神道学』一四二号、一九八九年）。
・土橋寛「中臣壽詞と持統朝」（土橋寛『日本古代の呪禱と説話　土橋寛論文集 下』（塙書房、一九八九年））。

日本紀鈔

〈請求番号　貴重図書一一三〉

加瀬直弥

【書誌情報】

巻頭に「日本紀鈔　上」（墨書第一紙一行目）の書名あり。

書写年代　室町時代中期ないし後期と考えられる。

巻　冊　一冊（上下巻合冊）。

装　訂　仮綴。

表　紙　白表紙。

寸　法　縦：二六・三糎、横：一八・二糎。

料　紙　楮紙。

丁　数　表紙・遊紙の他、墨付け二十九丁。

一面行数　一丁表から二丁裏及び一二丁表から一六丁表は毎半葉十行、
　それ以外は毎半葉十一行、無辺無界二十四～三十五字詰。

字　高　二五・〇糎。

本文用字　漢字片仮名交じり。
　墨筆　傍訓等。
　朱筆　鉤点・圏点等。

書　入　二八丁裏から二九丁表に複数の語彙の墨書。

【解題】

一、成立に関する諸事情

『日本紀鈔』が誰に辿り着くかについて、中村啓信氏は『信西日本紀鈔とその研究』でおおよそ次段のように指摘している。

一丁表、内題の下には「少納言入道作物」とある。この「少納言入道」が、同官の時に出家した信西、俗名藤原通憲を指すことは、雑部「ヲホ（オ）ムヘ」（苞苴　雑部物名、一八七頁）の語釈にある仁徳天皇紀、菟道稚郎子皇子との皇位の譲り合いに関する略述から明らかになる。それは、顕昭『古今集序註』にある、「信西日本紀抄」なる書の引用文とほぼ同文だからである。なお、『日本紀鈔』は上下二巻からなるが、これは『本朝書籍目録外録』の『日本紀註上下信西』とも符合する。

書名からすると『日本紀鈔』は『日本書紀』の抄録のように受け止められるが、基本的には後述するように、語句の注釈書の形式を取る。しかし、厳密さを欠いた『日本書紀』の語句表記や解釈などから、中村氏は同書が、信西の口授を文字に起こした聞書であったとする。その記述がまとめられた時期は、『古今集序註』との対応関係を考慮すると、同書が成立した鎌倉初期より前にさかのぼり得るであろう。

信西が『日本書紀』解釈で注目された要因は断じ難い。ただ、『日本書紀』との接点はいくらかあり、『平治物語』に「当世無双ノ宏才博覧」などとされるように（一、信頼信西不快事）、単に当人が博学と評価されただけでもなかろう。最も興味深いのは、鳥羽院の命のもと、六国史より後代の国史編纂を担っていたことである（『宇槐記抄』仁平元年五月三十日条）。鳥羽院崩御後まで作業は続くが、『本朝世紀』はその成果と考えられる。同書編纂が直ちに『日本書紀』解釈に結び付くわけではない。ただ、編纂にあわせて、最初の国史である『日本書紀』に焦点が合わせられたとしても不思議ではない。『本朝世紀』制作のきっかけを作った鳥羽院は晩年、国史に対する高い関心を有していたことが、橋本義彦氏により指摘されている。鳥羽院のいわばお墨付きを得た、当時第一の国史の理解者として、信西の存在は浮かび上がる。

二、構成

『日本紀鈔』は、『日本書紀』から採録した語句ごとにその語義を解説し、適宜その関連個所を略述するというのが基本的な形式である。語句が『日本書紀』のどの巻から採語されたかについては中村氏が調べており、①多くの『日本書紀』注釈書とは違い、神代巻以外のものも存在する、②他方、神代巻の語句が六割に及ぶ反面、それ以降でまとまった数採語されているのは神武天皇紀と神功皇后紀のみで、後半の巻十六（武烈天皇紀）以降に至っては三分、十一項目に過ぎず、全く採録語句のない巻も八つある、といった点が明らかになっている。

語句は天・地・草・神・人・雑の六部に分類されている。その数はあわせて三百五項目。各部の項目数には偏りがあり、雑部だけで百八十三項目、つまり半分以上を占め、物名・所名・詞・鳥獣魚虫という門単位に細分されているのも雑部だけである。以下、神五十七、人三十三、地十七、草八、天の七と続く。採録語句の多くは名詞だが、雑部では「ムヘナウ」（諾なふ　雑部詞、二四四項）等の動詞などのほか、「ナクシカモイメアハセノマヽニ」（鳴く牡鹿も相夢の随に　雑部鳥獣魚虫、二九〇項）などの短句も含まれる。巻の編成は、雑以外の五部を上、雑を下とする。各巻の冒頭には、それぞれの採録語句のみを列挙した、いわゆる目録が掲げられている。

『日本紀私記』をはじめとした『日本書紀』の注釈書の多くは、時代順に構成され、対象となる用語の目録なしに訓や語注を付す。対して『日本紀鈔』は、前述のとおり語句の意味で部類分けする一方、『日本書紀』の時系列に応じた配列ではない。中村氏の言を借りると、『日本紀鈔』は辞書的分類法による『日本書紀』の語句の注釈書ということになり、この形式は漢詩の注釈にしばしば見られるものとされる。

注釈の解説は簡潔である。語句の見出しは圧倒的に仮名訓みであるからか、多くが語句の漢字を掲げる。ただし、徹底していない。続いて語義を示すが、その根拠を示さずに意味を述べるのみであることが少なくない。分類のみでなく、解説の方法も辞書的だといえる。同書が口授の聞書だという可能性を高めよう。ただし、「蛭児」（人部、九二項）のように、「蛭児、是ハ、二神始テ合ソメ給テ此蛭児ヲ生テ、アシノ舟ニ乗セテ流玉テケリ、御子ノ数ニモ入スシテ流給テケリ、三年迄足立サリケリ」と、語義ではなく対応箇所の略述のみの項目も存在する。

その略述だが、全くない項目も存在する一方で、「下照姫」（神部、八九項）のように、十行近くに及ぶものもある。しかし、そうした場合でも、関連する『日本書紀』原文ないしその忠実な訓読などを付す体裁は取らず、あくまでも作り手の言葉を用い、『日本書紀』の記事のあらすじが示されている。岩橋小弥太氏が、逸文のみによってだが、「日本紀物語」と評したのも首肯される。ただ、無秩序に略しているということではなく、略述上の一定の決まりごとがあったようにも受け止められる。たとえば、長いものであると、神代であれば話の中心となる神の名を示し、天皇治世の時代であれば、「雄略天王ノ御時」等と、どの天皇かを明確に示していることが多い。

三、伝来

『日本紀鈔』が『古今集序註』に引かれていたことは前述した通りである。これに加え、中村氏の調べによると、『色葉和難集』や『八雲御抄』への引用がなされており、前者には『日本紀鈔』から十三項目、後者に至っては確実なもので八十三項目引かれている。これら三点の歌学書に共通するのは、鎌倉時代初期成立とみられる点である。これは、限られた時代、そして特定の分野の中で注目されていた点を浮き彫りにする。

歌学の世界での注目は、『日本紀鈔』が辞書のような性格であったという、形式的な特徴に起因するのは確かだろう。ただ、別の可能性についても同氏が示している。それは、信西の子孫が比叡山・高野山、さらに醍醐寺・仁和寺に入っており、そこを通じて、『日本紀鈔』が伝播していったという可能性である。『色葉和難集』にも叡山の所説が含まれている。『古今集序註』を著した顕昭も比叡山の僧で、こちらは信西の子である成範・修範・静賢との和歌を通じた交流の存在が、中村文氏によって指摘されている。歌学のネットワークは複雑なものと考えるが、仏教界に『日本紀鈔』が伝わったことがその注目度を高めたと見ることは、当時の社会事情を考えれば自然な理解といえよう。

他方で、中村啓信氏は、『日本紀鈔』の利用が、歌学の世界でも、また、『日本書紀』自体の理解上も限定的であった点を示唆する。ただ、同氏の紹介した賀茂別雷神社三手文庫蔵『日本紀音義』の存在は、後世に至っても、少なくとも訓法の面で、信西の『日本書紀』解釈の意義ありと考えられていた実情をうかがわせる。

この『日本紀音義』は、題名こそ違えども『日本紀鈔』下巻の異本である。ただし、系統は明らかに相違する。たとえば、解釈部分は、『日本紀音義』が語句の通番からはじまり、続いて語句の漢字表記となる点などは、顕著な形式上の相違点のひとつである。

ところで、口授の聞書であると見られるところから、『日本紀鈔』が唱導の種本で、そのための教師用の辞書であったとも中村啓信氏は指摘する。信西の子の澄憲（ちょうけん）が比叡山の僧で、唱導に秀でていたとされる点も、『日本紀鈔』伝世を考える上での要点としている。

唱導となると、後代の『神道集』のように、ややもすれば、『日本書紀』と密接不可分な神祇にまつわる諸説への展開にも関心が向く。『神道集』をまとめたとされる唱導安居院流の祖は、澄憲その人に他ならない。そして、信西の生きていた白河・鳥羽院政期は、本地垂迹説などが展開した時代そのものでもある。仏教的な『日本書紀』解釈が施されても不思議ではない。だが、『日本紀鈔』の解釈は、そうした意味では、新たな観点に立っているといい難い。同書が広く伝播しなかったのもある程度理解できる。

ただ、『日本紀鈔』の評価は、別の視点から見ると、違ったものになろう。当代の『日本書紀』解釈は、中世日本紀という言葉で語られ、思想の新展開という一面に注目が集まるところである。だが、『日本書紀』の語句にこだわりつつも、他方で平易に『日本書紀』を説いた『日本紀鈔』の存在は、中世日本紀というものが、単なる革新運動ではなく、幅広い思想の展開であったことを示しているからである。

四、國學院本の特色

國學院本は、上下二巻独立していたものを合綴したと考えられる。表紙は後補と見られ、上巻は末部を欠き、人部の三項目の注釈は失われている。書写年代を中村啓信氏は、室町中期ないしは後期とする。書写の過程ですでに失われた注釈もあり、「カメ」（雑部鳥獣魚虫、三〇二項）のように、「此段ハヲチテ是無、余本見入ヘシ」とのみ同筆で注記されている項目もある。さらに、同氏は書写者の書本読解能力に疑義を呈している。事実、誤記と思われる箇所は随所に見られるが（これらは「難読箇所一覧」でいちいちとり上げなかった）、元となった本にどれだけ起因するか否かは不明である。朱筆は、項目の区切りごとの鉤点、語句の漢字表記の前後それぞれの圏点などに用いられているが、わずかながら語を補い、あるいは誤記を示している場合がある。

同本の影写、翻刻は『信西日本紀鈔とその研究』に全文掲載。『日本紀音義』と対校の上、文意を十分に考慮した翻刻となっている。また、項目番号が付されているので、研究上有益である。

【参考文献】

・岩橋小弥太「少納言入道信西」（『國學院雑誌』六〇―六、一九五九年）。
・橋本義彦「本朝世紀」（坂本太郎、黒板昌夫編『国史大系書目解題　上』吉川弘文館、一九七一年）。
・中村文「信西の子息達」（『和歌文学研究』五三、一九八六年）。
・中村啓信『信西日本紀鈔とその研究』（高科書店、一九九〇年）。

難読箇所一覧

【凡　例】

一、この一覧は、『日本紀鈔』の虫損等による不鮮明箇所を示したものである。
一、不鮮明箇所は字を□で囲った。
一、虫損のうち、判読が不能、もしくは著しく困難な箇所は□で示し、適切と思われる語を傍注した。
一、便宜のため、難読箇所の前後の字も抜き出した。
一、文字推定は、中村啓信『信西日本紀鈔とその研究』（高科書店、一九九〇年）を参考とした。
一、字体は可能な限り底本に従った。
一、「子」は「ネ」、「〆」は「シテ」など、仮名は現在通行のものに改めた。
一、塗抹や見消のある衍字は■で示した。
一、朱筆による補字はその旨傍注した。
一、＊を付した字は、現在確認できないものである（前掲『信西日本紀鈔とその研究』の影印で確認可能）。

◆

三七九　二丁オ　5　天降マシ、時
三八二　三丁ウ　1　ヲキタ■レハ
三八四　四丁ウ　1　手□（ヲ）引出奉ル
三八五　五丁オ　6　生給□（テ）モエコカレテ
　　　　　　　　11　ミニ□□（スキ）高彦根命
三八七　六丁オ　1　ホノスソリ（朱）ノ命
　　　　　　　　3　クツノナ■リ也
　　　　　　　　6　トワセ給（シ）カハ
三八八　六丁ウ　11　ヲハセシ時生給神也
三八九　七丁オ　1　ナキサハメノノ命此
三九〇　七丁ウ　11　事代主神ノムスメナリ
三九一　八丁オ　1　是ハ＊彦火〻出見ノ尊ノ＊御メ
　　　　　　　　　　ヲト、ワ□（タ）ツウミノ神

◆

三九二　八丁ウ　1　申ケ■レハ
　　　　　　　　11　ツルノソラヲトヒワタリケ
　　　　　　　　　　ル見テ＊
三九三　九丁オ　1　イミシク□（悦）給テ
三九四　九丁ウ　1　ミニ□□（スキ）高彦根ノ神ト
　　　　　　　　8　給ヘル也■カニハタ
　　　　　　　　11　出テ来ニケリ
　　　　　　　　　　吉キ注シ也□（ケ）リ
　　　　　　　　　　カニハタヲ召テ＊女ニ＊
三九五　一〇丁オ　1　垂仁天王ト＊申ケル御門ノ
　　　　　　　　8　トヨタマ姫ノ
三九六　一〇丁ウ　1　アマ□（マ）ヒトノ神
　　　　　　　　　　□□（シホ）コノヲチ

◆

　　　　　　　　11　アヲヒトクサ蒼生（朱同）
三九七　一一丁オ　1　是ハタミヲ云也
　　　　　　　　　　御□（門）吾子籠ト云人
　　　　　　　　10　ソトヲ姫度〻
　　　　　　　　11　ヲホサ□（ソ）事
三九八　一一丁ウ　1　イカツト云人
　　　　　　　　　　モ□□（シソ）トヲリ姫
　　　　　　　　10　ウチ河ヲワタリ
　　　　　　　　11　ヌノキヌヲキテ渡リ守（モリ）ニ
三九九　一二丁オ　8　マユカノフ、マ
　　　　　　　　9　アマツヒラカ
　　　　　　　　10　□□（タク）シリ
　　　　　　　　　　クロク□（シ）

四〇〇　一二丁ウ1　天ノカコ弓
2　天ノハ、ヤ（百七十）
ウルヘチ
10　天ノマチマ□（ミ）（二百二十）
四〇一　一三丁オ9　ミソナハス
シタツソコ
カヤシリトトノヘスカサリクシ
四〇二　一三丁ウ2　イメノアハセノマ、ニ
四〇三　一四丁オ1　サカツキヲハ
10　チスチサシタル
四〇四　一四丁ウ7　カクル■モノナリ
10　イサナキノ□（尊）ノ
四〇五　一五丁オ9　サリマヒラン
10　出雲國□（ミ）ヲノサキ
四〇八　一六丁ウ2　ウツハ物也
四〇九　一七丁オ1　御使トシテヲトシキ
11　海神ノ許ヘ
四一〇　一七丁ウ1　千尋栲縄
11　ツリシ給ケル
四一一　一八丁オ1　給ケレハ彦火〻出見尊
11　ツルヘ（鋺）
四一二　一八丁ウ1　ツルヘ也（同上）
マナシカタマ
3　二人シテ互ニ
11　ナカマヒト云人此花ヲ
四一三　一九丁オ1　允恭天王申
2　申給ヤフ

御門キカセ
9　ツナヲツケテ
10　ツケテヌリテノ
ニカンヲリニ
アリケレハ
11　アラタマ
天王□□（御門カ）アハチノ
四一四　一九丁ウ1　鹿ヲホカリ
2　アカシノ海ノ
8　アヨヒハアハヒナリ
10　ヌキ□（テ）スキノ木ノ
11　マユノケハクスノ木ト
四一五　二〇丁オ1　サ、キノハ衣（鷦鷯羽衣）
イホツ、ノイハムラ
2　ウセ給シイサナキノ尊
8　是國ヲエシ
11　ミテク也
天照太神
ミコトノ□□（ミコ）トノ
四一六　二〇丁ウ1　其田ニ□（ア）セナハヲ
2　カフリノ名也
10　世ノ□（中）ニ人習フ
11　キヌヲルトテ
是ハイサナキノ尊ノ
四一七　二一丁オ1　ハラヘ□（シ）給ヒシ
8　人ミケルニ
ミケレハクヒカキテ

9　此ノ名ヲ
10　クシフレ□（ノ）タ
11　天ツ彦ノ至リ給□（ケ）ル處也
四一八　二一丁ウ3　奉ツレリソノ神ノ
4　アキラカニテ□□（ケリ）眼ハ
10　始テメヲ□（ト）コト成テ
四一九　二二丁オ2　オホヤスノクニ
9　アリケリ
ヲチサハキケレハ
10　云ケルヤフ
ハチ見セント云
ノホリケルヲ此女シタヒテ
11　物クヒケルハシニ
四二〇　二二丁ウ1　女ヲ□（ウ）ツミ
ハシノハカ
也其ノ女ノ
2　委如紀
3　尊ヲメクシト
9　ナカリケレハ
10　キヨシノ□□（ツハ）ヨリ水出キニケリ
四二一　二三丁オ2　カハノ石登テ
8　□（ウ）ヘナフ
9　ナリワイ
11　ワサヲキ
天照大神ソサノヲノ尊ノアシキ事
四二二　二三丁ウ3　イカリ給テ
8　ナクト云

10 トラストイワフ
11 クヒニウケタル
四二三　二四丁オ 1 ニハナミキコシメス
8 ヲタケル
9 イラレテシナントスル
ネタ□(カ)ル也
11 カタキヲウタスシテ
四二四　二四丁ウ 1 ヒ□(キ)マカナフ
2 心サシアリ
3 此ハカロクトキ■ツハ物ト云
4 ウヤマヒマツル
5 登テミヲロス
10 タネヲマ□(クヲ)云也是悪也
11 神ノ合始テ
四二五　二五丁オ 1 ウキハシノ上ニ
2 天ノトホコヲ指下シテ
4 見アハレミ

---

7 □(ユ)サクレハ
8 人ノ□□(スチ)ナリト
10 トツキ□(ヲ)シヘトリ
ハタ□(ラ)クヲ
四二六　二五丁ウ 1 無名雉是ハナヽシ
3 天ノハヽ矢ヲ
雉ヲイケレハ
5 丹波國ニ
10 依之□(其)山ヲ
11 ハリヲマフケテ
四二七　二六丁オ 1 イナツフヲトリテ
ツリノヲニシテ
2 戦モシタカラノ國ヲ
ツリヲヘト
7 其鯛酔タル
9 アトヲ人
ナカリケルニフネノ

王辰尓ト云人
10 キヌヲ以テ
11 ミケレハアラハレケリ
カサリクシ
四二八　二六丁ウ 2 キヌシテカサリクシノ
ナクシカモ
10 御□(ミ)エ奉ケルヲ
四二九　二七丁オ 1 ハクソムト云
2 ハクソムホシト
ヲモヒテミタラヲノ馬ニ
7 メシテミセ
8 足ニヲヽツケテ
9 マク□□(ナキ)
10 ソ□□(ノニ)遊ケルニ
四三〇　二七丁ウ 2 也給テ其人ニ
10 神ノム□(ス)メトヨ玉姫ト
四三一　二八丁オ 6 サチモチノカ□(ミ)

梵舜本　中臣祓記解・中臣祓義解

〈請求番号　貴重図書八七〉

岡田莊司

【書誌情報】

表紙に「中臣祓記解」（左肩原装書題簽）とあり。
巻頭に「中臣祓記解」（本文首葉第一行）とあり。
書写年代　奥書によると、慶長十二年（一六〇七）八月二日に書写されたもの。筆者は「神龍院　龍玄」、すなわち卜部神道、吉田家出身の梵舜（ぼんしゅん）（一五五三～一六三二）の筆になる。梵舜は卜部兼右（かねみぎ）の子、豊国社社職を務めた兼見（かねみ）の弟にあたり、『舜旧記』によると、書写日当日、片桐且元より豊国社勅額が出来上がったことが伝えられた。後陽成天皇に『古事記』『先代旧事本紀』を献上したほか、徳川家康に重く用いられ、『古事記』『古語拾遺』（ともに國學院大學図書館蔵）など数多くの古典書写がある。
巻　冊　一冊。「中臣祓記解」（十一丁）につづいて、一二丁表より一八丁裏まで「中臣祓義解」が合綴（がってつ）（合冊）されている。
装　訂　線装本、四ツ目線装本。
表　紙　茶色。
寸　法　縦：二七・五糎、横：二一糎。
料　紙　楮紙。
丁　数　墨付十九丁。
一面行数　毎半葉十行二十三～二十五字詰め。
字　高　約二二・八～二三・二糎。
本文用字　漢文体
　墨筆　返り点・傍訓等。
　朱筆　音読符・訓読符・句読点等。
奥　書　「右一覧之次而令書写畢
　于時慶長十二　仲秋初二　神龍院 龍玄（花押）」
印　記　巻首に「寶玲文庫」（フランク・ホーレー）の朱の蔵書印、巻末に「月明莊」（反町茂雄）の朱の蔵書印あり。

【解題】

一、中世神道の発生源

平安時代の末期・中世に入ると神道書籍は急激に増加する。その書き手とされたのが、両部神道の密教僧と伊勢神道の度会（わたらい）神主たちであった。中世神道の出発点は両部神道と伊勢神道とに求められるが、その成立の経緯については、必ずしも明確ではなかった。この空白部分を埋めることができたのが『中臣祓訓解』（以下、『訓解』と略す）と、その異本である『中臣祓記解』（以下、『記解』と略す）の発見であった。

昭和五十年（一九七五）七月、『吉田叢書』第四輯（「中臣祓・中臣祓抄」）作成のため、西田長男博士に伴われて、天理大学付属天理図書館で吉田兼倶（かねとも）・兼右・清原宣賢（のりかた）らの中臣祓註釈書を一ケ月にわたり筆写作業をつづけた。その合間に、吉田文庫の中から『記解』を見出した。その後、國學院大學図書館の中にも、本書に掲載した梵舜本と黒川本の二種の『記解』の存在を知った。まさに「灯台下暗し」である。

鎌倉初期以前の成立とされる『訓解』『記解』は両部神道の代表的書籍である。神道の中臣祓を密教的解釈で論じた仏教神道書であり、のちに伊勢神道の成立にも強い影響を与えた。その制作は、天台宗園城寺に関係した僧侶か、伊勢神宮の法楽寺院である仙宮院の僧侶によって作られたと推測した。伊勢神宮の南方、三重県度会郡南伊勢町（旧南島町）河内に所在した仙宮院は、伊勢の神仏関係の拠点になっていた。

中世神道の発生源は伊勢神宮の周辺で展開していることから、初期の両部神道は「伊勢両部神道」と呼んだ方がより正確である。『記解』の発見とともに、伊勢神道への繋がりをもつ『漢朝祓起在三月三日上巳』『中臣祓義解』の典籍も新たに加わり、また、『記解』の成立に関わる『三角柏伝記』『宝志和尚伝』なども紹介されて、未刊資料の翻刻は進み、『神道大系』『真福寺善本叢刊』まで、着実な作業がつづけられてきた。

二、『訓解』『記解』の諸本とその伝来

中臣祓のもとは、大祓詞に由来する。大祓詞は毎年六月・十二月の晦日、皇城の朱雀門前において、種々の罪穢を除き去らんがために、中臣が宣読したもので、その詞章は『延喜祝詞式』の「六月晦大祓 十二月准レ此」に収められている。文武百官を集めた朝儀としての恒例二季の大祓と臨時の大祓とは、ともに宣読体の形式になる大祓詞が用いられたのに対し、これを奏申の形に改め、随時、祓戸の八百万神達に祈願する中臣祓が作られた。中臣祓の現存する最古の文は、十二世紀初頭に成立した『朝野群載』巻六、神祇官の項に「中臣祭文」と題して収録されている。

中臣祓・大祓詞は神道の教説の基本をなすものとして、古くから重視せられ、中世以降は神道家の間で註釈を加えることが盛んに行われた。『国書総目録』によれば四百種以上の夥しい数の中臣祓・大祓詞の註釈書が現存している。

両部神道の最古の記録として、弘法大師空海に仮託された『訓解』は以前から知られていた。とくに金沢文庫本は、奥書をもたないが、鎌倉時代末期の書写本と推定されている（『大祓詞註釈大成・上』解題）。『訓解』系統本には、無窮会神習文庫本（寛永八年〈一六三一〉書写）、及び元禄四年版本などが数種残されているが、善本とはいえない。

新たに加わる『記解』の伝来には、二つの系統があげられる。その一の、（1）國學院大學梵舜自筆本と（2）天理図書館吉田文庫本は、ともに『中臣祓義解』と合綴になっており、（1）（2）は戦前まで卜部神道の吉田家に伝えられてきた同系統本である。

その二は、『記解』と『漢朝祓起在三月三日上巳』の一文とが合綴になっているもので、（3）國學院大學黒川本（塙保己一蔵本）、（4）名古屋市蓬左文庫本（徳川義直蔵本）、（5）筑波大学図書館本がある。その書写歴には、永禄元年（一五五八）の年号が共通することから、これら三本は同一系統に属するものである。

前者の（1）（2）吉田系統本について、（1）梵舜本は、近世初頭、慶長十二年（一六〇七）の書写年代が明らかであるが、（2）天理吉田文庫本には、書写年代の明記がない。（1）梵舜本は、二丁表一行目と二行目との間に、一行分の脱漏があり、これを細字で補っているほか、（1）梵舜本は、（2）天理図書館吉田文庫本に比べ、十ヶ所の脱漏個所が認められる。また、（2）の誤写を（1）で梵舜が訂正しているところも見え、（1）は（2）を梵舜が写したものと推定される。これにより（2）天理吉田文庫本は、慶長梵舜本以前の書写本と思われ、その筆跡は梵舜の父、兼右の筆に類似している。

『記解』吉田系統本は、一一丁裏に正平二十四年（一三六九＝南朝年号、北朝は応安二年）「伊勢国粥見御園従二位祭主為綱卿宿所」にて、僧範超が書写したとある。大中臣為綱（ためつな）（縄）は南朝方祭主に補任されており、粥見は伊勢と吉野を結ぶ要衝地であった。『記解』は後述のとおり、度会常良（つねよし）の「最極秘本」とされ、度会氏から大中臣氏に伝えられた。

『記解』は、一丁表二行目から八丁裏四行目までが本文にあたる。このうち中臣祓文の註釈部分は三丁裏九行目から七丁裏五行目までで、その前後は、前文と後文が添えられている。以上については、その最後に「沙門遍照金剛之伝」とあるとおり、空海に仮託されている。

その冒頭部、『訓解』は「夫和光垂迹之起、雖レ載二国吏（史）家牒一、猶有レ所レ遺」（金沢文庫本）で始まるが、『記解』はこれ以前に「遺文云、惟垂跡本地、頓成感応也、神秘有レ験、顕露被二不信一、准二密教道理一察二大

日経誠一、外異二仏教名一、内護二仏法理一」（一丁オ二行目～四行目）の四十二字が加えられている。

続いて中臣祓本文の註釈において、『記解』吉田系統（1）（2）には他本に見られない註記が存している。以下にその一部を抄出すると、「神留坐」の註に「常住尊也」、「皇親神」の註に「法身尊」、「漏岐神漏美」の註に「万法合蔵識、理性徳」、「八百万神達」の註に「曼荼羅」、「我皇御孫尊」の註に「応身尊」、「安国」の註に「菩薩」（天理吉田本は「善薩」に作る）、「荒振神等」の註に「無明」、「磐根樹立草之垣葉語止」の註に「十如是相光明心殿」など、二十六ヶ所には独自の註釈が施されている。

本文についで、「本記曰」と題して、八丁裏五行目から九丁裏二行目まで、「承和三年二月八日」以下、仙宮院主空海と吉津御薗執行神主度会河継との出会い、「祓注本一巻」授与が記される。そのあとは一貫して度会氏によって書写されているが、河継の父、後河が記し、延長二年（九二四）三月十日に二門度会飛鳥の末、春彦の男、晨晴が書写したとあるが、これらは信用するに足りない。続いて建保五年（一二一八）に、権神主（権禰宜）度会康房は度会光親の本を書写している。このあと建長七年（一二五五）書写され、この本は度会惟房神主の養子実忠の「所帯」となった。

さらに、本書は「禰宜正四位上度会神主常良」（のち常昌に改める）によって書写され、度会氏の「最極秘本」とされた。その書写は、常良が正四位上に叙せられた永仁三年（一二九五）から、従三位となる元徳二年（一三三〇）までの間になるものである。常良は度会家行とならぶ伊勢神道の継承者であり、『氏経卿記録』『尚重解除鈔』には常良の諸種の祓本を伝えており、広汎に亘って祓本・祓註を収集していた。

さらに、九丁裏三行目から十一丁裏の最後まで、

吉津御厨者、昔行基菩薩御建立、公家御祈禱所、大峯東禅仙宮寺所レ摂別院庄園也、而今本家大臣殿禅師御房、本寺長吏（支歟）兼二別院一検校、相伝領掌既経二四十余年一也、……康房記之云々、

との一文が書き加えられている。それは行基・最澄・空海・円仁らが吉津の仙宮院主となり、大神宮の奉為に蓮華会・大仁王会・鎮守会等の法会を厳修してきたという内容のもので、ここに「康房記之」とあることから、やはり建保五年（一二一八）に追記したものであろう。この一文、及び最末に記された『記解』『訓解』両本にみえる「授二吉津御厨執行神主河継一給伝記」の文は、ともに『三角柏伝記』と同文であり、同書の抄文と考えられる。

『訓解』は奥書によると、建久二年（一一九一）以前の成立であり、同書は天台宗園城寺の住坊に伝来したとある。園城寺の百光坊慶暹から伝えられた両部神道の秘伝書『宝志和尚伝』（金沢文庫本、「天照大神儀軌」ともいう）は、伊勢神宮の諸祭神十一王子を曼荼羅思想によって解説しており、これが『訓解』『記解』に引かれている。また、『訓解』が園城寺の住坊に伝えられていたことにより、『記解』の末文（『三角柏伝記』と同文）にある「本寺長吏」とは、園城寺長吏をさしていったのであろう。園城寺長吏が管掌した吉津御厨に所在する「大峯東禅仙宮寺」（仙宮院、東仙宮院、吉津院）は三重県度会郡南伊勢町に鎮座する仙宮神社の旧神宮寺であった。

吉津の地では、外宮度会氏が口入神主となり、仙宮院との神仏関係は密接であり、伊勢の両部神道が育っていった。『記解』はその「最極秘本」とされた。仙宮院に伝わった初期の伊勢両部神道と、早い時期から度会氏は深い関係をもち、『訓解』『記解』を受容して、伊勢神道を形成していった図式が想定できる。「祓本紀」を引用した『訓解』『記解』の祖本ともいうべき空海に仮託された本文が園城寺に関係した両部神道に造詣深い僧によって作られ、建保五年には度会康房が『三角柏伝記』を引い

て追文を記し、さらにこの『記解』の「康房記之」や『訓解』の『性霊集』につづく末文が、建長七年以降に追加されたもので、したがって現存の『訓解』『記解』が完成したのは鎌倉時代中後期の頃であった。

度会常良によって集成された『記解』は大中臣氏に伝えられたあと、吉田卜部氏へ伝来した。卜部兼倶自筆の『中臣祓抄』（『神道大系・古典註釈編・中臣祓註釈』所収、天理図書館所蔵）頭註には、『記解』『中臣祓義解』が各所で引用されている。兼倶も『記解』『中臣祓義解』の合綴本を所持していた可能性は高い。兼倶本――兼右本――梵舜本へと書写が受け継がれた。

三、『中臣祓義解』について

『記解』に続いて、十二丁表より十八丁裏まで『中臣祓義解』が合綴されている。『記解』と同筆で、梵舜自筆であることは疑いを入れない。表題の下には、「阿倍朝臣真勝撰」と記すが、もとよりこれは仮託である。阿部真勝（まさかつ）は平安初期の官人、老荘を学び陰陽頭、神祇伯に任ぜられている。土御門泰清（やすきよ）に相伝された『中臣祓儀解』（京都府立総合資料館所蔵「若杉家文書」）の奥書によると、以下の貴重な来歴が記されている。

本云、去弘安元年四月十五日、雖レ令二書写一、以外狼藉之間、永仁五年七月、書改之、禰宜度会神主常良 判

弘安元年（一二七八）度会常良によって書写され、永仁五年（一二九七）これを書き改めたとある。鎌倉時代後期の伊勢神道形成期に度会氏に伝えられた。

『義解』の「瀬織津比咩」「速開都比咩」「気吹戸主」の註解には、「訓解云、荒祭宮也」「解云、滝殿（原）並宮也」「解云、多賀宮也」とあるように、『訓解』が明記して引かれているほか、全文にわたって、その註釈には『訓解』を下敷きにしていることが特徴である。また『日本書紀』『古事記』『先代旧事本紀』や「藤氏家伝云」として『中臣氏系図』に収める「延喜本系」などの古典に典拠を求めている点も注目できる。本書は『訓解』の影響が頗る大きい。なお、元禄四年（一六九一）版本『中臣祓義解』（『大祓詞註釈大成』下巻所収）は、書名が同じであるが関係は無い。

中世後期においては、両部神道の伝書『訓解』が、伊勢神道、吉田神道に影響を与え、中世神道思想史の上で大きな位置を占めていた。『義解』の成立には、『訓解』『記解』を下敷きにしながら、『訓解』にみられる仏説は排除する立場で書かれている。伊勢神道形成期に仏教的解釈の影響から脱している点に、神道思想史上、大きな意味をもつ著作であった。

【『訓解』『記解』『中臣祓義解』の活字翻刻本】

・元禄四年版本『訓解』
『弘法大師全集』十四巻（吉川弘文館、一九一〇年）。
・神奈川県立金沢文庫本『訓解』
『大祓詞註釈大成』上巻（内外書籍、一九四一年）。
『日本思想大系・中世神道論』（岩波書店、一九七七年）。
『神道大系・古典註釈編・中臣祓註釈』（神道大系編纂会、一九八五年）。
・天理図書館吉田文庫本『記解』
『神道大系・古典註釈編・中臣祓註釈』（神道大系編纂会、一九八五年）。
・天理図書館吉田文庫本『中臣祓義解』
西田長男「『中臣祓義解』開題並びに校訂」（『神道及び神道史』三〇号、一九七七年）。
『神道大系・古典註釈編・中臣祓註釈』神道大系編纂会、一九八五年）。

【参考文献】

・岡田荘司「『中臣祓訓解』及び『記解』の伝本」（『神道及び神道史』二七、一九七六年）。
・西田長男「『中臣祓義解』開題並びに校訂」（『神道及び神道史』三〇号、一九七七年）。
・岡田荘司「中世初期神道思想の形成―『中臣秡訓解』・『記解』を中心に」（東北大学『日本思想史学』一〇号、一九七八年）。
・岡田荘司「両部神道の成立期」（『神道思想史研究』安津素彦博士古稀祝賀会、一九八三年）。
・岡田荘司『神道大系・古典註釈編・中臣祓註釈』神道大系編纂会、一九八五年。

編集後記

第四巻の本書には、『日本書紀』『古語拾遺』の古典籍をはじめ、主に古代の神祇典籍を収録した。中世以降の神祇典籍も数多く図書館に収蔵されているが、分量の関係から古代に限定せざるをえなかったことは残念である。冒頭の嘉禎本『日本書紀』は、平野・吉田卜部氏によって書写された弘安本・乾元本『日本書紀』以前の古い形態を残す貴重な写本である。

神祇典籍の研究は、鎌倉時代に卜部氏による中世古典学が形成された。以後、両流卜部氏が代々受け継ぎ、吉田神道を創唱する卜部兼倶へ至る。本書には、卜部兼倶の子息兼永（平野家の養子に入る）と孫兼右（清原宣賢の子息）の書写になる『延喜式』巻八祝詞と兼右の子息で僧籍に入った神龍院梵舜書写になる『古語拾遺』『中臣祓記解』『中臣祓義解』を収録した。ともに卜部氏一族によって研鑽してきた典籍書写の成果といえる。

藤波家本『壽詞文』は、大中臣祭主家が代々伝えてきた中臣寿詞の現存最古本である。大嘗祭の節会前段行事において、天皇に向けて奏上された寿詞は秘伝とされ、寿詞を知ることがなかったため解任された祭主もいたほど、その伝来は重大事であった。平成七年、藤波道忠氏（故人、平成十二年歿）は、『壽詞文』はじめ大中臣氏藤波家伝来の文書八七三点（『神宮祭主藤波家文書目録』）を、後世へ伝えることを願い國學院大學へ寄贈された。寄贈に至るなかで、藤波家文書研究会を発足し、『大中臣祭主藤波家の歴史』を刊行できたことは有り難い思い出である。

卜部氏の書写・校訂によって形成された中世古典学以降、近世国学、明治国学へと神祇典籍研究は継続してつづけられてきた。その精華は皇典講究所・國學院大學から『古事類苑』（のち神宮司庁が継続）『校訂延喜式』などが編纂された。その後、戦前・戦後をへて、現代の「國學院神道」に受け継がれている。この「國學院神道」を絶やすことなく、未来へどのように繋いでいくのか。当然のことながら、後継者育成を目指す本学大学院と貴重典籍を所蔵する図書館の役割は小さくない。

本書の書誌情報・解題・難読箇所一覧は、執筆者紹介に示した老・壮・青からなる七名の教員・研究者が担当し、限られた時間のなかで一致協力し完成に至った。書誌情報の形式については、書誌学研究において最新の成果をあげられている藤森馨氏に全体の統一をお願いした。扉の題字は各巻に引き続き、文学部の佐野光一教授に揮毫をお願いした。図書館の古山悟由氏には写真撮影・閲覧に便宜をはかっていただき、朝倉書店には編集の全般にわたってお世話になった。ともに厚く御礼申し上げます。

平成二十八年一月小寒

第四巻責任編集　岡田莊司

編集・執筆者紹介

記載内容（平成 27 年 1 月現在）
氏名（読み）　現職
　① 生年　② 学位　③ 専門分野
　④ 主な著作・論文

責任編集

岡田莊司（おかだ・しょうじ）　國學院大學神道文化部教授・同大学院教授
（『梵舜本 中臣祓記解・中臣祓義解』解題）
① 昭和 23 年（1948）生／② 博士（歴史学）國學院大學／③ 古代中世神道史学／④『平安時代の国家と祭祀』（続群書類従完成会、1994 年）、「伊勢神道書と『古事記』の伝来」「熱田神宮蔵『日本書紀』と和歌懐紙」（『愛知県史　別編　文化財 4　典籍』愛知県、2015 年）。

執筆者

小林宣彦（こばやし・のりひこ）　國學院大學神道文化学部准教授
（『嘉禎本 日本書紀 巻二』『三嶋本 日本書紀 巻一・巻三』解題）
① 昭和 49 年（1974）生／② 博士（宗教学）國學院大學／③ 古代神道史学／④「日本古代の神事と神郡に関する基礎的考察」（『國學院雑誌』第 113 巻 11 号、2012 年）、「律令制の成立と祭祀―出雲神郡の成立を中心に―」（『國學院雑誌』第 116 巻第 9 号、2015 年）。

藤森　馨（ふじもり・かおる）　国士舘大学文学部教授・國學院大學大学院兼任講師
（『梵舜本 古語拾遺』『藤波家本 壽詞文』解題）
① 昭和 33 年（1958）生／② 博士（宗教学）國學院大學／③ 古代神道史学、書誌学／④『改訂増補 平安時代の宮廷祭祀と神祇官人』（原書房、2008 年）、『図書学入門』（成文堂、2012 年）、「真鶴神話と伊勢神宮の祭祀構造」（『国立歴史民俗博物館研究報告』第 148 号、2013 年）。

加瀬直弥（かせ・なおや）　國學院大學神道文化学部准教授
（『兼永本 延喜式 巻八』『兼右本 延喜式 巻八』『日本紀鈔』解題・難読箇所一覧）
① 昭和 50 年（1975）生／② 修士（神道学）國學院大學／③ 古代中世神道史学／④『平安時代の神社と神職』（吉川弘文館、2015 年）、「平安時代前中期における朝廷神祇制度と神仏関係の展開」（『國學院雑誌』第 115 巻第 7 号、2014 年）。

木村大樹（きむら・だいき）　國學院大学學大学院文学研究科後期課程
（『嘉禎本 日本書紀 巻二』『三嶋本 日本書紀 巻一・巻三』難読箇所一覧）
① 昭和 62 年（1987）生／② 修士（神道学）國學院大學／③ 古代神道史学／④「御体御卜奏上儀の復元的考察」（『延喜式研究』第 30 号、2015 年）、「御体御卜の成立と変遷に関する一考察」（『國學院大學大学院紀要―文学研究科―』第 47 輯、2016 年刊行予定）。

塩川哲朗（しおかわ・てつろう）　國學院大學大学院文学研究科後期課程
（『嘉禎本 日本書紀 巻二』『三嶋本 日本書紀 巻一・巻三』難読箇所一覧）
① 昭和 57 年（1982）生／② 修士（神道学）國學院大學／③ 古代神道史学／④「『高橋氏文』にみえる「よさし」の論理」（『神道研究集録』第 30 輯、2016 年刊行予定）。

山口祐樹（やまぐち・ゆうき）　國學院大學大学院文学研究科特別研究生
（『嘉禎本 日本書紀 巻二』『三嶋本 日本書紀 巻一・巻三』難読箇所一覧）
① 昭和 56 年（1981）生／② 修士（神道学）國學院大學／③ 古代神道史学／④「古代神郡研究における現状と課題」（『神道研究集録』第 19 輯、2005 年）。

大学院開設六十周年記念　國學院大學貴重書影印叢書　第4巻
日本書紀　古語拾遺　神祇典籍集　　定価は外函に表示

2016年2月25日　初版第1刷

編　者　大学院六十周年記念
國學院大學影印叢書編集委員会
責任編集　岡田莊司
発行者　朝倉邦造
発行所　株式会社　朝倉書店
東京都新宿区新小川町6-29
郵便番号　162-8707
電　話　03（3260）0141
F A X　03（3260）0180
http://www.asakura.co.jp

〈検印省略〉

中央印刷・平河工業社・牧製本

ISBN 978-4-254-50544-3　C 3300　　Printed in Japan